구성주의와
자율성

구성주의와
자율성

Constructivism and Autonomy

마투라나와 바렐라의 생명의 자율성과
펠릭스 가타리의 기계의 자율성

신승철 지음

알렙

"한 사람의 죽음은 하나의 세계의 소멸과도 같다"

질 들뢰즈Gilles Deleuze(1925~1995)의 "한 사람의 죽음은 하나의 세계의 소멸과도 같다"는 경구는, 생명 개체들이 세계(들)와 동등한 위상을 갖는다는 색다른 생각이었다. 이런 생각은, 통합된 세계상이나 동일성의 철학에 익숙한 사람들을 어리둥절하게 만든다. 즉 '생명의 특이성과 유일무이성을 들여다볼 수 있는 강렬한 생명 사상'이라고 할 수 있다. 세상이 다 똑같고 뻔하고 비루하다는 생각과 달리, 세상이 순간순간 특이하며, 사람, 생명, 사물이 모두 다르다는 생각, 이런 생각이 세상을 재창조할 수 있는 원동력이라고 할 수 있다. 만약 이러한 차이와 다양성으로 이루어진 생태계나 공동체, 생명의 질서에 대한 생각을 끝까지 밀어붙인다면 어떨까? 결국 그가 마주치게 될 미지의 대륙은 아마도 바로 구성주의가 아닐까 싶다. 이러한 구성주의가 세상에 대한 인식을 자신이 구성하고 창조한다고 해서 '상대주의'나 '주관주의', '유아론', '비역사주의'가 아니냐며 반박을 할지 모른다. 또한 객관적 진리론의 강한 영향력을 받은 전투적 유물론자는 "우리가 손바닥으로 컵을 감추어도 컵은 실재한다"고 훈계조로 말할 수도 있다. 그러나 카를 마르크스Karl Heinrich Marx(1818~1883)가 『포이어바흐 테제Thesen über Feuerbach』에서 '감성적 실천'에 대해서 강조했듯이, 움베르토 마투라나Humberto Maturana(1928~)와 프란시스코 바렐라Francisco Varela(1946~2001) 역시도 진리는 주어지는 것이 아니라, 감성적으로 실천하고 느끼고 변용하면서 만들어지는 것이라 본다. 즉 '앎'은 '삶'이요, '함'이다.

이러한 구성주의를 스피노자 철학의 평행론의 관점에서 다시 보자면, 객관적 진리는 우리 앞에 주어지는 것이 아니라 신체 변용을 통해서 구성된다. 그래서 구성주의는 한마디로 "사랑할수록 지혜로워진다"라는 경구로 집약될 수 있다. 이를테면 신체 변용으로서의 말-되기, 자동차-되기, 자전거-되기는 정신에서 승마법, 운전법, 경륜법 등으로 평행선을 그린다. 결국 우리의 지식은 객관적 대상을 관찰하는 수동적인 방식이 아니라, 느끼고 사랑하고 감성적으로 실천하고 신체 변용이 일어나고, 되기becoming를 통해서 능동적으로 구성되는 것이다.

프랑스의 철학자 펠릭스 가타리Felix Guattari(1930~1992)는 「진리란 무엇인가」에서 다음과 같이 말한다.

"혁명가의 일이란, 자신들이 있는 곳에서 더도 덜도 덧붙이지 않고 술책을 부리지 않고 단 한마디로 진리만을 말하는 것이다. …… 혁명적 진리의 순간이란 사람(당신)이 어떤 일로 진절머리 나지 않을 때이며, 사람(당신)이 이제 아무것도 두려워하지 않을 때이며, 사람(당신)에게 힘이 되살아날 때이며, 사람(당신)이 어떤 일이 일어나든 목숨을 걸고서라도 끝까지 앞으로 나아가려고 하는 기분이 들 때이다. 우리는 이런 진리가 1968년 5월에 작동하는 것을 보았다."[1]

구성주의는 계몽주의, 표상주의, 실재론, 객관적 진리론, 재현, 의미화의 논리 등 세상의 주류-다수자-국가주의의 사유 방식에서 가장 멀리 떨어져 있는 사상이다. 그래서 구성주의의 범위에는 주류 아카데미를 넘어서 있는 소수자의 사상, 반역적인 사상, 생명평화의 대안적인 사상이 포함된다. 이를테면 연결망에서 유래된 생태적 지혜, 마르크스의 감성적 실천, 바뤼흐 드 스피노자Baruch de Spinoza(1632~1677)의 평행론, 마투라나와 바렐라의 오토포이에시스Autopoiesis, 바렐라의 발제론enactivism, 그레고리 베이트슨Gregory Bateson(1904~1980)의 마음생태학의 논의, 들뢰즈와 가타리의 유목과학의 논의 등이 여기에 해당한다.

이 책이 '구성주의와 자율성'이라는 두 가지 단어를 연결시킨 이유는 칸트, 피아제, 비고츠키, 루만 등의 구성주의가 마투라나와 바렐라의 오토포이에시스, 즉 자기 생산으로서의 자율성 및 가타리의 기계적 배치의 자기 생산과 동시에 다루어지는 경향이 있기 때문이다. 오토포이에시스 사상을 잘 설명해 주는 사례는 "우리가 먹고 마시는 모든 음식물들이 어디로 가는가?"라는 질문에서 출발한다. 어떤 사람은 몸무게라고 말할 것이며, 또한 어떤 사람은 똥으로 배설된다고 말할 것이다. 그러나 잘 생각해 보면 대부분의 물질과 에너지가 우리의 몸을 이루는 피부, 뼈, 간, 장 등의 세포를 모두 교체하고 재

1   펠릭스 가타리, 윤수종 옮김, 『정신분석과 횡단성』(2004, 울력), 478쪽.

생하는 데 사용된다는 점을 알 수 있다. 즉 우리는 쉬지 않고 우리의 몸을 만들어 내고 있는 셈이다. 생명의 자율성, 즉 생명이 살아가고자 하는 내재적인 작동 양식이 발현되는 원천은 생명의 자기 생산이라고 할 수 있다.

자율주의는 구성주의의 또 다른 이름일 수 있다. 자율주의는 생명, 사회, 공동체, 마음 등이 자기 생산이라는 내재적인 작동 방식에 따라 움직인다는 점을 알려준다. 이를테면 우리가 소셜네트워크서비스(SNS)와 인터넷 커뮤니티에서 수많은 글을 생산하고 남기는 이유와도 같다. 얼핏 보면 그것은 혼자만의 독백처럼 보이지만, 자신의 삶과 관계망을 자기 생산 하기 위한 것이라고도 할 수 있다. 그런 점에서 모든 의사소통의 과정은—니클라스 루만Niklas Luhmann(1927~1998)이 지적하듯이—사회 체계와 관계망, 언표를 자기 생산 함으로써 자율성을 확장하려는 바일 수 있다. 여기서 구성주의를 '세계의 재창조'라고 요약한다면, 자율성은 '자기 생산'이라고 요약할 수 있다. 그런 점에서 이 책은 '세계를 재창조하기 위한 자율적인 실천' 다시 말해 '구성적 실천'을 위한 책이다.

이 책의 구성은 다음과 같다. 1장 '구성주의에 기반한 자율주의의 가능성'에서는 구성주의가 해체주의나 구조주의가 아닌 자율주의의 기반이 된다는 점을 서술하고 있고, 2장 '구성주의와 객관적 표상주의'에서는 표상화, 의미화, 모델화 방식의 전문가주의나 일방적인 계몽주의가 아닌 '삶=함=앎'의 구도를 가진 생태적 지혜로서의 구성주의의 가능성을 타진하고 있다. 3장 '오토포이에시스와 생명, 공동체, 사회'에서는 생명, 사회, 공동체의 자기 생산이라는 내재적인 작동에 주

목하면서, 자기 생산으로서의 돌봄, 살림, 활동을 타자 생산으로서의
일, 노동과 비교하였고, 4장 '철학에서의 구성주의 논의와 생명의 구성
주의'에서는 칸트, 루만, 비고츠키, 들뢰즈, 환경관리주의 등 구성주의
의 철학적 담론을 소개한다. 5장 '기술기계는 자기 생산 하는가, 타자
생산 하는가?'에서는 기술기계의 리좀적/계통적 진화의 가능성을 통
해서 기계적 배치의 자기 생산의 가능성을 타진하고, 6장 '기계론적 기
계와 기계학적 기계'에서는 기계론적 기계와 기계학적 기계를 비교하
면서 기계적 배치의 자기 생산의 유형을 소개하였다. 마지막으로 7장
'생명권은 기계권인가?'에서는 기술 매개적 민주주의와 생태민주주의,
네트워크 혁명과 떡갈나무 혁명을 기계의 구성주의와 생명의 구성주
의 입장에서 설명하였다.

　이 책은 한국연구재단에서 진행한 '2014년 시간강사연구지원'의 지
원을 받은 연구의 결과물이다. 연구 지원 기간 동안 '철학공방 별난'에
서 진행된 구성주의 세미나가 연구의 모티프와 일관성을 알려주는 기
본적인 배치와 관계망이 되었다. 구성주의 세미나의 권희중, 김창규,
박창, 비비, 서경원, 유인식, 장은성, 정선, 정윤희, 주요섭, 추효정, 최
윤하, 한태연, 현광일 님에게 감사를 전한다. 이 책이 나오기까지 도움
을 주신 홍윤기 교수님, 윤수종 선생님, 장시기 교수님, 유흔우 교수님
께 고마움과 감사를 전한다. 또한 쉽지 않은 연구 과정과 집필 과정을
지켜봐 주고 기다려 준 아내 이윤경에게 감사를 드린다. 어려운 인문
사회 출판 상황에도 이 책의 출간을 흔쾌히 결정해 준 알렙 출판사에
감사를 전하고 싶다.

이 책에서 전달하고자 하는 메시지는 비교적 간단하다. 세계 재창조를 통해서 자율적으로 실천하는 것, 그것이 구성주의가 던지는 단순하지만 심원한 화두이다. 이 책을 통해 독자들이 세계 재창조의 영감과 지혜를 얻을 수 있는 작은 창 하나를 마련했으면 좋겠다.

2017년 2월 25일
저자 신승철 씀

구성주의에 기반한

자율주의의 가능성

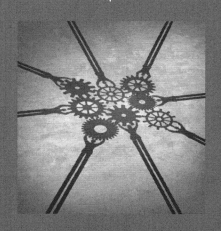

1장 구성주의에 기반한 자율주의의 가능성

:: 구성주의는 무엇일까?

구성주의constructivism란 무엇일까? 구성주의의 영역이 교육학적 구성주의, 사회-구성주의, 급진적 구성주의, 사이버네틱스와 인지 구성주의 등으로 다양하기 때문에, 구성주의 일반을 한마디로 정의하는 것은 굉장히 어려운 일이다. 그래서 정의definition를 내리는 연역적이고 '주어'적인 사유보다는 설명 방식을 늘리는 귀납적이고 '술어'적인 상상력이 필요한지도 모르겠다. 그러나 일반적으로 사고할 때, 구성주의는 계몽주의(=객관적 진리론)의 대척점에 있는 노선으로 알려져 있다. 즉 하나의 진리를 이식하고 복제하는 것이 아니라, 다채롭고 차이 나고 스스로 구성하는 지혜에 기반하여야 한다는 주장이 최근의 교육계에 등장한 것은 우연이 아니다. 그것이 1990년대에서 2000년대 초반 대안교육과 혁신학교의 담론에서 '자기 주도 학습'이라는 변형된 형태로 나타나고 있지만 말이다. 여기서 구성주의는, 객관적 실재를 관찰하기만 하면 진리가 인지된다는 근대적인 객관주의 노선에 반대한다. 관찰은 '맹점blind spot'이라는 한계를 갖고 있는 시각 활동이며, 동시에 '관찰이 바로 개입'이기 때문이다. 예를 들어 동물원 같은 폐쇄 환경에 있는 동물에게는 외부에서의 관찰을 스트레스로 느끼게 되는 역학관계가 있다. 또한 원자 단위 이하에서 '본다'는 행위는 빛으로 이루어진 광자를 원자에 쪼이게 되어 전자를 튕겨져 나가게 만든다는 점에서 하나의 개입이라고도 할 수 있다. 이를 생각해 보면 관찰, 관조, 시각적인 활동은 중립적인 행위가 전혀 아니라는 사실을 알 수 있다.

잠깐 다음 쪽의 〔그림〕을 살펴보자. 누가 봐도 전봇대가 있는 평범한 골목이다. 그런데 이 골목을 지나는 고양이, 노숙자, 공무원, 경찰, 학생 등 차이 나는 주체성에 따라 이 골목의 이미지와 표상이 동일할 것인지 의문을 던져볼 수 있다. 즉 통합된 인식이 가능한가 아니면 각자 다른 인식이 가능한가가 문제다. 예를 들어 학생에게 전봇대는 구인구직의 영역으로 인식된다면, 공무원에게는 관리의 대상으로 인식되고, 고양이에게는 하루 몸을 뉘일 수 있는 영역으로 인식될 수도 있다. 만약 하나의 표상과 하나의 이미지로만 존재한다면, '전봇대가 있는 골목=전봇대가 있는 골목'이라는 동어반복적인 고정관념에 머물 수밖에 없다. 그러나 이 그림에서와 같이 주체성에 따라 이미지는 각기 다르게 인식된다.

하지만 플라톤Platon(BC 428~BC 348)은 실재론을 통해서, 이상적이고 완결되어 있는 삼각형이 저기 저편 피안에 실재한다고 보았다. 구성주의 노선은 여기서 한참을 비껴나 있다. 상징적으로 완결된 삼각형이 어딘가 존재한다는 것을 부정한다면, 어떻게 삼각형에 대해 말할

전봇대가 있는 골목에 대한 상이한 이미지들

수 있을까? 프랑스 좌파 이론가 알랭 바디우Alain Badiou(1937~)의 경우에는 "다수는 실제로 현시라고 할 수 있는데, 일자-존재[임]이 결과로 나타나자마자 소급적으로 일자-아님으로 이해된다는 점에서 그러하다"[1]라고 언급하면서 집합론을 통해서 플라톤의 실재론을 방어하고자 한다. 이에 따르면 결국 현실에서 나타나는 삼각형 다수는 플라톤의 실재이자 일자─者인 이상적인 삼각형의 정합적이거나 비정합적인 현시라고 할 수 있다. 이를테면 이상적으로 완결된 삼각형이 찌그러지고 작고 크고 비틀어지고 모양이 다른 삼각형들의 집합을 포괄하며 대표하는 일자라는 점에서 '일자=다수'가 성립한다는 것이 바디우의 생각인 것이다.

구성주의 노선은 철저히 플라톤주의에 대한 이론적 탈주로부터 도출된다. 들뢰즈의 시뮬라크르simulacre 개념에 의하면, 현실에서의 삼각형은 이상적인 이데아로서의 삼각형과 달리 일자로부터 너무 멀어

1   알랭 바디우, 조형준 옮김, 『존재와 사건』(새물결, 2014), 58쪽.

구성주의와 자율성

지고 복제 · 복사를 계속해서 더 이상 일자의 현시로 볼 수 없는 차이와 다양성으로 가득한 삼각형 상태를 의미한다. 그러므로 다수에 대한 사유는 바디우의 '일자=다수'가 아니라 '일자를 뺀 다양성(n-1)'으로서의 다수라는 사유로 이행할 수 있었다. 이런 점에서 들뢰즈와 가타리가 개념화한 리좀rhizome[2]은 철저히 반플라톤주의적인 노선에 서 있다. 즉 현실에는 차이 나는 존재들의 연결접속으로 이루어진 다양체만이 있을 뿐, 바디우처럼 일자의 현시로서의 집합적 다수가 있는 것이 아니다. 따라서 구성주의는 일자라는 본질의 구성 활동에만 한정되는 것이 아니라, 차이와 다양성을 갖는 존재들의 구성 활동에도 실존하는 셈이다. 그런 의미에서 구성주의 방법론에서는 기능, 직분, 역할에 따르는 본질의 구성 작용이 아니라, 무상성, 선택, 자유, 불안한 삶과 같은 실존의 구성 작용이 우선시될 수 있다. 그런 점에서 '실존이 본질에 앞선다'는 실존주의는 구성주의와 공명한다. 구성주의는 본질이 아닌 실존 즉 핵심이 아닌 곁, 가장자리, 주변에 서식하는 것에 주목하는 것이다. 즉 프로그램(=모델화)보다 다이어그램(=지도 제작)에 더 주목하게 되는 것이다.

여기서 우리는 성城을 알기 위해서 성주를 만날 수 있는 권력이나 직함을 갖고 있지 못한 사람이 선택할 수 있는 방식, 즉 성의 주변을 배회하고 방황하는 방식에 따라 구성주의를 탐색할 수 있다. 다시 말해 구성주의 자체를 하나의 정의definition에 따라 의미화하거나 모델화하는 것이 아니라, 구성주의와 다른 사상을 비교하거나 구성주의 계열의 사상을 검토함으로써 구성주의의 윤곽을 희미하게 찾는 방법이 그것이다. 그런 점에서 구성주의를 말하면서 왜 바디우와 들뢰즈와 가타리

2   질 들뢰즈 · 펠릭스 가타리, 김재인 옮김, 『천개의 고원』(새물결, 2001), 1장 참고.

를 대비시켰는가에 대해서 일정한 해명을 할 수 있게 된다. 구성주의가 왜곡된다면, 구성주의를 하나의 테크놀로지로 여기거나, 혹은 교육 현장에서 교육자의 구성 활동만을 인정할 뿐 피교육자인 학생들의 구성 활동에 대해서 인정하지 않는 방식으로 나타날 수 있다. 즉 구성주의가 불구화되어 플라톤의 실재론을 피상적으로 넘어서고 있을 뿐, 사실상 근본적인 인식의 전환으로 나아가지 못하는 상황이 될 것이다.

구성주의의 근본 토대는 주체들마다 각자의 진리와 인지 과정이 모두 다를 수 있다는 점에 기반한다. 예를 들어 학생들에게 미술 선생님이 화분을 그리라고 한다면, 각각의 좌석의 배치와 인식, 정서 상태 등에 따라 각기 다른 화분의 이미지가 등장할 것이다. 그런데 선생님이 화분의 정면 그림을 제시하면서 모범과 모델이 된다고 말하는 순간, 학생들은 그것을 따라하거나 복제하려고 할 것이다. 그것을 도표로 그려보면 다음과 같다.

1은 중앙 화분을 각자의 배치 속에서 그려나가는 것을 도표화한 것으로, 각기 다른 이미지가 구성될 것이다. 2는 원본이자 원형이며, 이상적인 모델로서의 표상 A가 있고, 이에 대한 복제와 이식 과정이 이루어지는 경우를 도표화한 것이다. 1의 경우가 구성주의라면, 2의 경우는 계몽주의 혹은 객관적 진리론이라고 할 수 있다.

이 책에서 우리가 다룰 구성주의는, 칠레의 생물학자인 움베르토 마투라나와 프란시스코 바렐라가 개방한 생명의 구성주의, 그리고 이를 계승하고 정초한 펠릭스 가타리의 기계의 구성주의를 기반으로 한다. 마투라나와 바렐라는 재귀적 순환성이 구성주의의 논리 양식이라는 점을 강조하면서, "이러한 순환성, 행위와 경험의 뒤얽힘, 한편으로 우리의 존재 방식과 다른 한편으로 세계가 우리에게 나타나는 방식 사이

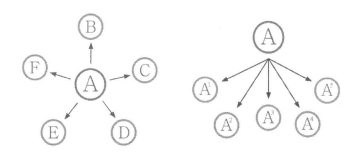

구성주의와 계몽주의(=객관적 진리론)의 차이점

의 불가분한 관계, 이것들이 다시 말해 인식 활동이 세계를 산출함을 뜻한다."[3]라고 언급한다. 이는 스피노자의 변용affection 이론과 바렐라의 후기 저작인 『몸의 인지과학』에서 소개된 '체화된 마음The Embodied Mind'이라는 개념을 예감할 수 있는 대목이다.[4] 스피노자의 변용 이론은 "함이 곧 앎이며, 앎이 곧 삶이다"라는 마투라나와 바렐라의 입장과 공명한다. 스피노자에 따르면 신체 변용의 과정과 정신 속에서 공통 관념의 속성의 증가가 평행을 이룸으로써 '사랑할수록 지혜로워진다'라는 명제로 요약될 수 있기 때문이다. 사랑할수록 맹목적이게 된다는 속설과는 달리, 사랑하게 되면 신체 변용이 일어나며, 이와 평행하게 공통 관념의 속성이 늘어난다는 점에서 지혜로워지는 것이다. 들뢰즈와 가타리가 언급하는 스피노자의 신체 변용 개념인 되기becoming라는 개념 역시 마투라나와 바렐라의 생명의 구성주의를 규명할 수 있는

3 움베르토 마투라나·프란시스코 바렐라, 최호영 옮김, 『앎의 나무』(갈무리, 2007), 34쪽.
4 프란시스코 바렐라, 석봉래 옮김, 『몸의 인지과학』(김영사, 2013).

전거가 될 수 있다. '되기'라는 진행형적이고 과정적인 신체 변용은 사실상 목적합리성에 따라 움직이는 것이 아니라, 그 목표가 바로 자기 자신을 만들어 내는 것이기 때문이다. 그런 점에서 들뢰즈와 가타리의 동물-되기, 여성-되기, 소수자-되기는 신체 변용을 통한 자기 세계의 산출과 관련되어 있다.

바렐라는 구성 활동과 구성 결과물이 바로 자신이라는 재귀적 논리를 「자율성과 자기 생산」[5]이라는 논문에서 구체화한다. 이에 따르면 순환적이고 재귀적인 논증 구조는 폐쇄성과 체계 안전성을 유지하면서도 내부에서 작동하는 자기 생산autopoiesis의 논법이다. 이에 따라 바렐라는 다음과 같은 수학 공식으로 재귀지시적 의미화를 표현한다.

$$F = \int (F)$$

어려워 보이지만 간단한 공식이다. 이는 펠릭스 가타리의 『분열분석적 지도 제작Cartographies schizoanalytique』에서 언급되는 '에너지의 기호화'의 사례와 매우 유사한데, 이를테면 "짜증나!"를 열 번 얘기하면 '짜증'이라는 에너지가 생산되는 것을 의미한다. 이에 반해 바렐라의 $F = \int (F)$라는 수학 공식으로 표현된 재귀적인 논리는 "왜 짜증난다고 자꾸 얘기해, 짜증나게"라는 순환적인 논증 구조를 갖고 있다. 여기서는 전제가 결론이 되고 다시 결론이 전제가 되는 방식의, 연역법과 귀납법을 넘나드는 재귀법에 의해서 논증이 형성된다. 즉 순환적이고 재귀적인 반복 양상이 드러나는 것은 생명의 내부에서 일어나는 상호작용과 작동 방식에 대한 힌트를 제공한다. 이는 인공지능Artificial

5 지크프리트 J. 슈미트 엮음, 박여성 옮김, 『구성주의』(까치글방, 1995), 128쪽 참고.

Intelligence(AI)이 학습적이고 재귀적인 논증 구조에 의해서 설계될 수 있는 논리라고도 할 수 있다.

바렐라의 급진적 구성주의는 칸트가 개방한 근대적 구성주의를 계승하면서 동시에 넘어선다. 예를 들어 칸트는 구성주의의 속성과 계몽주의의 속성을 동시에 갖고 있으며, 객관화된 진리에 의해서 책임 주체가 구성되는 근대적 패러다임에 머물러 있다. 즉 칸트는 인식에서 물자체Ding an sich는 알 수 없고 인식의 그물망을 통해서 걸러지는 현상만을 알 수 있기 때문에 인식의 도식 작용Schema의 객관화된 범주표가 중요하다는 '인식론적 구성주의'를 창시한다. 칸트는 인식의 자기 구성 과정을 승인했다는 면에서 구성주의를 개방하면서도, 동시에 객관적인 범주표의 도식을 제시한다는 점에서 계몽주의를 개방한다. 이런 점에서 칸트는 구성주의를 통해서 '정체성', '권리주의', '주권질서', '세계정부' 등 현존 질서의 창안자가 된다. 즉 칸트주의는 더 이상 구성하는 것이 아니라 구성된 것에 지나지 않게 된다. 이러한 칸트의 이율배반적인 체계와 방법론과 달리, 급진적 구성주의는 인식 활동의 구성 과정과 구성의 결과물이 일치한다는 점에서 객관적인 범주화와 모델화의 유혹으로부터 자유로우며, 다양한 주체성이 각기 다른 인지적인 세계를 구성할 수 있는 토대를 만들어 낸다. 즉 급진적 구성주의는 실천, 변용, 감성에 의해서 구성된 세계 이외의 객관화된 세계의 현존을 부정한다. 이런 점에서 플라톤의 실재론에서부터 근대의 분석적 개념-실재론에까지 이르는 진리 노선을 극복하는 것이 구성주의의 노선이라고 할 수 있다.

:: 구조주의의 반대편, 구성주의

들뢰즈는 『의미의 논리Logique du sens』에 수록된 '구조주의를 어떻게 식별할 것인가'라는 장에서 "구조가 문제 형성적 장, 문제들의 장을 정의한다면, 그것은 문제의 본성이 이 계열적 구성 안에서 그 고유한 객관성을 드러낸다는 의미에서이다"[6]라고 말한다. 이는 어떤 상이한 계열에 있다 하더라도 의미화와 해석의 과정에서 다시 객관성으로 환원되는 불변항, 즉 구조가 실재한다는 점에 대한 지적이다. 즉 구조주의는 객관적 진리론이라는 근대적 메커니즘으로부터 벗어나 있는 것으로 인식되지만, 계열과 계열 사이를 연결할 때 사실상 객관성을 대체하는 구조의 설립과 구성으로 향한다는 맹점을 갖고 있는 셈이다. 이런 점에서 구조주의는 실재 대신에 언어 구조나 사법적 구조, 아버지의 질서 등을 위치시키면서 해석의 환원주의와 표상의 객관주의로부터 벗어나지 못한 인식틀을 내포하고 있다.

자크 라캉Jacques Lacan(1901~1981)의 구조주의는 무의식의 '수학소 mathème'의 방법론을 통해서 실재계, 상징계, 상상계라는 세 가지의 계열을 주장하였다. 이에 따라 무의식이 분열된 주체인 아이가 거울을 보면서 통합된 자신의 이미지를 상상하는 상태, 즉 거울 단계Mirror stage라는 최초의 구성 작용이 등장한다. 이러한 상상적 동일시는 '자아'라는 통합된 이미지에 대한 환상과, 상징질서에 포섭된 '주체' 수준의 분열을 내재하고 있다. 그렇기 때문에 라캉은 상상적 동일시는 분열을 극복할 수 없고, 상징적 동일시라는 아버지의 질서의 구성 능력에 의해서 정상성의 궤도에 이른다는 치유 가설을 주장한다. 그런데

6 　질 들뢰즈, 이정우 옮김, 『의미의 논리』(한길사, 1999), 538쪽.

여기서 눈여겨 볼 부분은 상상적 동일시나 상징적 동일시 둘 다 '동일시identification'라는 구성적 방법론에 따른다는 점이다. 동일시를 통한 구성 작용의 문제점은, 나와 너 사이의 차이를 통한 연결접속이나 이의 부수효과인 공통성common의 영역을, 결국 변증법적인 통일성, 동일성으로 만들어 버린다는 점에 있다. 라캉은 상담자를 아버지와 동일시하는 전이Transference라는 방법론을 활용하고자 했다. 그러나 전이와 동일시의 방법은 각각의 주체가 색다른 세계를 각기 구성하려는 활동을 방해하고 가로막는 방법일 뿐이다. 왜냐하면 아버지의 질서를 불변항으로 여기거나 사법적 질서 내부에 포획되어 있는 동일시의 방법론은 스스로 자기 세계를 구성하려는 노력과는 완벽한 차이가 있기 때문이다. 다시 말해 구조주의의 구성 작용은 자율성이 전혀 없는 구성 작용이라고 할 수 있다. 그런 점에서 라캉의 구조주의는 철저히 세계 재창조라는 구성주의의 반대편에 서 있다. 여기서 상상적 동일시에 따른 '자아ego'와 상징적 동일시에 따른 '주체subject' 간의 분열을 다음과 같이 도표화[7]할 수 있다.

구성주의 노선의 시각에서 볼 때 구조주의는 구조라는 불변항의 설립과 여기에 협착狹窄되고 예속된 주체의 설립과 관련된다. 구성주의가 자기 자신의 세계와 삶을 구성함으로써, 자율성과 자기 결정력을 갖고 있는 주체성을 등장시키는 데 반해, 구조주의는 자율성이 극도로 위축되고 경화되어 나타난다. 구조주의는 생명의 자기 구성력과는 대척되는 문명의 포획 능력이라고도 할 수 있다. 불변항의 구조가 일단 설립된 뒤 어떤 행동을 보이는지에 대해서는 베이트슨의 이중구속

---

7 김석, 『에크리』(살림출판사, 2007), 152쪽.

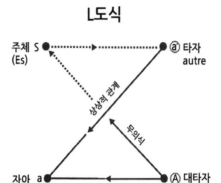

L도식

주체 S
(Es)

ⓐ 타자
autre

상상적 관계

무의식

자아 a
moi

Ⓐ 대타자
Autre

라캉의 상상적 동일시(자아)와 상징적 동일시(주체)의 관계 L도식

Double Bind 개념이 잘 보여 주고 있다.[8] 이중구속이란 모순된 발신음이 동시에 수신되어 그것을 벗어나지도 따르지도 못한 채 쩔쩔매게 되는 상태를 의미한다. 예를 들어 아버지의 질서인 상징질서가 주체에게 부여되면, 아버지를 넘어서고자 하며 증오한다는 하나의 발신음과 아버지에게 머무르고자 하며 애정을 느끼는 또 하나의 발신음이 함께 수신되는 애증愛憎의 상태가 되는 것이다. 이러한 이중구속의 모델은 불변항으로서의 구조에 얽매여 세계에 대한 자기 구성 활동이 급격히 구획되고 통제될 때의 행동 양상을 의미한다. 그런 점에서 구성주의는 불변항의 구조에 예속되거나 협착된 주체의 일상이 아니라, 그것을 자유롭게 넘나들면서 횡단하고 이행하고 변이되는 자유인의 삶을 표현하기 좋은 개념이다.

8 그레고리 베이트슨, 박대식 옮김, 『마음의 생태학』(책세상, 2006), 426쪽.

　　　　　　　　　　　　　　　　　　　　　　구성주의와 자율성

그런데 여기서 우리는, 구조가 원래부터 주어진 것이 아니라는 점에 주목해야 할 것이다. 구조structure도 관계망과 배치agencement의 일부가 경색되고 경화된 것이며, 딱딱하고 고정되어 있음에도 애초에는 구성 작용의 결과물이다. 그런데 차이가 있다면 구조는 최초의 구성 작용과 마찬가지로 이후에 다른 구성 작용이 지속적으로 있을 것이라는 점을 부정한다. 구성이 일단 이루어지면 그다음 구성은 불가능해지는 것이다. 구조의 설립이 구성 작용을 의미함에도 불구하고, 그 구성 과정이 상시적이고 전방위적으로 이루어질 가능성은 부정되는 것이다. 아무리 좋은 이론이라 할지라도 불변항의 구조가 되면 후대의 이론이 생성되고 구성되는 것을 가로막는 보수적인 이데올로기Ideology가 될 수밖에 없다. 그런 점에서 객관적 진리 모델이 보여 주는 합리주의는 향후 구성될 차이 나는 합리성의 영역을 비판하고 봉쇄하고 무력화하기 위한 자기 논변의 구성물이다. 그런 점에서 구성주의는 영구 혁명(=영구 개량)의 노선을 따른다.

구조주의적 세계관의 취약점은 또 있다. 바로 다양한 구성 작용에 따른 세계관이 존재할 수 있음에도 불구하고, 하나의 준거좌표에 있는 사람들이 구성한 세계관만이 등장한다는 점이다. 미셸 푸코Michael Foucault(1926~1984)는 준거 집단reference group의 이성이 아닌 것은 모두 비이성으로 식별하여 광기로 분류한 광기의 미시사를 폭로하고 반정신의학의 계보를 개방한 바 있다.[9] 준거 집단이 합리적이고 이성적이라고 간주된다면, 소수자 집단이나 주변부 집단은 비합리적이고 제거되고 배제되어야 할 대상이 된다. 예를 들어 중산층을 준거 집단으로 하는 지그문트 프로이트Sigmund Freud(1856~1939)의 신경증 모델이

9 미셸 푸코 지음, 김부용 옮김, 『광기의 역사』(인간사랑, 1991), 참고.

민중적인 정신분열증에 대해 설명력이 거의 없는 것은 우연이 아니다. 여기서 주목해야 할 부분은 집단, 무리, 공동체에 따라 다양한 구성 작용이 있을 수 있다는 점이다. 그렇기 때문에 자신을 기준점으로 삼아 진리를 말하는 순간, 다른 집단이나 공동체 혹은 개인에게는 폭력이나 차별이 될 수 있다.

각각의 주체성들은 스스로의 삶과 실천, 변용에 따라 색다른 인지 모델과 세계상을 산출할 능력이 있다. 1,000명이 모이면 하나의 마을이나 공동체가 생기는 것이 아니라 1,000개 혹은 그 이상의 마을이나 공동체가 산출된다고 할 수 있다. 그런데 각각의 모델화의 차이점에도 불구하고, 전문가나 지식인들이 자신의 모델이나 세계상이 진리라고 주장한다면 어떤 일이 벌어질까? 근대 이성의 논의들은 바로 전문가와 지식인의 모델화 수준에서 사고될 필요가 있다. 즉 구성주의가 보기에는 보편적인 것을 설명하겠다는 근대 이성의 지향성에도 불구하고, 그 역시도 한 지식인이나 전문가의 독특한 모델에 불과하다. 그렇게 된다면 근대 이성이 모든 세계를 설명할 수 있는 하나의 보편적인 모델이 되는 것이 아니라, 우리가 참조하면서 횡단해야 할 여러 모델 중 하나로 간주될 수 있다.

사실 이러한 굉장히 폭력적인 사유 방식은 고대 그리스의 철학으로까지 거슬러 올라간다. 고대 그리스 아테네의 직접민주주의는 제비뽑기나 가위바위보와 같은 경우의 수를 동원하여 대표와 관료를 뽑았는데, 이는 진리가 추론과 논증이라는 모델화의 결과물이 아니라, 누구에게나 진리가 이미 내재되고 전제되어 있다는 관점이 있었기에 가능한 것이다. 즉 이는 각각의 차이 나는 존재 모두에게 세계의 구성 능력이 내재해 있다는 강력한 직접민주주의의 사상인 셈이다. 그런데 플라톤이라는 철학자는 진리가 철학자 혹은 전문가의 추론과 논증(=모델화)의 결과물이라고 주장한다. 따라서 철인만이 세계의 구성력을 갖는다는 철인정치를 주장함으로써 아테네의 직접민주주의에 반대하였다. 플라톤의 철인정치 구상의 뿌리에는 민주주의 사상을 천대하고, 엘리트의 독재를 찬양하는 권력 지향적인 사유가 있었다고 해석될 수 있다. 물론 플라톤의 스승인 소크라테스Socrates(BC 470~BC 399)의 상기론想起論과 같은 경우에는 진리가 모든 사람에게 미리 전제되어 있다는 직접민주주의의 흔적이 남아 있지만 말이다. 플라톤의 사상은 근대 이성과 실재론의 기원이며, 서양 철학의 시조이다.

각각의 주체가 다른 세계를 구성한다는 구성주의 맥락은 결국 주관주의가 아닌가라는 의문도 들 것이다. 경우에 따라서 주관의 구성 능력에 따라 와해되고 해체된 세계를 의미하는 것이 아닐까 하는 극단적인 의심도 있을 수 있다. 그러나 구성주의는 주관의 구성 능력에 따르는 모델들이 던지는 각각의 문제의식을 하나의 모델로 환원해서 모두 해결할 수 있다고 거만하게 말하지 않는다. 문제는 각각의 모델들을 넘나들고 이행하며 횡단하고 변이하는 것에 달려 있다. 그렇기 때문에 이러한 흐름과 횡단의 경로를 이미지화하면, '메타모델화'라는 개념이 등장한다. 펠릭스 가타리는 "그것들은 여기서 메타모델화하는 것으로서 기술되는데, 이것의 본질적 목적은 다양한 현존의 모델화(종교적 모델화, 형이상학적 모델화, 과학적 모델화, 정신분석학적 모델화, 물활론적 모델화, 신경증적 모델화……) 체계가 자기-준거적 언표 행위의 문제를 거의 항상 우회해 가는 방식을 설명하는 것이다."[10] 즉 메타모델화는 여러 구성의 모델이 연합되고 연결되어 네트워크를 이룬 초학제적인

10　펠릭스 가타리, 윤수종 옮김, 『카오스모제』(동문선, 2003), 85쪽.

연결과 통섭을 의미한다. 이는 각각의 모델이 적시하고 있는 실존적 준거성을 부정하는 것이 아니라, 각각의 실존적 준거를 넘나드는 지도 그리기의 방법론을 의미한다. 예를 들어 어떤 사람이 정신적인 어려움을 호소하는 경우, 정신분석학으로 설명이 안 되면, 인지치료로, 다시 자아초월 심리학으로, 다시 실존치료 방법론으로, 또다시 인문치료 방법론으로 연이어 횡단적으로 적용해 보면서 설명력을 높이는 것을 의미한다. 이러한 방법론을 가타리는 '분열분석적 지도 제작법'이라 말하는데, 이는 '메타모델화'라고도 일컬어지며 베이트슨은 '지도화'라고도 부른다.

분열분석의 방법론이 왜 구성주의에서 중요하느냐의 문제는 바로 구성 작용이 주관에 의해서, 즉 하나의 주체에 한해서, 혹은 하나의 실존적 준거좌표에 한해서 이루어지는 것이 아니기 때문이다. 즉 복잡계로서의 사회적 삶에서의 구성 작용은 다극적이고 다방향적이고 다실체적인 방향에서 동시에 일어난다. 각기 상이한 세계를 산출하고 모델화할 수 있는 주체성들의 구성 작용이 하나의 의미화나 모델화의 방식을 통해 모두 설명될 수 있다는 것은 지식의 오만이다. 이를테면 공동체의 복잡한 성좌에서의 대화 방식은 정동의 흐름과 지도 그리기에 의존하지, 주체와 대상의 이분법에 의존하지는 않는다. 그렇기 때문에 각각의 의미의 층위와 실존적 준거, 언표 행위의 배치, 각각의 모델들의 결합 양상 등을 고려하면서 마치 지도를 제작하듯이 의미의 흐름과 상호작용, 관계망을 그려내는 것이 중요하다. 즉 구성주의는 한 개인의 구성주의나 한 주체의 구성적 실천이 아니라, 여럿, 다양, 복수의 동시다발적인 구성 과정의 연결망을 사고할 수밖에 없다. 동시에 그것은 어쩔 수 없는 구조와 무기력한 개인이라는 구조주의적 현존 양상

각각이 구성한 모델이 연결되어 배치를 이룬 네트워크에 대한 이미지

과는 달리, 각각의 구성 작용이 네트워크와 같이 연결되어 있어서 자율적인 배치를 이룬다는 점이 중요하다. 그렇기 때문에 하나의 모델에 의해서 모든 것이 설명될 수 있다는 구조분석의 방법론이 아니라, 다양한 배치를 이루는 주체성들의 각각의 모델들(혹은 기계들) 간의 네트워크를 살피면서 그것을 횡단하고 이행하고 연결접속시키는 자유로운 주체성들의 실천과 행동을 설명하려는 것이 분열분석의 목적이라고 할 수 있다.

:: 자율주의의 발흥: '자기 생산=자율성'

1968년 혁명의 연쇄 효과로 일어난 이탈리아의 '뜨거운 가을' 파업이 유럽을 뒤흔들 당시 자율주의의 영향권 내에서 들뢰즈와 가타리의 사상이 형성되었다. 이 두 사람의 『안티 오이디푸스*L' anti-Œdipe*』와 『천 개의 고원*Mille Plateaux*』과 같은 작품들이 일관성을 갖고 서술했던 바는 바로 배치agencement라는 개념이었다. 일단 배치는 구조라는 수준의 틀이 갖는 불변항의 속성으로부터 벗어나, 유한하고 국지적이며 찢어지거나 망가질 수 있고 인간과 기계, 생명, 사물 등이 어우러지는 관계망을 의미한다. 물론 미셸 푸코의 지적처럼 미시권력의 배치dispositif가 있는 것을 고려해 볼 수는 있다. 푸코가 권력의 미시그물망의 효과에 따라 주체가 형성된다는 점에서 '권력의 구성 작용'에 유념했다면, 들뢰즈와 가타리는 사랑과 욕망의 미시그물망 속에서 주체성 생산이 이루어지는 '사랑과 욕망의 구성 작용'에 주목하였다. 하지만 사랑과 욕망, 정동의 흐름이 관통하고 미생물, 우주, 자연, 사물 등이 배열되어 어우러진 배치의 작동 방식은 자율성에 있다. 구조주의적인 사유는 거시적인 질서와 틀을 어쩔 수 없는 불변의 항으로 만드는 담론의 효과를 갖는다. 반면 배치와 관계망의 경우에는 찢어질 수도 망가질 수도 있으며, 유한하며 국지적인 것을 특징으로 한다. 배치라는 개념적 구성물은, 결국 구조와 시스템 수준에서의 자동적인 행동 양식이 아니라, 관계망과 배열 장치에 따른 자율적인 행동 양식으로 향하게 만든다. 다시 말해 구조는 어쩔 수 없지만, 배치는 재배치가 언제든 가능하며, 고장 나거나 언제든 끝낼 수 있는 관계망인 셈이다.

배치라는 개념은 자율주의의 방향성을 잘 드러내는 개념이다. 행위

구성주의와 자율성

와 실천, 인식의 목적이 외부에 있는 타자를 생산하기 위한 것이 아니라, 바로 자기 자신의 언표, 행위, 감수성, 지각 작용을 생산하기 위한 것으로 바뀌는 것도, 배치라는 관계망이 구성하는 내부 환경 속에서 가능해진다. 즉 어떤 집단과 공동체가 실천하고, 숨 쉬고, 살아가고, 행위를 하는 모든 것들은 그 집단과 공동체의 배치를 재생하고 바로 자기 자신을 생산하기 위한 이유일 수도 있다. 여기서 배치라는 개념이 어렵게만 느껴질 수도 있지만 네트워크, 공동체, 생태계 등을 떠올려보면 이해하기 쉬울 것이다. 그런 점에서 자기 생산의 관점에서는 목적과 수단, 방법이 모두 일치하게 된다. 즉 그 일을 하는 목적은 바로 자신을 만들기 위해서이다. 자기 생산은 바로 자율이며, 자기 결정, 자치, 자기 해방으로 재번역될 수 있다. 자기 생산이라는 개념은 공동체 내에서의 활동이 성과 없이 무위로 향하는 것이 아니라, 바로 공동체 자체와 구성원 자체를 자기 생산 하는 것이라는 점을 보여 준다. 자율주의는 생물학적인 개체적 자율성이나 개별자로서의 개인의 자유만이 아니라, 바로 공동체와 집단이 어떤 일을 해내면서 지속 가능하게 되는 것, 즉 자기 생산으로서의 자율성으로 나아갈 수 있다. 즉 사회와 집단의 지속 가능성은 바로 자기 생산과 관련되어 있다. 또한 자기 생산이 바로 공동체와 배치에 입각한 자율주의autonomy와 개인으로 분해되어 결국 자유시장과 자유무역에 편승하는 자유주의liberalism의 차이점을 가르는 시금석이라고 할 수 있는 이유도 여기에 있다.

자기 생산의 비밀을 잘 보여 준 책이 바로 마투라나와 바렐라가 쓴 『앎의 나무Der Baum der Erkenntnis』이다. 이 책에서 두 사람은 "우리는 자율이란 개념을 흔히 쓰는 뜻으로 쓰고 있다. 곧 자기가 따르는 법칙이나 자기에게 고유한 것을 스스로 결정할 수 있는 체계는 자율적이다."

라고 말하고 있다. 이는 생물이 자율적 개체라는 점을 알려주면서, 자기 결정력을 가진 체계와 시스템을 기반으로 하여 그 특징을 개체발생적으로 발전시킨 생명 현상을 겨냥하고 있다. 여기서 마투라나와 바렐라는 자기 생산이 생명 구성력을 의미하며, 내재적인 자신의 작동 원인, 다시 말해 자기 원인에 따른 행위의 작동 방식임을 드러내 보인다. 자기 생산은 생명을 구성할 뿐 아니라, 인지를 구성하고, 세계를 구성한다. 그런 점에서 '앎=함=삶'이라는 등가공식이 성립된다.

마투라나와 바렐라의 자기 생산의 인지 구성적인 측면을 보면, 칸트 방식의 구성주의의 결과물인 책임 주체를 먼저 떠올릴 수도 있다. 칸트의 인식론적 구성주의는 물자체의 심연을 넘어서 주관의 인식 작용의 도식 작용으로 걸러진 현상에 대한 인식을 전제로 한다. 칸트는 책임 주체의 자기 구성력을 인식론적으로 정립하였다. 그러나 인지 구성에서의 마음의 문제는 근대적 책임 주체subject의 논의나 탈근대의 주체성subjectivity 논의를 넘어서 전개되는 측면이 있다. 베이트슨의 『마음의 생태학Steps to an Ecology of Mind』 5부 '인식론과 생태학'에서는 사이버네틱스와 인공두뇌학 등이 응시한 생태 시스템이나 기계 시스템 속에서 서식하는 마음에 대한 문제가 나온다. 이에 따르면 제2차 세계대전 즈음에 각국의 과학자들은 사물, 기계, 자연 등이 시스템을 이룰 경우 그 복잡성 속에 마음이 수반된다는 점을 거의 비슷한 시기에 발견하게 된다.[11]

즉 베이트슨은 마음의 문제를 개인적인 사변이나 사색, 반성적인 자기 의식과 같은 영역으로 고립시킨 것이 아니라, 네트워크, 공동체, 생태계 등이 수반하는 것으로 간주한 셈이다. 결국 인지 구성은 생명, 사

---

11   그레고리 베이트슨, 박대식 옮김, 『마음의 생태학』(책세상, 2006), 649쪽.

구성주의와 자율성

물, 기계, 자연 등이 시스템으로 연결되는 과정에서 발생하는 것으로 사유될 수 있다. 또한 이러한 시스템의 특징이 자기 생산적이기 때문에 마음을 구성한다는 점에 대해서도 주목해야 한다. 자기 생산의 세계 구성적인 측면으로는 들뢰즈의 비실재론의 맥락을 들 수 있다. 제2차 세계대전을 전후하여, 인공적으로 만든 영화와 같은 시청각의 구성물이 등장하게 된다. 이는 실재와 꿈, 상상과 현실의 경계를 허무는 시청각 이미지였다. 이에 따라 이러한 특이한 준거좌표의 등장은 모든 물질, 운동, 에너지, 지각을 이미지로 번역할 수 있는 전거가 된다. 들뢰즈의 『시네마*Cinema*』에서의 감각운동으로서의 운동-이미지와 시청각적인 인공 구성물로서의 시간-이미지의 구도는 여기서 발견될 수 있다. 마찬가지로 제2차 세계대전 후에 만들어진 사이버네틱스와 인공 두뇌학의 기계적인 마음은 모든 사물, 자연, 인간, 생명을 기계로 번역할 수 있는 특이한 준거좌표라고 할 수 있다. 그렇게 되면 모든 사물, 인간, 생명이 기계로 번역될 수 있는 전거가 마련된다. 그런 점에서 들뢰즈와 가타리의 『안티 오이디푸스』에서의 '욕망하는 기계' 개념의 등장 배경도 알 수 있다. 여기서 주의해야 할 점은 특이점singularity의 등장은 세계 구성적인 차원을 개방한다는 점이다. 즉 모든 것들이 특이점으로 번역되어 설명될 수 있는 차원과 세계를 일거에 개방하는 것이다. 구성주의는 원자화된 개인이 환상을 횡단하는 것과 같은 '약한 상호작용'에 머무는 것이 아니라, 집단과 공동체, 생태계, 네트워크상의 교감과 강한 상호작용, 되먹임 속에서 강렬도가 문턱을 넘어서 특이점을 등장시키고, 이에 따라 모든 사물, 자연, 우주가 특이점에 따라 완전히 이행하고 변전될 수 있다는 것을 의미하게 된다. 이로써 들뢰즈가 말했던 "한 사람의 죽음은 하나의 세계의 소멸과도 같다"라는 아포리즘의 의미가 분명하게 다가올 것이다.

자기 생산을 생명의 자율성으로도 볼 수 있지만, 동시에 '삶'이나 '힘'에 대한 구성적 실천으로 보는 시각도 가능하다. 여기서 구성적 실천은 삶이라는 무의식 구성체의 정동과 사랑, 욕망의 흐름이 만들어 내는 실천적이고 진행형적인 과정을 의미한다고 사유할 수 있다. 즉 구성적 실천은 주객관의 이분법에 따라 2자 관계 내에서 작동하는 방식만이 아니라, 3자의 관계 혹은 n자 관계로 확장된 관계망에 대한 부분으로 나아갈 수 있다. 그런 점에서 n자 관계에서의 정동에 대한 차원은 이분법을 넘어선 비표상적인 흐름으로 사유될 여지가 있다. 예를 들어 서구의 이분법은 구성적 실천을 2자 관계로 가두는 경향이 많았다면, 동양 사상의 예禮나 의義, 도道 등의 사유들은 3자 관계와 n자 관계를 전제로 한 사유 양식임이 드러난다. 서구의 2자 관계는 주관과 객관을 분리하고 거울처럼 반영하는 틀로는 유효하겠지만, 동양의—2자 관계를 포함하는—n자 관계에서는 정동의 흐름이 굉장히 중요하다. 구성적 실천은, 분리와 이분법, 거울 관계 등이 만든 고도로 합리적인 구성 과정이 아니라, 사랑, 욕망, 정동의 비표상적 흐름이 보여 주는 고도로 자유롭지만 고도로 조직된 구성 과정을 의미한다. 베이트슨의 말처럼 '이성이 알지 못하는 이성'이 있는 셈이다.

멜리사 그레그와 그레고리 시그워스 등이 편찬한 『정동이론Affect Theory Reader』의 서문격인 「미명의 목록〔창안〕」에 정동에 대한 정의가 나온다. "정동은 많은 점에서 힘force 또는 힘들의 마주침〔조우〕 forces of encounter과 동의어다. …… 정동은 사이에서 태어나고, 누적되는 곁beside-ness으로 머문다."[12] 2자 관계에서의 자기 생산이 확실

12 멜리사 그레그·그레고리 시그워스, 최성희, 김지영, 박혜정 옮김, 『정동이론』(갈무

한 의미 작용의 끌어당김과 포획을 통해서 주체와 대상, 주인공과 관객을 나눈다면, 3자 관계에서의 자기 생산부터는 사물, 인물, 자연들이 만든 성좌의 곁과 가장자리에 서식하는 무의식이 가능해진다. 그런 점에서 2자 관계 내부에서도 3자 관계가 가능하다는 것을 보여 주는 개념이 사이주체성inter-subjectivity 개념이다. 사이주체성은 존재의 본질이나 중심이 아닌 주변을, 내부가 아닌 외부를, 분리가 아닌 사이를 응시하는 개념이다. 정동 개념은 사이주체성으로부터 비로소 논의될 수 있다. 물론 Inter-subjectivity라는 철자는 같지만 펠릭스와 가타리의 '사이주체성'에 대한 논의와 한스 게오르크 가다머Hans-Georg Gadamer(1900~2002)와 위르겐 하버마스Jürgen Habermas(1929~) 등의 '간주관성intersubjectivity'에 대한 논의는 토대부터 다르다. 하버마스와 가다머의 간주관성이 인간중심주의를 벗어나지 못했다면, 가타리의 사이주체성은 생명, 사물, 광석, 식물, 벌레, 지렁이 등과의 '사이'와 '중간between'을 설정한다는 점에서 근본적인 차이가 있다. 또한 가타리의 사이주체성으로서의 동심원이 그려지는 영역은 흐름과 배치, 상호작용, 교감 등의 정동이 교차하는 영역이다. 이는 색채, 냄새, 몸짓, 표정, 음향 등의 비기표적 기호 작용이 교류되는 영역이기도 하다. 또한 사이주체성은 2자 관계 내에서 3자 관계를 생성시키는 것이고, 사물이나 생명의 핵심이나 본질에 대한 의식이 아니라, 실존 혹은 곁, 주변, 가장자리에 서식하는 무의식의 성좌를 그려낸다. 반면 간주관성은 여전히 서구의 2자 관계에 머물러 있으면서, 한 인간의 주관과 다른 인간의 주관을 매개하는 중간항으로써 기능하는 측면이 강하다. 특히 하버마스의 『의사소통행위 이론Theories des kommunikativen Handelns』이 보

리, 2015), 15쪽.

여 주는 2자 관계에 기반한 간주관성 논의는, 생태계, 공동체, 네트워크 등의 곁에 서식하는 무의식의 성좌와 정동의 흐름을 배제하고 단지 인간중심주의적인 언어합리주의나 보편화용론, 의사소통 행위에 머물러 있다. 하버마스의 '이상적 담화 상황'의 설정은——배치와 흐름과 무관하다는 점에서——어쩌면 동화와 같은 느낌마저도 준다. 핵심을 정리해 보자면 '서양의 사유와 동양의 사유를 나누는 척도는, 2자부터 공동체가 성립할 것인가? 아니면 2자 내에 3자, 다시 말해 n자부터 공동체가 성립할 것인가?' 라는 논점에서 갈라지게 된다. 그런 점에서 자기 생산으로 향하려는 구성적 실천이 이성의 구성 능력에 의한 것인지, 아니면 사랑과 욕망, 정동의 구성 능력에 의한 것인지의 구분점이 여기서 생긴다고 할 수 있다.

자기 생산에 대한 색다른 논의는 또한 스피노자의 『에티카*Die Ethik*』에서도 발견된다. 철학사를 정리했던 사람들이 대부분 스피노자를 합리론의 반열에 올렸던 이유 중 하나가 바로 인과관계로 여겨질 만한 자기 원인 개념 때문이다. 여기서 스피노자의 자기 원인은 정신과 신체 사이에서 평행선을 달린다. 먼저 '개란 개념은 짖지 않는다' 라는 언급처럼 공통 관념과 변용 양태는 완전히 다른 차원에 서 있다. 여기서 스피노자는 공통 관념이라는 사유의 속성이 증대되기 위해서는 신체 변용이 전제되어야 하며 이의 변용 양태가 평행선에 서 있어야 한다고 본다. 이러한 평행론 덕분에 "사랑할수록 지혜로워진다"라는 구도가 나타난다는 점은 특이하다. 그런데 이러한 스피노자의 평행론은 바렐라의 『몸의 인지과학』에서의 발제론enactivism으로도 해석될 수 있다. 바렐라의 정의에 따르면 발제론이란 "인지가 주어진 세계에 대한 이미 완성된 마음의 표상이 아니라 세계 내에서 한 존재가 수행하는 다

구성주의와 자율성

양한 행위의 역사에 기반을 두고 마음과 세계가 함께 만들어 내는 것이라는 확신을 강조하기 위한" 것이다. 그런 점에서 자기 생산은 평행론이나 발제론의 시각처럼 신체와 정신, 세계와 마음이 함께 구성되어 가는 과정으로 나타날 것이다. 그렇다고 발제적enactive 자기 생산이 정신/신체의 이원론을 말하는 것은 아니다. 그것은 우주, 자연, 사물, 생명에게 마음이 있다는 점에 대한 긍정을 전제로 한다. 그런 점에서 바렐라의 발제론과 스피노자의 자기 원인은 합리주의라는 인간중심주의적 전제로부터 벗어나 우주적, 생태적, 기계체적인 시스템 등의 자기 원인들을 설명할 여지는 풍부하다.

안토니오 네그리Antonio Negri(1933~), 프랑코 베라르디(비포)Franco Berardi(1949~), 마우리치오 라자라토Maurizio Lazzarato 등으로 대표되는 이탈리아 자율주의는 노동자의 자율성에 대한 사유에서 출발했다. 자율주의가 제안한 자율 인하, 사회 센터, 생활임금, 자기 가치화, 사회적 공장 등은 노동자로 하여금 자기 결정력과 자율성을 높이기 위한 행동이었다. 즉 이탈리아 자율주의는 노동자 집단의 자기 생산을 위한 색다른 전략과 구성적 실천의 계발에 있었다. 이에 반해 가타리는 욕망의 자율주의로 응답하였다. 욕망의 야성성은 바로 자율성으로 번역될 수 있는 개념으로, 욕망의 시각에서 동물-되기, 식물-되기, 광석-되기, 우주-되기, 지각 불가능하게 되기로 신체 변용의 차원을 확장하여야 한다는 주장이었다. 이는 노동자 집단의 자율성의 시각이 아닌 소수자 운동의 자율성의 시각을 복원한다. 이런 점에서 가타리의 욕망의 자율주의는 마투라나와 바렐라가 제안한 자기 생산 개념을 구성적 실천의 원리로 받아들인다. 이에 따라 욕망하는 기계의 각 부문은 연결과 접속을 달리하며, 자기 생산 하고 열려 있는 네트워크와 같은 기계체를 형성한다는 입장을 보였다. 이는 기계적 자율성의 시각으로 번역된 생명의 자율성이라고 할 수 있다.

　문제는 기계 작동을 보이는 기계체에 두 가지 형태가 있다는 점이다. 폐쇄되고 코드화되고 닫힌 기계학적 기계mechanics와 열리고 자기 생산 하는 기계론적 기계machines가 그것이다. 기계학적 기계는 구조로 여겨지는 코드화된 기계로 그 안에서의 행동역학은 자동주의적이고 기능적이다. 시스템과 체계 내에서 자동적인 행동을 한다는 설정은 게오르크 루카치의 사물화라는 개념에 따라 바라본 관료지층화된 세계를 의미한다. 그리고 프란츠 카프카Franz Kafka(1883~1924)가 그토록 그 곁을 탐색하고 그 주위를 배회하고 맴돌았던 관료제 기계 혹은 편집증적 기계를 의미한다. 이러한 자동주의는 자율성을 질식시키고, 사라지게 만드는 기계 작동이다. 사실상 민주주의가 관료제로 번역되는 순간, 가장 비합리주의적인 파시즘의 타격과 분출로 공격당했던 제2차 세계대전 전후의 유럽 상황을 생각해 볼 필요가 있다. 그런 점에서 열리고 자기 생산 하는 특징을 갖는 자율성의 테제는, 시스템 내부에서의 닫히고 폐쇄화된 반복인 자동성 사이에서 팽팽한 긴장 관계 속에 있는 셈이다. 들뢰즈와 가타리는『천개의 고원』2장 '1914년—늑대는 한 마리인가 여러 마리인가?'에서 몰적인 것mole과 분자적인 것molecular을 구분하는데, 이는 자동성과 자율성의 관계를 설명할 수 있는 영감과 단상을 제공한다.

　　　　　　　　　　　　　　　　　　　　　　구성주의와 자율성

:: 과학철학에서의 반실재론

과학철학의 논의는 앨런 차머스Allan Chalmers의 『과학이란 무엇인가?What Is This Thing Called Science?』에서 기본적인 구도를 드러낸다. 그 주요한 논점은 '과학이 비과학과 구분되어 객관적인가?'라는 질문과 '과학은 누적적인가, 아니면 단절적인가?'라는 질문 등으로 이루어져 있다. 그러나 과학에서의 논증은 대부분 실재론으로부터 한 치 앞도 벗어나지 못하는 상황이다. 예를 들어 귀납주의자들에게 실험의 반복은 경험 속에서 얻어지는 누적적 과학의 패러다임에 머물러 있으며, 실험이 조성한 세계 의존성을 벗어나지 못한다. 또한 과학 실험 방법에서의 귀납과 연역은 상당히 차이가 있는 것으로 보이지만, 사실은 둘 다 사실 귀속성이나 이론 의존성, 세계 의존성에서 자유롭지 못하며, 이는 근대의 '분석-실재론'에서 벗어나지 못한 과학의 한계를 드러내는 것이다. 실재론은 객관적인 진리가 존재한다는 생각이며, 이는 문화, 생활방식, 배치와 조건이 각기 다른 사람에게서 세계를 인식할 때 차이 나는 세계상과 지식 형태가 발생할 여지를 제거한 것이라고 할 수 있다.

그런데 생각해 봐야 할 점은 실재론과 같이 고정된 의미연관에 의해서 사실이 진리화될 수 있다는 방식을 넘어 주체성에 따라 'A일 수도, 혹은 B일 수도'라는 형태로 나타나는 비표상적인 흐름이 나타날 수 있다는 점이다. 그것은 관찰자의 경험에 의존하는 소박실재론을 옹호하는 것이 아니라 더 나아가 반실재론을 개방한다. 예를 들어 다음의 그림을 보면 이미지가 두 개로 보일 수 있다는 점에 주목해야 할 것이다. 어떤 사람은 노파로 볼 것이고, 어떤 사람은 소녀로 볼 것이다. 이는

소녀의 이미지일 수도 노파의 이미지일 수도 있는 게슈탈트 이미지

관찰에 어느 정도 개입하고 있는 구성적인 영역, 즉 게슈탈트Gestalt 이미지의 구성 능력에 따른 것이다. 물론 게슈탈트 이미지 연관은 미리 주어진 틀과 같은 것이라서, 구성주의적인 방식의 반실재론과는 차이가 있다. 그러나 이 그림은 세계를 "A일 수도 B일 수도"라는 방식으로 각각 달리 볼 수 있음을 생각할 여지를 던져준다.

　과학과 사회의 관계에 대해서 사고할 때 빼놓을 수 없는 사람이 바로 하버마스이다. 하버마스는 『인식과 관심Erkenntnis und Intresse』에서 과학의 패러다임의 변화, 즉 누적적인 변화가 아닌 단절적인 과학 혁명이 이루어지는 배경에 과학자 공동체의 의사소통의 맥락이 존재한

　　　　　　　　　　　　　　　　　구성주의와 자율성

다고 말하였다.[13] 즉 과학은 그저 참신한 가설과 이를 입증하는 실험으로만 존재하는 블랙박스Black-Box화된 실험실에서의 인식 형태가 아니라 사회와 연관된 것이라는 점을 지적한 것이다. 이러한 맥락은 과학철학 논의에서 빼놓을 수 없는 브뤼노 라투르Bruno Latour(1947~) 등의 사회구성주의자 등의 논의와도 관련된다. 이에 따라 과학은 실험실을 작동시키고 운영하는 수많은 과학자들의 커뮤니티를 빼놓고서는 얘기될 수 없는 것이라는 점이 드러난다. 그러나 시민과학의 논의로 넘어가면 이야기는 또 달라진다. 과학은 시민들의 생활세계로부터 분리된 기능적인 영역만은 아니기 때문이다. 오히려 시민사회의 과학에 대한 참여와 관심이 과학을 풍부하게 만들고, 반대로 과학이 시민사회에 기여할 수 있는 여지를 만들어 냈다. 여기서 다카기 진자부로高木仁三郎(1938~2000)의 『시민과학자로 살다市民科學者として生きる』에서 묘사된, 핵과학자인 저자 자신이 핵의 위험성과 절멸적 상황에 윤리적인 책임감을 느끼고 시민과학자로 다시 태어나는 과정에 대해 주목해 봐야 할 것이다. 그런 점에서 과학은 사회와 시민, 과학자가 함께 만드는 것으로 생각될 여지가 있다. 이는 과학철학에서의 사회구성주의의 문제의식으로 전개된 바 있다.

근대 과학의 출발점은 과학이 사실로부터 도출된다는 귀납주의였

---

13 위르겐 하버마스, 강영계 옮김, 『인식과 관심』(고려원, 1989), 341쪽. "인류는 자신의 사회문화적인 삶의 형식에서 사실에 반대되는 것으로 언제나 이미 상정된 보편적 이해의 가능성이라는 의미에서 가장 비자연적인 진리의 이념을 매개로 해서만 자신을 재생산할 수 있다는 것은 분명히 우리들이 파악해야 할 자연의 사실이다. 경험적 담화는 이성적 담화의 근본 규범에 의해서만 가능하기 때문에 실제적인 교제 공동체와 불가피하게 이상화된 교제 공동체 간의 모순은 논증뿐만 아니라 또한 이미 사회적 체계의 삶의 실천 안에 설정되어 있다."라는 구절을 참고할 만하다.

다. 귀납주의에서는 과학적 이론이 성립되려면 관찰 수가 많고 반복되어야 하는 등 경험이 수반되어야 했다. 경험이 많을수록 과학적 이론이 될 가능성이 높아지는 것이다. 이는 진리대응설과 같은 영역에서 유효하며, 경험적 사실로부터 한 치도 벗어나지 못한다. 우리는 여기서 경험과학이 전제로 하는 실험실 환경의 문제를 생각해 볼 수 있다. 예를 들어 자연생태계에서는 좀체 존재할 수 없는 실험실 환경에서의 계량적이고 확률적인 반복이 진리일 수 있느냐에 대해서 생각해 볼 필요가 있다. 여기서 데이비드 흄David Hume(1711~1776)의 경험론을 떠올려 볼 수 있는데, 그는 감각인상의 반복 속에서 법칙을 도출한 것이 아니라 습관을 도출하였다. 흄의 경험론이 근대의 분석실재론에 일정한 타격을 주었다는 점은 이론적 성과로 인정될 만하지만, 무한 소급의 오류나 확률론에서 벗어나지 못했다는 지적으로부터 자유로울 수 없다. 그러나 바로 여기에 흄의 경험론이 가진 또 다른 가능성이 숨어 있다. 귀납주의의 장점은 과학적인 가설이나 이론을 철저히 확률론적인 경우의 수로 보면서, 사실상 반실재론을 그 내부에 갖고 있기 때문이다. 즉 '1+1=2'라는 법칙적 진리를 표상하는 함수론이 아니라, 제비뽑기, 가위바위보 등에서 유래하는 확률론, 즉 경우의 수에 기반한다는 점은 귀납주의가 반실재론을 사실상 인정한다는 점을 보여 주는 측면이 있다. 반실재론이 비표상적 흐름의 논리인 "A일 수도, B일 수도"의 논리를 기반으로 한다는 점은 지식 상대주의라는 폄하로부터 자유로울 수는 없다. 그러나 다시 한번 생각해 보아야 할 점은 미시세계인 양자역학의 질서에서는 이미 경우의 수에 따르는 확률론적 질서만이 작동하고 있다는 점이다. 양자 수준의 불확정성을 묘사하는 '슈뢰딩거의 고양이'와 같은 역설이 발생하게 되는 것도 이러한 미시세계의

구성주의와 자율성

질서가 실재론에 따르는 기존의 진리 모델과는 판이하게 다르다는 점을 보여 주고 있다. 여기서 함수론적 질서에 기반한 자본주의라는 공리계가 양자역학이라는 확률론적 질서에 기반한 공리계를 계속 공격하고 내쫓는 방향으로 작동하고 있다는 점에 주목해야 한다. 이는 실재론과 반실재론 간의 대결과도 궤를 함께 한다.

카를 포퍼Karl Popper(1902~1994)의 귀납주의에 대항한 반증주의는 주목할 만하다. 여기서 과학 이론이 과감하고 참신한 이론적 가설을 제시함으로써 이에 대한 반증 여부에 따라 판단되고 지지될 수 있다는 점이 드러난다. 전체주의와 파시즘에 맞선 자유민주국가의 원리로 제시된 그의 사회참여적인 저서 『열린 사회와 그 적들The Open Society and It's Enemies』은 반증 가능성에 개방되어 있는 사회가 건전하고 열린 사회라는 것을 일갈한 책이다. 포퍼의 연역적인 가설 수립의 반증주의 전통은 찰스 샌더스 퍼스Charles Sanders Peirce(1839~1914)의 가추법 abduction에 따라 대담하고 참신한 가설이라면 과학과 과학자의 공동체가 언제든지 받아들일 수 있다는 열린 태도를 유발하고, 그것이 광인의 역행추론retroduction일지라도 그것에 개방된 과학의 태도를 취할 수 있게 한다. 예를 들어 푸코의 『감시와 처벌Surveiller et punir』의 경우에도 피해망상증과 같은 역행추론, 즉 "모든 사람은 본다, 경찰도 본다, 선생님도 본다. 고로 나는 감시당하고 있다"라고 하는 방식으로 전개될 수 있는 여지를 갖고 있다는 점에 주목해 봐야 할 것이다.

그러나 포퍼 반증주의의 한계는 매우 합리주의적인 논증만을 받아들인다는 점에 있다. 과학 자체가 합리적 논증을 기반으로 한다는 점은 분명하지만, 반실재론에 기반한 구성주의가 성립하기 위한 최소한의 닫힌 계, 즉 공동체나 생태계, 네트워크에서 이루어지는 합리주의를 넘어선 사랑, 욕망, 정동, 생명에너지, 활력, 흐름 등의 논점을 배제한다는 점은 분명하다. 그렇기 때문에 공동체가 성립되려면 모든 합리적인 논쟁으로부터 개방된 사회로는 불충분하다. 오히려 공동체는 세계, 인식, 삶을 구성해 내면서 일정하게 폐쇄된 계를 형성하고 자기 생산 할 때 가능하다. 이런 점에서 포퍼의 반증주의는 민주주의를 규명하는 데는 충분하겠지만, 공동체를 설명하기에는 불충분하다. 또한 포퍼의 질서는 여전히 실재론을 벗어나지 못하고 있다.

물론 과학철학에서도 닫힌 계와 같은 공리계에 대해서 다루지 않는 것은 아니다. 토머스 쿤Thomas Samuel Kuhn(1922~1996)의 패러다임 이론은 "과학이 누적적인가, 단절적인가?"라는 근본 질문을 던지면서, 그것의 대답으로 패러다임의 변화에 따라 과학이 변화한다는 사고를 선보였다. 물론 여기서 루이 알튀세르Louis Althusser(1918~1990)가 방법론으로 차용했던 가스통 바슐라르Gaston Bachelard(1884~1962)의 '인식론적 단절'이라는 개념이 떠오르는 것은 어쩔 수 없다. 바슐라르의 문학적 상상력에 찬 시도는 그저 철학자의 헛된 망상만은 아니다. 여기서 점성술과 천문학 중 어떤 것이 좋은가라는 과학 패러다임의 변화에 입각한 질문을 던질 수 있다. 물론 과학 이전의 꿈과 상상력, 무의식, 망상적 도식 작용에 대해서 낡은 것이며 버려야 할 것이라고 여긴다면 답은 이미 나와 있는 셈이다. 그러나 쿤은 패러다임 간의 평가 척도나 메타 척도가 없다고 말함으로써 오히려 천문학과 마찬가지로 점성술의 존립 기반도 인정하는 결과로 향한다. 이에 따라 꿈과 상상력, 망상적 도식 작용에 기반한 바슐라르에게 손을 들어 주며 상대주의적 논의를 개방한다. 이는 과학에서의 연속적인 진보주의와 누적적인 점진주의의 논점을 쿤이 거부하고 있음을 의미한다. 쿤의 패러다임 이론

구성주의와 자율성

은 구성주의적인 반실재론의 작동 방식과 유사한 과학에서의 패러다임 구성요소를 드러내 보인다. 그러나 구성주의가 소서사와 짧은 기억에 의존하며 미시세계를 설명하는 방식이라는 점에서, 쿤의 패러다임 이론은 구성주의적 요소를 갖고 있음에도 불구하고 거대서사적이고 긴 기억에 의존하며 거시적인 단면만을 드러내 보인다.

과학에서 구성주의는 근대의 분석적 실재론이 탈주술화를 명분으로 미신이나 주술로 퇴출시켰던 생태적 지혜를 규명할 수 있는 전거가 되기 때문에 그 중요성을 얻는다. 생태적 지혜는 절기살이, 발효, 식생, 약초, 보관, 요리, 종자 등에 대한 할머니들의 지혜를 의미한다. 이는 근대 과학이 갖고 있던 분석실재론적인 요소와는 차이를 갖는다. 분석실재론은 분리하고 쪼개고 고립시킴으로써 진리를 알 수 있다는 방법론이다. 그런 점에서 자연과 분리된 실험실 환경, 파스퇴르가 사용했던 구부러지고 살균된 플라스코flasco의 격리된 실험 조건 등에서도 분석실재론의 면모가 드러난다. 이에 반해 생태적 지혜는 연결망의 종합 속에서 싹트는 지혜이며, 종합의 방식은 바로 구성주의의 도식 작용이 담당한다. 물론 그 도식 작용이 합리적 도식 작용일 경우도 있지만, 대부분 망상적 도식 작용이거나 욕망, 꿈, 상상력, 비정형적이고 체계화되지 못한 지혜 등인 경우가 대부분이다. 과학철학에서의 반실재론과 구성주의를 규명하기 위해서 생태적 지혜가 논의될 수밖에 없는 이유는 근대의 객관적 진리를 주장했던 과학이 몰아내고 쫓아내려 했던 바가 바로 생태적 지혜의 색다른 구성주의였기 때문이다.

:: 해체주의가 아닌 구성주의

자크 데리다Jacques Derrida(1930~2004)는 서구의 형이상학을 분쇄하려는 시도를 한 대표적인 해체주의 철학자로 알려져 있다. "형이상학의 해체는 우선 이러한 위계적 질서를 전복시키고 다른 항에 의해 지배되고 억압되어 왔던 항의 권리를 복권시키려는 것을 말합니다."[14] 서구의 형이상학은 "음성중심주의-남근중심주의-로고스중심주의-종족중심주의-이성중심주의-아버지중심주의라는 계열"[15]을 형성하며, 소수적인 계열인 문자-여성-욕망-광기 등을 억압하고 위계를 형성했다. 여기서 "이항대립은 말/글, 자연/문화, 이성/광기, 문명/야만, 남/여, 주체/타자, 선/악, 백/흑, 빛/어둠",[16] "시니피에/시니피앙, 내부/외부, 존재/부재, 현전/표상, 중심/주변, 존재/무, 참/거짓, 이성/감각"[17]으로 표현될 수 있다. 특히 데리다의 해체주의는 말의 은유에 기반한 신, 영혼, 세계 등의 형이상학에 대한 논의를 해체하고 수정 가능하고 자율적이고 우발적인 글과 텍스트의 가능성을 응시한다. 데리다의 '해체deconstruction' 혹은 탈구축이라는 개념은, 견고하게 틀지어지고 구조화된 형이상학을 분쇄하겠다는 의도에서 출발하였다. 해체주의는 기성 사회와 공동체에서의 "세계를 움직이게 하는 원인은 무엇인가?", "인간에게는 영혼이 있는가?", "신은 존재하는가?"라는 형이상학

---

14 철학아카데미, 『처음 읽는 프랑스 현대철학』(동녘, 2013), 311쪽.
15 김형효, 『데리다의 해체철학』(민음사, 1993), 99쪽.
16 차진현, 《그라마톨로지를 넘어 다이아그라마톨로지를 향해…》(2015. 1. 20).
    http://openwindowphoto.blogspot.kr/2015/01/blog-post_70.html
17 김희보, 《김희보 사상과 역사와 문학 이야기》
    http://blog.naver.com/heebohkim/220401999120

적인 질문을 해체하면서 색다른 질문을 던진다. 즉 더 이상 형이상학처럼 본질주의적인 이유에 대한 근본 물음을 던지는 것이 아니라, 곁, 주변, 가장자리에 서식하는 작동의 방식을 묻는 것으로 이행하는 것이다. 그런 점에서 견고하고 진실성을 갖는 말의 은유에서 벗어나 스스로 자율적으로 작동하며 다의미적인 텍스트에 주목하게 되었다. 더 나아가 데리다는 텍스트와 텍스트가 독자적이고 우발적이고 자율적으로 마주치는 것에 주목한다. 그의 차연에 대한 논의가 제기된 배경도 여기에 있었다. 차연differance은 차이difference와 지연delay의 합성어로 서로 차이 나는 기표와 기표 사이에서 형성되는 의미에 닿는 것이 지연되는 것을 뜻한다. 즉 기표 간의 차이와 낙차 효과에 따라 의미가 형성되는 것은 불변항의 구조와 같이 단번에 나타나는 것이 아니라 시간 개념인 지연이 도입되는 것이다.

해체주의는 기성 질서에 대한 도전과 저항, 분쇄를 의미한다는 점에서 대단히 주목되었다. 예를 들어 기존의 위계질서, 편견, 고정관념, 선입견 등을 해체하지 않고 색다른 삶의 형태를 실천할 수 없기 때문이다. 그런데 '해체적 재구성'이라는 담론은 탈근대 자본주의의 진입 과정을 미화한다는 비판도 수반했다. 해체적 재구성의 담론이 기존의 틀에 대한 해체의 흐름으로 나타나 구성적 실천이라는 색다른 과제를 도외시했다는 것이다. 즉 근대적 책임 주체를 사유했던 칸트주의적인 논의로부터 벗어나기는 했으나, 주체성이 형성되기 위한 구성적 실천까지는 다다르지 못하는 경향이 있었다. 그런 점에서 탈근대의 논의는 단지 책임 주체의 와해와 해체만이 아니라, 주체성 생산이라는 구성주의적 과제를 내재하고 있는 것이다. 이는 탈구조주의자들인 푸코, 들뢰즈와 가타리, 데리다 등의 공통의 인식 지반이라고 할 수 있다. 여기서 이라크전쟁에 반대하여 데리다와 하버마스가 2003년 5월 31일에 공동으로 작성하고, 750만 명의 평화시위대를 동원했던 평화행진의 선언문에서 언급한 "이제까지의 주체와 앞으로 올 주체"에 대한 논의를 상기해 볼 필요가 있다.[18] 즉 이제까지의 주체를 해체하는 것으로 충분하지 않고, 다가올 주체를 구성하는 것이 필요하다고 만방에 선포한 셈이다.

여기서 탈구조주의가 언급하는 주체성subjectivity이라는 개념에 주목할 필요가 있다. 이는 책임 주체subject와 같이 기능, 직분, 역할, 정체성이 분명한 인물로부터 벗어나 있다. 오히려 주체성이 본질이 아닌 곁이나 사이, 틈, 여백에서 서식하고 생성되고 창발된다는 점이 구성 과정에 있는 주체가 어떤 형태인지에 대한 단서를 제공해 준다. 이는 "실존이 본질에 앞선다"라는 사르트르의 실존주의 논의 역시도 참고할 여지를 준다. 주체성이라는 개념을 창안한 사람은 사실 아이러니하게도 구조주의자인 자크 라캉이었다. 라캉은 "모든 사람은 분열자다"라는 반정신의학적인 기본 전제 속에서 분열된 주체인 아이가 거울을 보면서 상상적 동일시를 통해서 자아ego를 형성하지만, 분열 상황을 극복할 수 없기 때문에 결국 아버지의 질서인 상징질서에 대한 상징적 동일시를 통해서 주체로 거듭나야 한다는 점을 말한다. 여기서 주목되는 지점은 이러한 논증 이전에 전제되어 있는 분열된 주체가 바로 주체성에 대한 단상을 제공해 준다는 점이다. 분열된 주체인 아이들은 소타자 아objet a인 시선, 똥, 입, 성기 등에 반복강박을 형성하며, 의미에 도달하지 못하고 미끄러진다. 이에 따라 주체성을 책임 주체로 만든다는 욕망의 회수 전략이 라캉의 기본적인 구도인 셈이다. 라캉이 논의한 주체성은 연약하고 흔들리고 분열된 인물이다. 반면 탈구조주의에서

18 지오반나 보라도리, 손철성 옮김, 『테러 시대의 철학』(문학과지성사, 2004), 20~56쪽 참고.

구성주의와 자율성

논의한 주체성은 과정적이고 진행형적인 인물로, 구성 과정에 따라 강건하고 자기 생산적인 인물로 나타난다.

결국 라캉의 분열된 주체로서의 주체성 논의는, 주체성 생산이라는 구성 과정 없는 해체의 구도를 드러내 보인다. 그러나 탈구조주의의 기본 구도는 바로 '앞으로 형성될 주체'를 만들어 내야 한다는 논의, 즉 주체성 생산으로 집약된다. 푸코의 경우에는 말년에 가서 그리스적인 인물들을 전거로 하여 주체 형성 전략을 보여 준다. 즉 '자기에 대한 배려'와 '자기에 대한 테크놀로지'를 통해서 윤리적이고 미학적인 주체를 도모하는 것이다. 또한 들뢰즈의 경우에는 주체성에 대한 논의를 잠재성이 표현되는 사건성eventment으로 개념화한다. 또한 가타리의 경우에는 『세 가지 생태학Les Trois Ecologies』을 통해 주체성 생산을 정신생태학에서 중요한 테마라고 보면서, 기표와 비기표적 기호계, 정보, 영상-이미지 등을 총괄적으로 사유한다. 그들은 근대적인 책임 주체를 해체하였느냐의 여부가 혁명적이라는 평가의 척도가 되는 것이 아니라, 색다른 사건을 만들 '우리 중 어느 누군가'(=주체성)를 만들어 내는 것이 색다른 평가의 척도가 되어야 한다는 점을 강조한다.

특히 구성 작용을 전문가나 철학자들만이 할 수 있다거나, 그들의 의미화, 모델화, 표상화의 과정에서 단 한 번밖에 수행할 수 없는 것으로 사유하는 것은 매우 위험한 발상이다. 즉 전문가와 철학자 자신이 구성한 모델이 다른 모든 모델을 압도하며 유일무이하다는 생각은 오만이고 착각이다. 구조주의에서의 불변항으로서의 구조도 알고 보면 누군가의 모델화의 결과물이다. 그런데 구조라는 틀은 다른 관계망보다 권력적인 우위를 앞세워 향후에 색다르게 이행하고 변이될 가능성을 봉쇄한다. 구조주의는 근대의 책임 주체의 논증을 해체했다는 데 혁신적인 의미가 있지만, 불변항으로서의 구조를 설립하는 모델화와 의미화, 계열화에 머물러 있다는 점에서 보수적이다. 이런 점에서 들뢰즈와 가타리가 언급한 배치agencement의 중요성은 아무리 말해도 지나치지 않다. 배치는 유한하며 국지적이고 찢어질 수도 망가질 수도 있으며, 반복이라는 기계 형태로 혹은 복수, 다양, 여럿의 집단 형태로도 나타날 수 있다. 자신이 구성하는 것을 불변항으로 보는 것이 아니라, 소멸과 사라짐이 있는 유한한 것으로 인식하는 것이 생명의 구성주의의 기본적인 구도라고 할 수 있다.

여기서 주체성 생산이라는 구성주의 전략이 배제된 해체주의는 무엇일까? 바로 장 보드리야르Jean Baudrillard(1929~2007)와 장 프랑수아 리오타르Jean François Lyotard(1924~1998)와 같이 미국에서 풍미했던 포스트모던 사상은 탈중심적 사유와 탈이성적 사유 등을 제기하면서 기성 사회의 도덕과 규율에 대한 해체를 시도했다. 그러나 문제는 진보나 역사, 도덕, 규율 등에 문제를 제기하면서 해체하고자 하는 바 거기에서 딱 멈추어 있다는 점이다. 해체가 더 나은 세계를 구성하는 것이 아니라, 문화 현상에 대한 분석이나 파편화된 삶을 소재로 한 예술이나 건축, 영화, 소설로만 머물러 있다는 점이 문제이다. 그런 점에서 해체주의가 절대선이고, 해체를 거부하는 기성 사회는 절대악이라는 이분법은 문제가 있다. 즉 기성 질서라고 여겨져 왔던 공동체적인 가치와 윤리를 훼손하는 것은 혁신이라고 볼 수 없기 때문이다. 여기서 수잔 벅모스 Susan Buck-Morss는 『발터 벤야민과 아케이드프로젝트Dialectics of Seeing: Walter Benjamin and the Arcades Project』에서 '짧은 과거'라는 유행이 지나가면서 상품 질서나 이미지 구성물은 폐허로 돌변한다고 말한다. 폐허는 파편화되어 벽돌처럼 널려 있고 와해되어 버려진 상태를 의미한다.

구성주의와 자율성

그런 점에서 진보와 혁신의 이름으로 새로운 것만을 추구하는 것은 결국 오래된 인류의 소망 이미지를 해체하고 폐허로 만드는 과정으로 나타날 수 있다는 점이 드러난다. 오히려 긴 과거의 화석으로 존재했던 공동체의 기억 속에 미래의 가능성이 숨어 있다고 말할 수 있다. 물론 순환적 역사관을 비판하면서 구성적 실천이 순환과 재생을 보여 주는 '유한에서 유한으로의 순환 사슬'로부터 벗어나지 못했다고 말하는 것은 논란의 여지가 있다. 그러나 포스트모더니즘이 보여 주는 해체주의 경향처럼 짧은 과거의 것만 파괴하고 해제하려고 하는 것은 유행에 민감한 패션이나, 혁신을 모토로 한 기업의 구조조정, 새로운 것만이 절대선이라고 생각하는 개혁주의자와 전혀 다를 바가 없다고 할 수 있다.

해체주의와 구성주의의 근본적인 차이점은 무엇일까? 기존의 비판 담론이 자동적으로 대안에 대해서 말할 것이라는 신화는 이미 사라진 상황이다. '비판적 비판을 위한 비판'이나 화려한 구조분석을 수행하는 전문가들의 왜소한 대안이 통속화된 일상과 문화의 일부이기 때문이다. 해체가 대안의 전제조건이라는 것은 선형적 인과론의 시각에 갇혀 있다. 오히려 기성 질서를 압도하는 색다른 주체성 생산이 이루어져야 한다는 것이 구성주의의 전략이다. 특히 해체의 방법론은 세계 구성, 인지 구성, 의미 구성을 할 수 있는 도식화 작용을 갖고 있지 못하다. 물론 칸트적인 인식 구성의 합리적 도식schema에 따른 색다른 개념 구성도 요구되지만, 구성적 실천에는 '고도로 자유롭지만 고도로 조직된' 도식화 작용(=도표)이 수반된다는 점은 분명하다. 즉 세계의 재창조에 이를 만큼의 도식화 작용과 구성적 실천을 겨냥하는 것이 구성주의 전략인 것이다. 이런 점에서 기표와 도표의 차이점에 주목해 봐야 할 것이다.

:: 기표가 아닌 도표

기표Signifiant와 기의Signifié는 시니피앙/시니피에로도 불리며, 기호학에서 유래되어 '의미화한 것'과 '의미화된 것'이라고 풀이된다. 여기서 시니피앙, 다시 말해 의미화한 것은 구조주의에서 무소불위의 권력을 갖는다. 즉 라캉이 말한 "무의식이 언어처럼 구조화된다"는 사유 속에서 기표는 언어 구조와 사법적 질서, 아버지와의 관계를 상징하는 수준에서 다루어진다. 펠릭스 가타리가 '기표 독재 체제'라고 『안티 오이디푸스』에서 비판한 것은 근거가 없지 않다. 기표는 자본주의를 떠받치는 고정점이자 누빔점을 의미할 정도로 권력화된 기호 작용이라고 할 수 있다. 다시 말해 기표는 권력의 논리(=의미의 논리)의 결과물로서의 고정관념이라고 할 수 있다. 펠릭스 가타리는 자본주의의 특징을 기표와 연결시킨다. 그는 "기표권력이 자신의 자율성을 진정으로 획득하는 것은 '국가' 기계의 설치와 함께 일어난다. 기계적 탈영토화와 권력의 재영토화라는 이중의 상승 작용이 기표권력에 대해서 균형점은 아니라도 적어도 교섭점, 말하자면 가치의 증권거래소를 찾는다."[19] 기표권력은 모든 것을 의미화함으로써 가치로 번역해 낼 수 있으며, 권력이 탈영토화된 욕망을 사로잡는 과정에서 핵심적인 역할을 한다. 예를 들어 지각 불가능하고, 식별 불가능하며, 설명 불가능한 영역에 있는 욕망을 모두 기표를 통해서 번역하고 해석하려는 것은 바로 권력과 아카데미의 야망이다. 그런 점에서 제각각 차이 나는 구성물을 만드는 것이 아니라, 통합된 기표 하에서의 계열화된 구조물로 편성하려는 것이 기표 독재 체제의 의도이며 야심이라고 할 수 있다.

19 펠릭스 가타리, 윤수종 옮김, 『기계적 무의식』(푸른숲, 2003), 87쪽.

들뢰즈와 가타리는『천 개의 고원』의 5장 '몇 가지 기호 체제에 대하여'라는 장에서 기표라는 기호 작용을 둘러싼 세 가지 구분——전기표작용적 기호계, 반기표작용적 기호계, 후기표작용적 기호계——을 했다. 이 책에서는 펠릭스 가타리의『기계적 무의식』에 따라 기호 체제의 단계를 전기표 단계와 기표 단계, 탈기표 단계로 나누어 보려고 한다. 전기표 단계는 유년기, 광기, 고대 사회의 화용론에서 등장하며, 은유와 비유에 따라 서술된 성경의 경우도 이에 해당한다. 은유와 비유에 따르는 기호들은 정확히 의미가 맞아떨어지는 것이 아니며, 영토화된 상상적 장에만 국한된다는 것이 특징이다. 예를 들어 고대 사회에서는 가뭄이 들면 흠점을 치고, 희생 제의로 영토를 바치고, 이도 안되면 거북이 점을 치고, 제사를 지내고, 또 인신공양을 하고, 이를 한 명에서 100명으로 늘리고 등등 무한연쇄와 같이 의례 행위가 연속되는데, 이는 의미가 대상에 정확히 맞아떨어지지 않기 때문이다.[20] 데리다는 이러한 전기표적 단계를 음성중심주의와 형이상학, 로고스중심주의, 아버지-남성-종족중심주의의 기원이 된다고 보았다. 즉 데리다에게 은유와 비유는 영혼이라는 아버지가 낳은 음성적 말과 같은 것이었다.

기표 단계는 자본주의와 동시에 나타났으며, 탈영토화되는 흐름들을 기표를 통해서 고정시키는 과정으로 나타난다. 즉 자본주의에서는 상대적 탈영토화의 과정이 전반적인 것이 되는데, 기호의 탈영토화된 흐름이 고정관념이나 상징으로 재영토화되는 과정을 특징으로 한다. 기표는 다양한 기호 작용들을 사로잡기 위한 강력한 구조물을 떠받치

---

20 펠릭스 가타리, 윤수종 옮김,『기계적 무의식』(2003, 푸른숲), 80~92쪽을 참고/인용하고 핵심 구도를 빌려왔다.

는 단칭명제이다. 즉 아카데미라는 거대한 고정관념이 만들어 낸 공리계의 토대에는 "~은 ~이다"라는 단칭명제가 숨어 있다. 그렇다면 그러한 단칭명제는 누가 의미화하는가? 바로 전문가와 철학자, 과학자 등이다. 특히 기표 단계에서는 전문가가 모든 것을 자신의 모델 하에서 대답할 수 있다는 자신감과 지식권력을 갖는 것을 특징으로 한다. 즉 주체-대상, 주관-객관, 화자-청자, 전문가-민중의 이분법이 등장한다. 기표적인 자본주의가 유지되는 이유는 다채롭게 구성되는 다양한 기호 작용들을 해석하고 환원하고 의미화하면서 자신의 구성 모델로 쑤셔 넣는 전문가주의가 있기 때문이다. 이는 은유와 비유로 말하는 예수의 가르침을 해석하고 의미화해서 교리로 제시한 사도 바오로와 같은 형상으로도 묘사될 수 있다. 사실 자본주의는 구성적 과정을 내재하고 있지만, 구성 과정을 과정적이고 진행형적인 흐름으로 나타내는 것이 아니라, 이전의 전문가가 했던 구성의 결과물을 미리 주어진 대답으로 제시한다. 그렇기 때문에 민중과 소수자의 탈영토화하는 기호-흐름에 대해서 전문가와 아카데미, 미디어 등이 미세한 영역까지 촉수를 드리우고 탄력적이고 유연하게 의미화하고 구조화하는 것이 현존 자본주의 과제라고 할 수 있다.

마지막으로 탈기표 단계는 대답보다 문제제기가 중요해지며, 각각의 구성 과정, 즉 기계적 과정이 자율성을 갖게 되는 단계이다. 주체와 대상의 이분법이 문제제기로 바뀌는 것은, 이 둘 사이의 여백, 틈에서 주체성subjectivity이라는 '우리 중 어느 누군가'가 생산되기 때문이다. 모든 것은 정답이라는 구조적 수준이 아니라, 구성 작용의 기계(=반복)적 수준에서 파악된다. 이것은 바렐라의 불교 인용에서도 드러난다. 즉 객관적 실재가 존재한다는 '절대주의'와 주관으로는 이해할 수 없다는 '허무주의' 사이에서 오히려 공호과 무근거성에 기반한 필사적인 생명의 의지와 흐름을 감지하는 것에서 기반하여, 부처님이 자비의 구성주의로 향하게 되었다는 것이다. 그리고 바렐라의 발제주의enactivism는 자비의 구성주의, 즉 연민과 사랑을 기반으로 한 질문의 반석 위에 올라가 있다. '기표 독재 체제'나 '신, 국가, 아버지라는 초코드화하는 구조물', '대답이 있다고 위선적으로 말하는 아카데미'라는 거대한 고정관념을 넘어서 그 고정관념들의 외부로 향할 만큼 다채롭고 강렬한 문제가 제기되면서 표현의 자율성을 획득하는 차원으로 이행하는 것이 탈기표 단계의 특징이다. 이를 통해서 각각의 구성물은 무근거성에 기반하고 있으면서도, 각각의 구성 과정 자체가 지지대가 되어 스스로 자기 생산 하며 설립된다. 이제 '~은 ~이다'라고 말하는 전문가의 대답이 중요한 것이 아니라, 스스로의 구성물을 만들게 된 질문들, 호기심, 물음표, 의문부호 등에 따라 '~은 무엇일까?' 혹은 '~은 왜일까?'라는 문제의식의 수준이 중요해진다. 이 단계에서는 "~은 ~이다"라고 의미화하는 고정관념의 구조물인 자본이, '외부이자 야성성이자 자율성으로서의 문제제기'에 의해서 움직이는 공동체에 역으로 착취당하는 '흐름의 잉여가치surplus de flux'가 전면화된다. 물론 흐름의 잉여가치 이전에 자본이 공동체를 탐내며 착취하는 코드의 잉여가치surplus de code의 과정도 함께 나타난다. 하지만 자본주의 문명의 외부가 사라지면서 성장 동력을 상실하고 자율성을 잃은 자본으로서는 결국 문제의식에 기반한 생태적 지혜와 오픈 소스, 공유경제, 공유자산에 기반할 수밖에 없다. 그런 점에서 흐름의 잉여가치와 코드의 잉여가치는 앞서거니 뒤서거니 하면서 오버랩될 수밖에 없다. '코드의 잉여가치'는 들뢰즈와 가타리가 창안한 개념으로 1세계와 3세계의 분리 차별, 공동체적 관계망의 시너지 효과에 대한 자본의 전유, 집단지성과 생태적 지혜에 대한 자본의 약탈로 인한 기계적 잉여가치, 국가의 반생산의 도입, 골목 상권으로의 대기업 진출, 젠트리피케이션 gentrification 등 자본이 공동체를 탐내면서 벌어지는 질적 착취 양상이다. 이에 반해 '흐름의 잉여가치'는 협동조합이나 사회적 경제 등 공동체 경제의 영역에서 사랑, 욕망, 정동, 돌봄의 흐름을 순환시켜 관계를 성숙케 해 사회적 자본을 형성하는 방식이다.

탈기표 단계에서 문제제기로서의 구성주의는 기표와 구분되는 도표 diagram를 기반으로 한다는 점에 주목해야 할 것이다. 도표는 음악의 기보법, 수학의 미적분, 로봇의 통사법과 같이, 비기표적 기호 작용 내부에서 고도로 조직된 기호 작용을 의미한다. 물론 데리다의 경우에는 기표와 도표를 구분하지 않고, 기표의 자율성을 극단화하여 문제제기 수준으로 이행시킨 것이 인공두뇌학이나 조각적, 음악적, 회화적, 무용적 글쓰기라는 표현의 자율성으로 묘사한다.[21] 그러나 가타리의 경우에는 자본주의를 작동시키는 기표와 공동체와 민중을 자기 생산 하는 도표를 구분한다. 이는 기표라는 고정관념을 넘어서 음색, 냄새, 색채, 몸짓, 이미지, 표정 등의 비기표적 기호계가 고도로 구성되는 것을 설명하는 것이다. 기표가 모델화, 의미화, 표상화라면, 도표는 주변, 가장자리, 곁을 탐색하는 지도 그리기이다. 여기서 비기표적 기호계는 관계의 성숙을 조직하는 고도로 자유로우면서도 고도로 조직된 기호 작용으로, 지도 그리기의 표현 소재가 된다. 이는 자본주의적 성장growths의 경제와 구분되는 관계의 성숙과 발아, 창발에 기반한 발전 development의 경제로도 논의되고 있다. 즉 과거 성장의 기호 작용으로

---

21 자크 데리다, 김성도 옮김, 『그라마톨로지』(민음사, 2010), 47쪽 참고.

서의 기표를 넘어서 발전과 성숙의 기호 작용으로서의 도표가 요구되는 상황인 것이다.

들뢰즈는 『감각의 논리Francis Bacon Logique de la sensation』에서, 그림의 형상을 그려나가는 과정에서 돌발 흔적의 순간을 맞이하고, 이것이 객관적 대상의 재현을 넘어선 감각의 잠재성을 드러내는 사건성의 순간이라는 말로 도표를 설명한다.[22] 이는 구성의 과정보다 사건의 순간을 강조한 것이며, 즉 주체성 생산보다 주체성 발견을 강조한 것이라고 할 수 있다. 이 점이 들뢰즈와 가타리가 주체성에 대한 사상적 차이를 보이는 지점이다. 감각을 통해 미리 주어진 잠재성을 발견하는 것으로서의 도표를 제시하는 들뢰즈와는 달리 가타리는 감각의 소재를 구성하는 도식화 과정으로서의 도표를 강조한다. 그런 점에서 가타리에게 도표는 '주체성 생산'의 구성적 실천의 일부가 된다. 결국 그에게 기표와 도표의 차이점은 기표 독재 체제로서의 자본주의의 사법적 질서와 언어적 규칙, 아버지의 명령과 규범이라는 고정관념에 기반하는 구조주의에 머무를 것인가, 또는 공동체와 민중, 소수자, 생명 등의 비기표적 기호 작용을 고도로 조직하여 도표라는 지도 그리기와 표현의 자율성으로 나아가는 구성주의로 향할 것인가라는 갈림길을 의미한다. 결국 기호 작용의 수준에서도 구조주의와 구성주의는 분기점을 형성하고 있다고 할 수 있겠다.

---

22 질 들뢰즈, 하태환 옮김,『감각의 논리』(민음사, 2008), 115~128쪽 참고.

구성주의와

객관적 표상주의

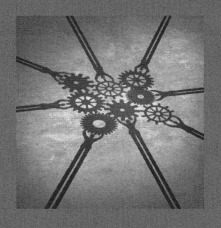

2장 구성주의와 객관적 표상주의

:: 책상은 책상이다

페터 빅셀Peter Bichsel(1935~)의 『책상은 책상이다Kindergeschichten』에는 구성주의에 영감을 주는 스토리가 하나 등장한다. 직장과 가족으로부터 고립된 한 남자가 어느 날 자신의 책상을 의자라고 부르고, 의자를 볼펜이라 부르고, 볼펜을 안경이라 부르는 등등 각각의 사물에 다른 방식으로 이름을 붙인다. 그에게 세계는 새롭게 이름 붙일 수 있는 대상이 되었지만, 결국 이웃이나 가족들과 의사소통 불능의 상태에 빠지고 만다. 이 책은 구성주의를 극단적으로 밀어붙였을 때 결국 의사소통 과정이 완벽히 단절될 수도 있다는 경고와 교훈을 주는 듯하다. 그런데 다시 생각해 보면 그는 '세상의 재창조'라는 색다른 인생의 과제 앞에서 기존의 고정관념에 도전한 사람으로도 해석될 수 있다. 여기서 이름 붙인다는 것은 일반적으로 사회적 문법 관계 내에서만 가능한 것으로 사유되고 있지만, 누구든 그것을 넘어서는 것을 못할 것도 없다고 생각한다. 그런데 이 책의 교훈적인 메시지는 고정관념을 벗어나기 위한 선택과 행동이 어떤 결과를 초래하는지, 그리고 그것이 유효한지에 대한 문제제기조차도 역설적으로 갖고 있는 셈이다.

철학사에서의 유명론nominalism과 실재론realism의 대립은 골이 깊은 논쟁 주제였다. 유명론은 보편자가 이름 붙여진 것에 불과하다는 입장에서, 보편적 실재가 존재한다는 실재론과 대립해 왔다. 즉 유명론의 시각에서는 보편적 실재란 존재하지 않고 완전히 분해된 개체만이 존재하는 것이다. 물론 유물론적 실재론자들이 "이 책상 위의 컵을 손으로 가리더라도 컵은 실재하는 것이다"라는 유치한 논증을 통해서 자신을 정당화한다 할지라도 말이다. 보편자 논쟁에서 플라톤의 이데아론은 보편자라는 이상적이고 완결적이고 원형적이고 원본인 것이 어딘가에 실재하며, 이와 상반되는 개체, 비표상적 흐름, 시뮬라크르, 감각의 세상 등 현실 세계를 넘어서는 피안의 지평이 존재한다고 논증한다. 사실 유명론의 시각은 구성주의의 기본적인 토대 중 하나라고 할 수 있다. 보편자가 이름에 불과하다는 생각은, 결국 통합적인 전체가 아닌 개체들로만 이루어진 구성적인 질서를 의미하기 때문이다.

서구 근대 철학은 자연과 생명, 우주를 대상으로 하여 의식적 주체를 사유하는 데카르트적 사유에서 기본 구도를 완성하였다. 여기서 페르디낭 드 소쉬르Ferdinand de Saussure(1857~1913)의 구도를 잠깐 빌리자면, 의미화된 것으로서의 '기의'가 성립하려면 의미화하는 '기표'의 지시와 포획과 포섭 능력이 중요해지는 상황이 된다. 마찬가지로 능동적인 것으로서의 주체가 수동적인 것으로서의 대상을 어떻게 도구화할 것인가가 관건이 된다. 결국 인간이라는 책임 주체의 의미화 능력이 자연, 생명, 사물 등의 대상을 잘 조직하고 구조화하는 것을 목표로 한 것이 서구 철학이 보여 준 철학적인 논증의 정체이다. 이에 따라 소크라테스의 상기론과 변증론의 전통에 따라 '모든 사람들에게 이미 진리가 내재되어 있으며 그것을 상기하면 된다'는 방식의 '지혜의 노선'이 아니라, 플라톤적 전문가와 엘리트의 철인정치의 전통에서 '논증과 추론이라는 의미화의 능력을 통해서만 진리를 알 수 있다'는 '지식의 노선'이 우위를 가질 수밖에 없었다. 마찬가지로 게오르크 빌헬름 프리드리히 헤겔Georg Wilhelm Friedrich Hegel(1770~1831)의 요설과 같은 변증법 역시도 보편성-특수성-개별성이라는 구도를 통해서 개별자를 보편자가 유기적으로 포섭하는 의미화의 논리 구조를 따르고 있다. 문제는 의미를 고정시키기 위해서 흐름을 고정관념으로 만드는 방식의 ──헤겔의 변증법도 포함해서──의미화의 논리 이외에 진리와 지식이 구성될 수 있느냐의 여부이다.

의미화의 논리는 정보 이론과 사이버네틱스의 인지론에도 뿌리가 깊다. 정보 이론에 따르면 송신자와 수신자가 있고, 이 둘 사이에 메시지가 오가는 그림이 그려진다. 여기서 송신자와 수신자의 코드는 동일한 것이어야 한다. 즉 상징질서의 동일성을 전제로 정보가 유통될 수 있는 것이다. 그런 점에서 커뮤니케이션 과정에서 완전히 다른 상징질서를 가진 정보가 불쑥 등장할 여지는 철저히 봉쇄된다. 마찬가지로 인공두뇌학으로서의 사이버네틱스 역시 인지론을 통해서 개체의 마음이나 언어를 계산 가능한 것으로 만들어 내는 데 주력하였다. 바렐라의 『몸의 인지과학』에서의 인지론의 언급에 따르면, "인지론을 뒷받침하고 있는 핵심 사상은 인간의 지능을 포함한 인지 현상은 근본적 속성이 계산과 흡사해서 실제로 인지 현상을 기호적 표상들에 가해지는

구성주의와 자율성

계산적 처리라고 정의내릴 수 있다는 것이다."[23] 여기서 의미화의 공식은 'A는 A다'라고 정의내리고 단정내릴 수 있는 단칭명제를 기반으로 복합명제의 구조물을 만들고, 이러한 전 과정이 계산될 수 있는 논증 구조를 의미한다. 의미화의 논리는 정의하고 단정할 수 있는 권력적 배치에서 우위에 선 사람들에게 유리한 구도를 그린다. 그리고 의미화되자마자 보편적이고 빤한 것으로 만들어 버리는 효과를 낳는다. 또한 의미화의 논법은 생태 시스템이나 사회 시스템이 갖고 있는 상호의존성에 대해서 공격한다. 예를 들어 시스템의 상호의존성과 관여성의 입장에 따라 "A일 수도, B일 수도"라는 흐름의 논리는 상대주의적 시각으로 철저히 배격된다. 이는 헤겔의 변증법의 논리처럼 대립과 모순의 정반합의 인정투쟁과 자기 의식의 반성의 구도로 만드는 것이다. 물론 각각이 구성한 세계를 변증법을 통하지 않고 공감하고 서로 이해하고 인정할 수 있는 방식은 다양하다. 그런 점에서 의미화의 논리는 관용과 자비가 없는 방법론이라고 할 수 있다. 반면 구성주의는 각 개체가 다른 세계를 구성하는 것이 사실상 객관이라는 토대주의와 실재론에 근거를 두는 것이 아니라, 무근거성에 기반하고 있다는 것을 응시하고 있다. 그런 점에서 대승불교의 공空 사상에 따라 허무주의와 절대주의를 넘어서 무근거성에 기반하는 각각의 세계를 자비慈悲의 시선으로 바라보는 것도 가능할 것이다.[24]

의미화의 논리에는 연역법과 귀납법이 있다. 보통의 경우에는 연역법에 따라 'A는 A다'라는 순환적이고 정보의 양이 증대하지 않는 방법이 기본을 이룬다. 예를 들어 "개는 동물이다."라는 언술은 주어인 개

2 3 프란시스코 바렐라, 석봉래 옮김, 『몸의 인지과학』(김영사, 2013), 84쪽.
2 4 같은 책, 393~403쪽 참고.

라는 개념을 술어에서 풀어 쓴 것에 불과하지만 필연적으로 참인 명제라고 할 수 있다. 반면 "개는 사람을 잘 따르는 경우가 많다"의 경우는 귀납적인 명제이다. 예컨대 사람을 잘 따르지 않는 개가 있을 수 있기 때문에, 예외를 인정하는 경우 탓에 필연적이지는 않다. 그러나 귀납 명제의 경우에는 정보의 양이 증대되는 것이 특징이다. 결국 연역법과 더불어 귀납법조차도 보편적인 것을 향한 추론의 방법이라는 점에서 궤도를 함께한다. 아주 예외적으로 재귀법이라는 명제가 있다. 이는 "A는 F(A)다"라는 명제적인 방법을 따르며, 인공지능의 명제라고도 불린다. 재귀법은 반복, 함입, 중복 등을 특징으로 하는데, "오늘 학교에 가야 해요"라고 하면 "학교에 가는 것이 오늘이야?"라고 묻는 방식이다. 이렇듯 재귀법은 연역과 귀납의 방법을 번갈아 넘나들면서 정보와 코드를 '차이를 낳는 차이'로 바꾸어 낸다.

여기서 다시 페터 빅셀의 논의로 돌아가 볼 필요가 있다. 페터 빅셀의 역설적인 함의는 모든 대화가 상징적으로 완결된 코드화된 질서에서 이루어지는 것이 아니라, 탈코드화를 수반한다는 점을 지적하는 것이다. 탈코드화와 같이 코드의 규칙을 위반하는 것뿐 아니라, 누군가에게는 즐거운 발화가 누군가에게는 불쾌한 발화, 우울한 발화, 놀라운 발화일 수 있듯이 코드의 어긋남이 발생할 수도 있다는 것이다. 코드와 코드의 비스듬한 어긋남을 따라가는 것을 횡단코드화라고 한다. 정보 이론에서의 논의처럼 탈코드화 과정을 배제하며 상징적으로 완결된 질서에서의 논의에서는 구성주의의 가능성이 원천 봉쇄된다고 생각될 수도 있다. 모든 것들이 계산 가능성과 코드의 송수신, 이상화된 담화 상황으로 머문다고 생각되는 것이다. 반면 구성주의의 방향성은 더 급진화될 수 있다. 더불어 횡단코드화의 자율성이 대화의 어긋

구성주의와 자율성

남을 만들어 소용돌이 효과를 만들어 낼 수 있으며, 대화의 과정에서 소음, 잡음, 잉여, 군더더기, 추임새나 반응, 응시, 잔여 이미지 등으로 알려졌던 영역도, 결국 대화에 대한 모종의 개입이자 참여이며 강렬도를 전달하는 적극적인 언표 행위로 간주될 수 있는 것이다. 이른바 들뢰즈와 가타리가 함께 창안한 집합적 언표 행위의 배치agencement collectif d'enonciation라고 불리는 개념적 구도가 그것이다. 그런 점에서 주체와 대상, 화자와 청자, 전문가와 대중이라는 이분법을 넘어서 '배치', 즉 '각각의 구성주의가 조성하고 자기 생산 하는 시스템과 연결망'과 같은 형상이 등장하게 되는 것이다. 이런 점에서 페터 빅셀의 『책상은 책상이다』의 주인공이 색다른 이름 붙이기를 통해 의미화라는 고정관념을 넘어서고자 했다면, 일단 배치를 만들고 판을 짜는 사람이 되어야 한다는 점이 드러나는 것이다.

:: 계몽주의와 자동주의

계몽주의는 르네상스 때 발아한 인문주의와도 출발점을 같이 한다. 인간 정신의 위대함과 그것의 가능성에 기반한 계몽주의는 푸코의 『감시와 처벌』에서 나오는 훈육사회의 등장 배경이 되기도 하였다. 이를테면 작업장과 공장, 학교, 감옥 등에서 전방위적인 훈육과 규율이 적용되었던 것도 인간의 능력을 고양시키려는 계몽주의의 흐름이 모든 사회제도의 핵심을 이루었기 때문이다. "작업장, 학교, 군대에는 이러한 미시적 형벌 제도가 만연해 있었다. 그리하여 시간(지각, 결석, 일의 중단), 활동(부주의, 태만, 열의 부족), 품행(버릇없음, 반항), 말투(잡담,

무례함), 신체(단정치 못한 자세, 부적절한 몸짓, 불결), 성의 표현(저속함, 추잡함) 등이 처벌의 사항이었다."[25] 계몽주의에 따르면, 인간이 자연을 대상으로 개척하고 탐험하고 분석할 잠재력과 가능성은 무궁무진했으며, 인문학이라는 인간이 만든 질서의 맥락과 의미를 명료하게 하는 학문도 개방되었다.

이러한 계몽주의 사유의 토대가 되었던 것이 바로 객관적 진리론이다. 이는 객관적 실재로서의 대상, 자연, 생명을 분석하면 각성과 깨달음을 얻을 수 있다는 점을 내용으로 한다. 즉 다시 말해 분석적 실재론의 전통이라고도 일컬어지는 조류인 것이다. 보편자가 이데아 세상에 실재한다는 플라톤의 실재론 전통은 분석을 통해서 진리를 추출할 수 있다는 계몽주의의 분석적 실재론 전통으로 계승된다. 결국 계몽주의는 무지몽매한 주술, 미신, 신화를 넘어서는 탈주술화 과정을 거쳐 과학적인 세계를 개방하였다고도 평가된다. 이는 구성주의의 전통을 압도하는 실재론의 복원과 재탄생 과정으로도 판단해 볼 수 있다. 즉 미신이나 주술은 사실 식생, 발효, 약초, 요리, 보관, 종자 등과 관련된 생태적 지혜의 영역을 포함하고 있으며, 산림과 하천이라는 공유지에서 유통되던 지식과 지혜의 구성주의를 과학과 전문가의 계몽주의가 억압하기 시작한 것이라고 할 수 있다. 예컨대 출산에 관여하는 사람이 마을에서의 지혜로운 할머니 산파에서 전문가로서의 남성 의사로 역할이 바뀐 것도 계몽주의의 영향 때문이었다.

계몽주의와 구성주의를 이율배반으로 파악한 철학자는 바로 독일의 철학자 임마누엘 칸트Immanuel Kant(1724~1804)였다. 칸트는 객관적 실재에 대한 문제에서 인식주관의 문제로 이행한 '코페르니쿠스적

---

25 미셸 푸코, 오생근 옮김, 『감시와 처벌』(나남, 2007), 281쪽.

　　　　　　　　　　　　　　　구성주의와 자율성

전환'을 수행했다. 이에 따라 인식론적 구성주의의 기반이 이때 태동하였다. 인간은 물자체를 파악할 수 없고, 인식주관의 그물망에 걸려든 현상만을 알 수 있다는 점이 그것이다. 그러나 신, 영혼, 세계와 같은 알 수 없는 물자체 영역과 인식주관은 이율배반이 된다. 이런 점에서 형이상학적인 질문으로 간주되었던 신, 영혼, 세계와 관련된 물자체의 영역과 과학과 철학, 미학과 같은 인식의 범주, 즉 도식화 작용 간의 이율배반이 드러난다. 유한성으로서의 구성주의와 무한성으로서의 계몽주의의 이율배반이 여기서 나타나는 것이다. "소위 코페르니쿠스적 전회라고 말하는 것의 의미가 무엇인지 이제는 명백하다. 동시에 이는 다음과 연결되고 있다. 즉 물자체는 인간의 뜻대로 되지 않기 때문에 이성은 언제나 혼란에 빠지게 된다. 하지만 물자체 대신에 물자체의 현상을 또는 내가 인식할 수 있도록 경험을 상정한다면 이 위험은 더 이상 존속하지 않는다."[26] 칸트는 형이상학을 인식론적 구성주의라는 방법론으로 극복하고자 했다. 그러나 그러한 구성주의적인 방법론은 계몽적인 이성과 충돌하였고, 이를 그대로 이율배반과 또 다른 형이상학의 요청으로 남겨 두었다.

계몽주의의 발아는 인권, 이성, 역사, 진보 등에 대한 역사적인 명제를 던졌다. 인류의 정신과 이성이 진보하고 발전하리라는 믿음은 계몽주의의 굳건한 뿌리가 되었다. 이러한 계몽주의로부터 시작된 신념 체계가 최종적으로 사망했다고 진단한 것은 21세기 초의 프랜시스 후쿠야마Francis Fukuyama(1952~)의 '역사의 종말'이라는 선언으로 나타났다. 그에 따르면 신자유주의의 도래는 기존에 당연시했던 역사 진보의 공리계를 정지시킨 역사적 사건이라는 것이다. 후쿠야마는 시장이

---

26 랄프 루드비히, 박중목 옮김, 『쉽게 읽는 순수이성비판』(이학사, 1999), 48쪽.

라는 만능열쇠 속에 진보, 발전, 역사, 계몽 등의 공리계가 잠금 해제를 할 것이라고 보았다. 물론 문제는 계몽주의 자체에도 있었다. 계몽주의가 갖고 있는 목적합리적 이성관은 조건반사적으로 신체와 자연, 생명, 사물 등 대상 일반이 자신의 의미와 모델, 표상질서 내에서 자동적으로 움직이는 것이라고 간주했다. 이를 결정적으로 드러냈던 것이 르네 데카르트René Descartes(1596~1650)의 '자동기계'라는 개념이었다. 그런 점에서 계몽주의는 자율적인 행위와 자유로운 사유의 개방이 아니라, 주어진 모형 속에서 자동적으로 움직이는 신체 모델을 만들어 냈다. 이는 구성주의가 생각하는 자율주의적인 행동 방식과는 완전히 상반된 태도를 취하는 자동주의를 의미한다.

　계몽주의가 자동주의 형태의 사회 시스템으로 전락한 것은 전방위적이었다. 예를 들어 교육에서는 더 이상 삶에 필요한 지혜나 유용한 실천 방법이 아니라, 외우면 되는 지식이나 지능을 요구하는 수학과 물리학, 공학의 도식들이 등장한다. 이는 계몽주의로부터 출발했던 이성 모델이 어떻게 자동주의로 결론 나게 되는지에 대한 약간의 힌트를 준다. 그러나 제도, 법, 규정, 인습 등에서 자동주의적인 조직화 유형은 광범위하게 적용된다. 자동주의는 바로 관료주의와 동의어이다. 관료주의가 민주주의의 최종 결과물로 드러난 것이 나치가 등장하기 직전 유럽의 상황이었다. 동시에 사회주의 국가에서는 관료주의가 사회 시스템을 작동시키는 근본적인 틀로 정립되었다. 그런 상황에서 게오르크 루카치Lukács György(1885~1971)는 『역사와 계급의식Geschichte und Klassenbewußtsein』에서 사물화라는 개념을 등장시켜, 관료 시스템 내에서 자동적으로 움직이는 인간 군상의 모습을 형상화하였다. 여기서 사물화는 자동화이며, 관료화이다.

계몽주의가 자동주의로 전락한 역사적 결과는 전후 유럽의 대량 생산과 대량 소비의 포디즘으로 나타났다. 즉 보장사회의 신화가 이때 형성되었지만, 일상은 굉장히 무료하고 단조로워졌다. 포디즘의 말미에 자동주의를 해체하는 하나의 역사적 사건이 터졌다. 그것은 다름 아닌 '68혁명'이라는 욕망의 혁명이었다. 68혁명은 자동적 사회 시스템과 사물화된 질서에 대해서 욕망, 쾌락, 상상력의 이름으로 저항했던 사건이다. 68혁명은 자본주의 축적 체계에 돌이킬 수 없는 영향을 미쳤다. 바로 1980년대 신자유주의와 포스트포디즘으로 이행된 것이다. 포스트포디즘이라는 색다른 축적 체제로 표현되는 신자유주의는 관료주의에서 벗어나기 위한 방법으로 민영화, 유연화, 규제 완화, 자유무역이라는 색다른 개념을 등장시켰다. 이에 따라 후쿠야마의 언급처럼 계몽주의에서 시작하였던 이성, 진보, 인권, 역사의 공리계는 해체되어야 할 관료화의 명제로 간주되었다. 1980년대 미국 영화 속에서 죽어도 죽지 않은 신체를 가진 좀비들의 이미지가 등장한 것은 우연이 아니며, 자동화된 관료주의를 적으로 규정하는 것이다.

구성주의는 자동주의를 거부하지만, 후쿠야마처럼 역사적 진보와 이성 등을 해체하는 것에 머무르지 않는다. 구성주의는 68혁명이 형성했던 자율주의를 생명의 자기 생산이라는 시각으로 재구성하며 확장하였다. 물론 자율주의가 (신)자유주의와 다른 점은 공공성과 사회 안전망, 사회 책임 등을 모조리 개인 책임으로 환원하지 않고, 집단적 배치와 공동체, 소수자와 민중의 운동 등을 통해 아래로부터 요구하고 만들어 가야 할 것으로 본다는 점에 있다. 들뢰즈와 가타리는『천개의 고원』에서 하나의 모델에 집중하는 몰적인 것mole과 여러 모델을 이행하고 횡단하는 분자적인 것molecular을 구분한다. 여기서 몰적인 것이 자동적인 영역이라면 분자적인 것은 자율적인 영역이다. 그것은 다시 말하자면 '이전에 구성되었던 것'과 '이제 새로 구성 중에 있는 것' 간의 관계를 의미한다. 다시 말해 하버마스와 데리다가 함께 썼던 반전 평화 행진의 구절처럼 "이제까지의 계몽주의와 앞으로 올 계몽주의"로도 해석될 수 있다. 들뢰즈와 가타리는 칸트 철학이 갖고 있는 '계몽주의와 구성주의 간의 이율배반'을, 새로운 이론적 구성물인 '몰과 분자의 연결과 배치 속에서 이루어지는 미시정치의 과제'로 번역해 내는 셈이다.

:: 표상화, 의미화, 모델화의 전문가주의

들뢰즈와 가타리가 구분한 몰과 분자라는 이중분절은 실천적인 논의에서만 유효하다. 여러 모델이나 의미, 표상을 이행하고 횡단하며 변이하는 '자율성'의 영역인 분자적인 것은 하나의 모델, 의미, 표상에 집중하는 '자동성'의 영역인 몰적인 것으로 언제든 변화할 수 있기 때문이다. 예를 들어 공동체에서 재미와 놀이로 시작하였다가 그것이 반복되면 의미가 생기고, 이에 따라 일이 되는 과정이 그러하다. 자율성과 자동성의 간극은 심원하지만, '구성 과정에 놓인 배치'와 '구성의 결과물로서의 배치'로 파악될 수 있는 여지는 분명히 존재한다. 객관적 진리론을 고수하는 사람들은 진리를 파악하기 위해서 의미화, 모델화, 표상화 이외에 어떤 방법이 있는지 반문한다. 즉 전문가가 구성한 현실이 일정한 대답 혹은 진리로 주어져야 한다는 점에 대해 강변한다. 이러한 의미화의 과정에서 철저히 몰적인 것의 형태가 선호되는 것도

구성주의와 자율성

우연이 아니며, 아카데미는 철저히 이러한 방법론에 따른다. 마치 신체를 집중시키고 통제하기 위해서 만들어진 책상과 의자의 역사처럼, 하나의 의미에 집중하여야 진리의 명징성과 대답의 효율성에 도달할 수 있다는 것이다. 과연 전문가들이 제시하는 바와 달리 신체를 이리저리 움직이고, 생각을 자유롭게 이행시키며, 매끄러운 평면 위로 다채롭게 무의식을 횡단시키면 안 되는 것일까?

들뢰즈와 가타리는 '사본의 원리'와 '지도 제작의 원리'를 다음과 같이 구분한다. "지도는 다양한 입구를 갖고 있는 반면, 사본은 항상 '동일한 것으로' 회귀한다. 지도가 언어 수행performance의 문제인 반면, 사본은 항상 이른바 '언어 능력competence'을 참조한다."[27] 사본의 논리는 전문가들의 대답을 동일하게 복제하면 된다는 식의 계몽주의이다. 그 이면에는 사물이나 상황에 본질이 있고 그것은 전혀 변하지 않는다는 '본질주의적인 방법론'이 숨어 있다. 이에 반해 지도는 사물이나 상황의 본질이 아니라, 그 곁이나 사이, 틈새에 서식하는 다양한 마음과 의미들을 횡단하고 이행하면서 그 진행형적인 과정 자체를 그려 나가는 작업이다. 즉 지도는 본질과의 대면을 지연시키거나 이리저리 횡단하고 탈주하는 과정 그 자체이다. 예를 들어 공동체에서 특이한 의견들이 등장하고 그 사이를 횡단하면, 관계망이 풍부해지고 다양해질 수 있다. 이에 반대로 특이한 의견 차이를 본질주의적으로 통합하고 동일한 것으로 만들어야 한다는 사이비 혁명가 집단의 경우에는 의견 차이는 곧장 의견 대립으로 간주되고, 곧이어 의견 통일로 봉쇄된다. 즉 다채로운 구성 과정의 특이성은 승인되지 않고 본질을 표상하는 하나의 통일된 의견의 구성——대부분 혁명 전문가의 의미 구성——만이 중

27 질 들뢰즈·펠릭스 가타리, 김재인 옮김, 『천개의 고원』(새물결, 2001), 30쪽.

심에 놓이는 것이다. 이러한 지점은 공동체가 풍부한 생태계를 조성해야 세상을 바꿀 수 있다는 생각과, 혁명가 집단이 차이를 해소하고 단일한 대립 전선으로 나아가야 세상을 바꿀 수 있다는 생각으로 구분될 수 있다.

본질주의는 실재론realism의 기본적인 방법론이다. 조형과 구성, 형태화, 패턴화에 따라 의미와 성격, 특이성이 달라질 수 있다는 점을 본질주의는 승인하지 않는다. 또한 우발성과 여백, 사건성, 자유와 선택 등이 내재한다는 점도 승인하지 않는다. 이를테면 청년 마르크스의 박사학위 논문인 『데모크리토스와 에피쿠로스 자연철학의 차이*Über die Differenz der demokritischen und epikureishen Naturphilosophie*』에서의 편위운동, 즉 클리나멘clinamen의 논의와 말년 마르크스의 『자본론*Das Kapital*』에서의 과학적 방법론 간의 간극은 심원하다. 청년 마르크스가 응시한 원자의 편위와 편차, 차이는 생태적 다양성으로서의 자연에 대한 응시이다. 그러나 마르크스는 말년에 가서 점점 학문적 체계화의 길을 걸으면서 아카데미의 방법론인 본질주의로 수렴되는 방향성으로 향한다. 즉 마르크스주의자들은 대부분 마르크스가 모델화하고, 의미화하고, 표상화한 것이 진리라고 생각하며, 그 이유는 본질에 정확하게 닿아 있기 때문이라고 생각한다. 따라서 사본의 원리인 복제 복사의 방법론이 마르크스주의자들에게는 기본적인 실천으로 인식된다. 이에 반해 공동체에서의 관계망들은 서로의 특이성이 만드는 지도 제작에 더 주목하게 되는데, 그 이유는 일괴암一怪巖적인 진리가 어딘가 있는 것이 아니라, 차이 나고 특이한 사람들이 각각 자신의 세계를 구성하고 또는 관계망 자체가 특이한 것을 만들어 내는 지도 제작, 즉 과정적이고 진행형적인 구성 과정이라는 점을 알기 때문이다. 그런 점에서

구성주의와 자율성

'사본의 구성 작용'과 '지도 제작의 구성 작용'은 완벽한 차이를 갖는다.

그런데 전문가의 구성 작용인 의미화, 표상화, 모델화가 현실에서 적용될 수 있었던 이유는 무엇일까? 근대 역사 전반을 관통하면서 객관적 진리론이 지대한 영향을 미쳤던 기나긴 시간을 생각해 볼 때 이러한 의문이 자연스럽게 들 수밖에 없다. 어찌 보면 의미화는 자연, 사물, 상황에 부여된 반복의 패턴화와 코드화에 해석의 요술 지팡이를 적용한 결과라고 볼 수 있다. 대부분의 해석이 환원주의를 동반하듯 전문가들은 자신이 본질이라고 생각했던 의미로 다른 모든 영역의 의미나 사유를, 마치 소시지를 만들기 위해서 내장 속에 쑤셔 넣듯 모든 것을 환원시킨다. 펠릭스 가타리는 "의미 혹은 의미 작용의 문제를 하늘이나 사물의 본성에서 출발하는 것으로서가 아니라 상호 충돌하는 기호 체계의 연접의 결과로 재정의해야 합니다. 그러한 연접과 관계없는 의미는 있을 수 없습니다. 어떤 의미 형태는 신체의 기호계에서 생기며, 다른 의미 형태는 권력의 기호계에서 생깁니다."[28]라고 말하면서 의미와 권력 구성체를 분리할 수 없다는 입장을 밝힌다. 즉 단도직입적으로 '의미=권력'이라고 도발할 수 있는 여지는 풍부하다. 예를 들어 늘 보던 사람들 사이를 지나칠 때는 의미가 발생하지 않지만, 갑자기 누추한 옷을 입고 있는 사람을 발견하면 그 순간 의미가 발생하는 것이다. 즉 권력의 우위에 있는 사람들이 권력에 벗어난 사람들에 주목할 때 의미가 발생한다. 그런 점에서 권력은 의미 작용을 동반한다.

그런 점에서 의미화는 패턴화와 반대편에 서 있다. 의미화의 방향

28 펠릭스 가타리, 윤수종 옮김, 『분자혁명』(푸른숲, 1998), 332쪽.

성에 서 있는 프로이트의 경우에는 '무의식을 절약하기 위해서 의식이 있다'는 입장에 서 있다. 이를테면 프로이트의 '무의식이 의식화되면 치유될 것이다'는 자유연상 기법이나 '꿈, 농담, 실수 등의 무의식에 의식되지 못한 억압이 숨어 있다.'는 억압 가설 등은 모두 여기에 입각해 있다. 이에 반해 베이트슨은 의식의 절약이 무의식이라는 입장에 서 있다. "무의식은 의식이 조사하기 싫어하는 고통스러운 것들뿐 아니라 너무 익숙해서 의식이 조사할 필요가 없는 많은 것들도 가지고 있다. 습관은 따라서 의식적 사고의 큰 절약이다."[29]

이러한 두 가지 방향성은 바로 의미화와 패턴화의 양쪽에 입각해 있다. 권력의 시선에서 해석할 수 있는 수단으로서의 '의미화의 구성 작용'과 신체와 삶의 수단으로서의 '패턴화의 구성 작용'은 심원한 차이를 갖는다. 만약 의미화의 전문가주의에 따른다면 의식에 의한 무의식의 통제는 더 기정사실화되며, 합리적이고 의식적인 전문가들이 부각될 것이다. 이에 반해 패턴화의 민중적인 지혜의 입장에 서 있다면 의식을 절약하기 위한 무의식적 반복이 삶의 대부분을 차지하게 되며, 여성, 민중, 동물 등이 가지고 있는 무의식이 풍부하고 다양하며 우아하고 조화로운 것이 된다.

이에 따라 이러한 두 가지 방향의 구성 작용은 '대답으로서의 전문가주의'와 '문제제기로서의 민중의 생태적 지혜' 간의 세계에 대한 인식 구성의 차이로 드러날 것이다. 즉 '법칙이라는 본질'을 발견하는 전문가의 사유와 '습관이라는 반복'을 발견하는 민중의 사유는 현격한 차이를 가질 것이다. 법칙의 의미 작용은 필연적인 본질과 인과관계의 영역이 있을 것이라는 입장에 선다. 반면 습관의 패턴화 작용은 신

---

29 그레고리 베이트슨, 박대식 옮김, 『마음의 생태학』(책세상, 2006), 254쪽.

체, 사물, 자연, 삶의 영역에 반복이라는 습관이 있을 것이라는 입장에 선다. 그런 점에서 근대의 객관적 진리론에 파열을 낸 사람이 다름 아닌 데이비드 흄인 것은 매우 주목할 만하다. 흄은 객관적 진리나 법칙으로 간주된 것을 감각인상의 습관적 반복으로 간주한다. 본질주의와 실재론의 입장에 서 있는 블라디미르 레닌Bladimir Lenin(1870~1924)이 『유물론과 경험비판론Materialism and Empiriocriticism』에서 흄의 이론과 유사한 마흐주의자들을 흄의 주관적 관념론이라고 격렬히 비판한 것은 전문가주의에 경도된 혁명 이론가들이 민중적 사유와 생태적 지혜에 대해서 어떤 태도를 취하는지 엿볼 수 있게 만들어 주는 대목이다.

전문가주의의 문제점은 무대-주체/관객-대상이라는 서구의 이분법을 전제로 하고 있다는 점에서도 드러난다. 즉 주체와 대상 사이에서 횡단하고 서식하는 사이주체성의 맥락이 제거되고 사라진 상태에서 의미화의 방법론에 따라 정답을 만들고 이를 계몽하려는 태도로 나타나는 것이다. 프로이트의 정신분석에서는 분석자와 내담자 간의 마치 거울을 마주보는 것과 같은 이분법이 전이transference와 역전이 countertransference를 일으킨다고 보았다. 즉 내담자가 자신의 과거 상황이나 환상을 분석가에게 전치시키는 것과 분석가도 거기에 대해서 모종의 태도를 취하면서 반응하는 것이 그것이다. 이러한 무대와 관객이라는 불평등하고 수직적인 관계망을 넘어선 상호작용으로서의 관계망에 대한 탐색은 야코브 레비 모레노Jacob Levy Moreno(1889~1974)의 텔레tele 개념에서도 엿볼 수 있다. "두 사람 사이에서 작동하는 다른 과정은 전이에서 놓치고 있는 특성들을 가진다. 그것은 서로에 대한 느낌인 텔레라고 불린다. 그것은 공감과는 다른 상호관계이다."[30] 즉 서

---

30 야코브 레비 모레노, 『사이코드라마2』(아카데미아, 2015), 24쪽.

구 철학의 전문가와 대중의 이분법을 넘어서 실존적인 마주침과 만남이 있다는 것이 모레노의 의견이지만 그 역시도 무대를 허물지는 못한다. 결국 주체와 대상 사이의 철의 장막을 부수고, 전문가주의를 집단지성과 생태적 지혜, 공통의 아이디어의 일부로 바꾼다면, 다의미적이며 다극적이고 다실체적인 공동체적 관계망과 네트워크의 연결망이 갖는 색다른 구성주의로 향할 것이다.

:: 바렐라의 재귀적 수학 모델

수학의 세계는 근본적으로 동질성의 척도로서 기능한다. 물론 같은 물질의 속성을 갖는 최소 단위인 분자와 달리 원자 단위는 마치 동질적인 원소가 차지하는 것처럼 간주된다. 이를테면 이 수소 원자와 저 수소 원자는 같을 것이며 원자 단위는 영원히 순환할 것이라는 것이 데모크리토스Democritos(BC 460?~BC 380?) 원자론의 가설이다. 이에 반해 에피쿠로스Epikouros(BC 341~BC 270)는 편위운동을 통해 원자의 튕겨져 나가는 우발적인 운동과 카오스에 대해서 사유했다. 여기서 반드시 유의해야 할 점은 같은 원소로 이루어진 원자라 하더라도 사실은 전자운동의 불규칙성에 의해 세상 어디에도 똑같은 원자는 존재하지 않고, 모든 원자가 다 유일무이하며 특이한 존재라는 점이다. 이것을 엔리코 페르미Enrico Fermi(1901~1954)는 스핀spin 이론이라고 부른다.[31] 이에 따라 원자 단위는 동질적인 단위가 아니라는 점이 드러난다. 순전히 수학적인 의미화에 따라 '수소 원자=수소 원자'라는 가설

31   이강영,《페르미온》(네이버캐스트 물리산책, 2016, 4, 25) 참고.

구성주의와 자율성

하에서만 수소 원자는 헤아려질 수 있는 셈이다. 이런 측면은 의미화를 통해서 뻔하게 보고 잠재력을 무시하는 과정을 통해서도 드러난다. 예를 들어, 송아지는 유일무이한 생명임에도 불구하고 '송아지=송아지'라는 공식에 따라 산술적인 측면에서만 의미화된 질서가 바로 공장식 축산업이다.

들뢰즈와 가타리는 유목수학과 제국 이론을 헤아리는 수와 헤아려지는 수로 구분한다. 이에 따르면 헤아리는 수는 다질적인 데 반해 헤아려지는 수는 동질적이다. 유목민이 수를 사용할 때 각각의 헤아리는 수마다의 특이성과 다질성을 유념했다는 점에서 단순히 산술적 합 이상의 효과를 생각했다는 것이다.[32]

즉 함수론은 인류가 발명한 기념비적 작품이다. 즉 함수론이라고 불리는 '1+2=3'이라는 공식이 그것이다. 칸트는 선험적 종합 판단 synthetisches Urteil a priori을 증명할 때, '개는 개다'라는 선험적 분석판단은 필연적이지만 정보량이 늘지 않고, '개가 하얗다'라는 후험적 종합 판단은 필연적이지 않지만 정보량이 늘어난다고 증명하고 있다. 그러면서 선험적이면서도 종합적인 판단이 바로 '1+2=3'라는 수학적인 증명에 있다고 말한다. 즉 주어인 1과 2에 술어인 3이 포함되지 않으면서도 동시에 필연적으로 참이기 때문이라는 것이다. 칸트의 이러한 생각은 수학과 물리학에 기반한 근대 학문의 특징을 잘 보여 준다. 그러나 함수론에 있는 '0'과 같은 공空이라는 개념적 설정은 사실상 함수론의 무근거성을 잘 보여 준다. 함수론에서의 공과 무無의 실존은 있음과 없음이라는 이율배반적 요소가 함수론에 상존하고 있음을 잘 보여 준다. 이를 인도에 기원을 둔 유有-무無의 순환으로 볼 것인지, 아니면 구

---

32 질 들뢰즈 · 펠릭스 가타리, 김재인 옮김, 『천개의 고원』(새물결, 2001), 749~758쪽 참고.

성주의의 기반으로 사유할 것인지에 따라 함수론은 갈림길에 선다. 함수론의 쓰임새와 설명 방식은 철저히 근대의 계산 이성, 자본주의적인 회계 담론, 중력과 같은 뉴턴의 패러다임에 속하는 거시세계의 역학과 물리학의 질서에 해당한다.

역사적으로 인류의 풀뿌리 민주주의는 대부분 확률론, 즉 제비뽑기나 가위바위보와 같은 경우의 수에 따라 결정되었다. 특히 문제를 해결할 수 없도록 모순된 입장이 동시에 있는 이중구속의 상황을 공동체가 해결하는 방식은 바로 경우의 수를 통해서 유머와 해학으로 바꾸어 버리는 것이었다. 그러한 전통은 아테네의 폴리스 민주주의에서도 나타나는데, 관료와 대표를 뽑을 때 제비뽑기에 따라 해결했던 것이다. 이러한 아테네의 민주주의는, 논증과 추론의 능력을 가진 엘리트가 아니더라도 누구에게나 진리가 전제되어 있다고 보았던 점에서 여성과 노예를 배제한다는 약점에도 불구하고, 민주주의 꽃이라고 칭송할 만한 요소를 갖고 있다. 확률론은 미시세계를 설명할 수 있는 전거이다. 특히 사랑과 정동, 욕망이 내재한 선물이 오고가는 과정은 반드시 급부 체제에 따라서 이루어지는 것만이 아니라 최초의 순간에 경우의 수를 따른다는 점에서 확률론적이다. 여기서 마르셀 모스Marcel Mauss(1872~1950)가 『증여론*Essai sur le Don*』에서 언급하고 있는 북서부 아메리카 인디언들의 포틀래치potlatch라는 급부 체제를 동반한 증여의 축제보다 멜라네시아인들의 쿨라kula라는 대외무역의 성격을 가진 교역이 증여의 경제에서 더 중요하다는 점이 드러난다. 왜냐하면 쿨라는 선물을 받은 사람이 제3자에게 주는 방식으로 경우의 수를 무한히 확장하기 때문이다. 함수론과 확률론의 관계를 묻는다면, 10＋100이 110이라고 함수론적으로 계산하고 나서 110이 다시 10＋100이 될 수 있는 확률은 무엇인가라고 반문할 수 있기 때문에 마치 서로 다른 사람이 등을 대는 것과 같이 비대칭적으로 자리 잡은 형국이 된다. 들뢰즈와 가타리는 함수론으로의 수렴 과정을 '적분integration'으로, 확률론으로의 분산 과정은 '미분differential'으로 지칭하면서 구분하였다.

특히 양자역학은 확률론적 경우의 수에 입각한 미시세계이다. 자본주의는 철저하게 양자역학을 내쫓는 방향으로 향했는데, 그 이유는 의미화를 통해서 사물이나 생명을 보편적이고 뻔하며 동질적인 것으로 만들어서 함수론적인 질서로 환원시켰던 자본주의를 내파시키는 것이 바로 양자역학이라는 점을 직감했기 때문이다. 그러나 가타리가 언급하는 통합된 세계 자본주의의 위기가 극명해지고, 텔레비전, 육식, 마트, 자동차, 백화점, 편의점, 아파트 등의 동질적인 문명 일반이 생태계의 위기로 인해 도미노처럼 무너져 내릴 위험에 처한 상황에서, 인류는 어쩔 수 없이 양자역학적 경우의 수를 받아들여야 하는 상황이 점점 다가오고 있다. 이는 생태민주주의라는 이름으로 아테네의 직접민주주의를 계승한 형태로 먼저 찾아올 것이다. 이를테면 더 이상 외부를 개척함으로써 자원-부-에너지가 무한히 늘어난다는 성장의 법칙이 불가능해진 자본주의에서는, 유한한 자원을 분배하는 과정이 중요해진다. 그런데 유한자끼리 경우의 수를 무한히 늘려나가는 재귀적인 순환의 방향성을 드러내는 내발적인 발전Endogenous Development의 형태가 색다른 무한으로 향할 수 있는 잠재력을 가진 영역으로 등장할 수밖에 없다. 이런 점에서 자본주의는 더 이상 양자역학을 배제할 수 없는 상황에 직면해 있다. 확률론은 재귀론과 상보적으로 작동하여 시너지 효과를 발휘함으로써 생명과 대안을 만든다.

바렐라의 재귀론은 'F=X(F)'라는 간단한 공식으로 정리되어 있다.

즉 순환, 중복, 함입, 반복, 재생의 특성을 가진 재귀적인 수학을 전개하는 것이다. 이를테면 인공지능이 장착된 프로그램에게 "오늘 힘들어요"라고 말을 걸면 "오늘 힘들구나"라고 논리를 반복하는 것을 들 수 있다. 재귀론은 마투라나와 바렐라가 언급한 근원적 유한성, 즉 '논리적 장부 기재'에 기반해 있다. 즉 지구, 자원, 생명, 사물, 환경은 유한하다는 것이다. 그럼에도 불구하고 논리적 장부 기재는 '우발적 표류'라는 확률론적 질서와 '자기 생산'의 재귀론적 질서에 따라 변형되고 이행되면서 생명의 창조적 진화로 나타난다. 이는 구성 성분으로만 보자면 고틀리프 빌헬름 라이프니츠Gottfried Wilhelm Leibniz(1646∼1716)의 '외연=1, 내포=무한'으로서의 무한소 개념으로서의 모나드monad 이론을 연상케 한다. 즉 겉으로 보기에 시계는 하나지만, 그 내부 부품 간의 결합과 연결이 갖는 경우의 수는 무한할 수 있다는 것이다. 라이프니츠는 모순율이나 배중률처럼 거시세계의 인과관계로는 설명되지 않는 미시세계의 충족이유율이 존재한다는 점을 발견하고, 이에 합당하게 설명하기 위해 인식의 그물망에서 빠져나가는 최소 개념이자 무한소로서의 모나드에 주목한다. 그러나 모나드 사이에는 창이 없기 때문에, 관념 간의 연합이 우발성의 확률론이나 내부 작동으로서의 재귀론으로 나타날 수 없었다는 점이 라이프니츠의 이론적 한계이다. 그럼에도 불구하고 컴퓨터를 최초로 발명했던 라이프니츠의 미적분 이론은 인공지능, 생명, 공동체의 논리인 바렐라가 창안한 재귀론의 이론적인 토대가 된다.

바렐라의 재귀론에 대한 수학적인 발견은 프리초프 카프라Fritjof Capra(1939∼)의 비선형 방정식에 대한 소개에서 잠깐 드러난다.[33] 여

___

33　프리초프 카프라, 김동광·김용정 옮김, 『생명의 그물』(범양사, 1998), 170∼172쪽 요약 인용.

기서의 공식은 'X→ KX(1-X)'이며, 변수 X는 0에서 1까지의 선분을 시각화하였다. 이에 대한 계산식을 풀어 보면 다음과 같다.

$$0 \longrightarrow 0(1-0) = 0$$
$$0.2 \longrightarrow 0.6(1-0.2) = 0.48$$
$$0.6 \longrightarrow 1.8(1-0.8) = 0.72$$
$$0.8 \longrightarrow 2.4(1-0.8) = 0.48$$
$$1 \longrightarrow 3(1-1) = 0$$

0에서 1까지 이르는 선형적인 수가 갑자기 원환적이고 재귀적인 형태가 된 것을 알 수 있다. 이는 바렐라가 창안한 재귀론의 방정식인 $F = a(F)$의 변형이다. 바렐라의 재귀적 방정식은 자연, 생명, 생태, 생활에서의 반복의 패턴을 그려 낼 수 있다. 재귀법에 대해서 더 자세히 살펴보려면 들뢰즈의 『차이와 반복Différence et Répétition』에서의 '차이 나는 반복'과 프로이트와 라캉의 '반복강박' 간의 차이점에 주목할 필요가 있다. 이에 따르면 생성과 편위, 차이가 있는 반복은 에너지의 증가로 나타나고, 동일성의 반복은 에너지의 소진으로 나타난다. 이러한 반복의 차이점은 죽음이라는 유한성의 응시를 창조적인 욕망으로 드러내는가 아니면 두려움과 공포로 받아들이는가의 차이점으로도 나타난다. 가타리의 구분에 따르면 차이 나는 반복은 기계론적 기계machine이고 반복강박은 기계학적 기계mechanics이다. 바렐라의 재귀법은 생명의 자기 생산autopoeiesis의 반복이며, 동시에 차이 나는 반복 혹은 기계론적 기계라고 할 수 있다.

마지막으로 부가적으로 다룰 부분이 알랭 바디우의 집합론의 구상이다. 바디우는 '일자=다수'라고 도식화하면서, 일자의 현시이자 셈하기가 다수라는 플라톤적인 생각을 전개한다. "이런 식으로 표현해볼 수도 있다. 다수란 일자가 존재하려면 일자로 셈하기의 조작이 실제로 수행되어야 한다는 사실에 기반해 소급적으로 식별해 낼 수 있게 되는 관성이라고. 다수는 구조화되는 것의 불가피한 술부이다."[34] 이러한 집합론의 구상은 노동자 계급이라는 집합적 주체를 설명하기 위한 것이며, 공동체와 같이 확률론적 경우의 수와 재귀론적 재생과 순환이 담긴 연결체에 대해서는 배제한다. 이러한 '일자=다수'라는 플라톤주의적인 실재론 전통에 대한 비판은 들뢰즈와 가타리가 언급한 리좀rhizome이라는 비플라톤주의적 구상에서 찾아볼 수 있다. "리좀은 n차원에서, 주체도 대상도 없이 고른 판 위에서 펼쳐질 수 있는 선형적 다양체들을 구성하는데, 그 다양체들로부터는 언제나 '하나'가 빼내진다.(n-1)"[35] 결국 바디우의 구상은 구성주의의 정반대편에 있는 보수적인 기획이라고 할 수 있다. 왜냐하면 각각의 주체성이 차이 나고 특이한 세계를 갖고 있다는 구성주의의 전통으로부터 가장 멀리 떨어져 있는 일자를 상정하기 때문이다.

:: 정보주의에 맞선 "삶=함=앎"

느끼고 실천하고 사랑하지 않고서 정보를 취득함으로써 알 수 있다고 생각하는 정보주의가 새로운 세대의 삶의 형태가 되고 있다. 먼저

---

34 알랭 바디우, 조형준 옮김, 『존재와 사건』(새물결, 2013), 58쪽.
35 질 들뢰즈·펠릭스 가타리, 김재인 옮김, 『천개의 고원』(새물결, 2001), 47쪽.

구성주의와 자율성

정보 이론에서는 발신자와 수신자가 있고, 메시지가 교환되는 구도가 등장한다. 그런데 중요한 것은 발신자나 수신자 모두 코드화되어 있고, 상징질서가 동일하다는 가정에서 출발한다는 점이다. 그런데 탈맥락화되고 생활 연관으로부터 분리된 정보 코드가 취득된다는 점이 정보에서는 등장한다. 꼭 탈맥락된 정보가 부정적인 것만은 아닌 것이, '차이를 낳는 차이'로서의 코드의 생태계에 도움을 주기도 한다. 여기서 정보가 코드라는 규칙으로부터 벗어나서 탈코드화decodage하거나, 코드와 코드 사이를 횡단하며 패러디하는 횡단코드화transcodage의 과정도 함께 생각해 볼 수 있다. 문제가 되는 것은 라캉의 이론처럼 아버지의 질서를 대신할 상징계라는 초코드화surcodage 양식에 통합되어 있는 상위 코드의 질서를 등장시키는 것이다. 이는 코드의 정상성에 관한 논의이지, 정보주의 자체는 아닐 것이다.

그러나 여전히 문제로 남는 것은 정보주의가 감성적 실천이나 신체변용, 감수성, 사랑, 정동으로부터 벗어나 있다는 점이다. 이러한 정보주의는 단지 인터넷의 발전이나 전자적 네트워크의 활성화에서만 발견되는 것은 아니다. 정보주의의 모태는 계몽주의로부터도 발견되는데, 객관적인 진리가 있고 이를 교육자로부터 교육받기만 하면 알게된다는 교육 이론의 기본적인 가설이 사실은 정보주의의 근간이다. 그런데 앎이라는 것이 자신이 느끼고 사랑하고 실천한 것이 아니라 자신의 삶과 무관한 객관화된 진리를 이식받고 교육받는 것이라면, 그것은 지극히 수동적이고 억압적인 앎의 형태라고도 할 수 있다. 사실상 미셸 푸코가 『성의 역사 1——앎의 의지Histoire de la sexualité 1——La volonté de savoir』를 통해서 밝힌 앎의 의지가 권력의 의지와 동일하다는 발견도 사실상 계몽적 지식권력의 구조물로서의 교육이라는 배치의 의미를 조명한 것이라고 할 수 있다. 푸코는 "앎의 기법과 권력의 전략이 제각기 특별한 역할을 맡고 상호간의 차이에 입각하여 서로 연결될지라도, 앎의 기법과 권력의 전략 사이에는 아무런 외재성이 없다."[36]라고 말한다.

또한 정보주의의 앎은 자동주의에 기반한 앎의 시스템이라고 할 수 있다. 정보를 수용할 뿐 신체와 감성, 욕망의 특별한 노력이 없어도 자동적으로 획득될 것이라고 바라보기 때문이다. 이에 반해 느끼고 사랑하고 감각하고 실천한 것만을 앎으로 받아들이는 것은 마투라나와 바렐라가 언급했던 '앎=삶=함'의 색다른 영역을 개척한다. 이것을 할머니들의 지혜 혹은 생태적 지혜라고 일컫는 것도 이러한 이유일 것이다. 약초, 발효, 저장, 요리, 식생 등의 생태적 지혜가 발생하는 곳은 하천, 산림, 갯벌, 바다 등 공유지의 영역이었다. 여성들이 숲이라는 공유지에서 어떤 생태적 지혜를 만들었는지에 대해서 「대헌장 Magna Carta」를 연구한 피터 라인보우Peter Linebaugh는 다음과 같이 서술하고 있다. "숲은 연료의 저장고였다. 또한 맛있는 먹을 것들이 있는 식품 저장고였으며 약초와 치료약이 든 약상자였다. 음식으로는 개암 열매와 밤이 시장에서 팔렸으며 가을버섯이 국과 찌개에 들어갔다. 반디나물, 회향풀, 민트, 야생 백리향, 마저럼, 서양지치, 야생 바질, 쑥국화는 요리와 치료에 쓰였다. 야생 수영, 치커리, 민들레 잎 (……) 야생 딸기, 들장미 열매와 산사나무 열매, 크랜베리와 야생 자두는 젤리, 잼, 와인을 만들기에 좋았다."[37]라고 말이다. 생태적 지혜는 계몽주의가 기반하고 있는 주체-객체, 주인공-관객, 교육자-피교육자라는 이

---

36   미셸 푸코, 이영목 옮김, 『성의 역사1』(나남, 1990), 118쪽.
37   피터 라인보우, 정남영 옮김, 『마그나카르타 선언』(갈무리, 2012), 73쪽.

구성주의와 자율성

분법을 거부하고, 대신 생태적 연결망 속에서 생성되는 삶에 기반한 지혜의 노선을 만들어 낸다. 객관적 진리에 기반한 계몽주의가 이분법 속에서 수직적이고 일방적인 교육 행위를 전제하고 있다면, '앎=삶=함'에 기반한 생태적 지혜는 수평적인 연결망 속에서 싹트는 지혜 즉 예를 들어 '어떻게 살아갈 것인가?', '오늘 뭘 해먹지?'와 같은 질문을 전제로 한다. 여기서 더 이상 계몽주의가 씨알도 먹히지 않는 상황이 되자, 정보주의가 슬쩍 이를 대신하고 있다고 분석해 볼 수 있다. 결국 오늘날에 와서 앎의 영역에서 정보주의라는 자동적 인식 구조물과 생태적 지혜라는 자율적 인식 구조물이 대결하고 있다고 진단해 볼 수 있다.

생태적 지혜는 근대의 개념실재론처럼 '분석적인 지식'을 산출하는 것이 아니라, 종합적인 사유를 전개한다. 예를 들어 근대의 지식은 분리하고 고립시키고 쪼개서 앎을 추구하는 방식이며, 이는 실험실 환경이라는 독특한 공간을 산출하기도 하였다. 이에 반해 생태적 지혜는 연결망 전체의 맥락과 접속 속에서 '종합적인 지식'을 산출한다. 심층 생태학자 프리초프 카프라는 "살아 있는 시스템들이 모든 수준에서 연결망이기 때문에, 우리는 생명의 그물을 다른 시스템(연결망)과 연결망이라는 방식으로 상호작용하는 살아 있는 시스템으로 생각해야 한다."[38]라고 전일적 세계관holism의 입장에서 종합적인 생태적 지혜를 조망하였다. 이러한 분석과 종합 간의 방법론적 차이가 근대적 지식과 생태적 지혜의 차이점으로 등장한다. 그 이유는 근본적으로 근대의 객관적 진리론이 '대답으로서의 지식'을 추구하는 데 반해 생태적 지혜가 '문제제기로서의 지혜'를 추구하기 때문이다. 그 이유는 대답으로

38   프리초프 카프라, 『생명의 그물』(범양사, 1998), 56쪽.

서의 지식을 추구하는 근대의 보편학들은 모델화의 전문가를 필요로 하며 고도로 조직된 고정관념에 기반하는 데 반해, 문제제기로서의 지혜를 추구하는 생태적 지혜는 공동체와 생태계라는 삶의 현장에서의 생활인들을 필요로 하며 고정관념으로부터 벗어나기 때문이다. 그런 점에서 들뢰즈와 가타리가 『천개의 고원』에서 유목과학과 제국과학을 구분한 것은 근본적으로 타당하다.

스피노자의 변용affection 이론은 심원한 지혜의 노선을 등장시키는 이론적 전거이다. 변용을 거치지 않는 관념을 의심하며, 신적 속성인 자기 원인으로서의 변용에 기반하여 지혜를 형성하려는 노선이 그것이다. 여기서 변용은 사랑, 신적 속성, 되기, 욕망, 정동, 돌봄, 발효, 발전, 성숙, 흐름과 동의어이다. 여기서 스피노자의 『에티카』 1장 '신에 대하여'에서 나오는 "[정리 22] 신의 어떤 속성에 의하여 신의 속성이 필연적으로 그리고 무한하게 존재할 수 있는 양태적 변용으로 양태화된 이상, 신의 어떤 속성에서 생기는 모든 것은 똑같이 필연적으로 그리고 무한하게 존재하지 않으면 안 된다."와 같은 평행론 논의에 주목해야 할 것이다. 다시 말해서 변용에 따라 양태가 변화하는 바, 즉 자동차-되기, 자전거-되기, 말-되기 등이 이루어진다면, 이에 따라 공통 관념의 속성인 운전법, 경륜법, 승마법도 평행하게 뒤따르는 것이다. 이에 대해서 결론적으로 말하면, '사랑할수록 지혜로워진다'라는 구도가 그려진다. 스피노자의 사랑, 즉 변용 이론의 장점은 인류애적인 보편적 사랑에 호소하지 않고, 오히려 사랑이 만들어 놓는 국지적이고 국부적인 영역에서 발생하는 지혜에 주목하도록 만들어 준다는 점에 있다. 사랑의 부드러운 흐름은 모든 것을 감쌀 뿐 아니라, 사랑할수록 사랑의 능력을 증폭하고 그 시너지 효과로 지혜가 산출되는 결과

구성주의와 자율성

를 낳게 되는 것이다.

마르크스의 포이어바흐 테제는 '감성적 실천,' 즉 느끼고 실천하고 사랑함으로써 지혜를 획득하는 것을 강조하는 철학 문건이라고 할 수 있다. 그의 [포이어바흐 2번 테제] "인간의 사유가 대상적 진리성을 가지고 있느냐 없느냐 하는 문제는 결코 이론적 문제가 아니라 실천적 문제이다. 인간은 자기 사유의 진리성을, 즉 현실성과 힘을, 그 차원성을 실천에서 증명해야 한다. 실천에서 유리된 사유가 현실적이냐 비현실적이냐 하는 논쟁은 순전히 스콜라 철학적인 문제이다."[39]라는 구절에서도 이러한 마르크스의 실천적인 면모가 드러난다. 마르크스의 철학적 선언은 포이어바흐라는 인간학적인 유물론에 혁명성과 실천성을 부여하려는 시도였다. 그런데 청년 마르크스는 돌연 반근대, 반철학의 맥락으로 향하게 되는데, 그것이 바로 [포이어바흐 11번 테제] "이제까지 철학자들은 세계를 다양하게 해석해 왔을 뿐이다. 그러나 중요한 것은 세계를 변혁하는 것이다."라는 구절이 그것이다. 여기서 근대의 지식론을 넘어서서 '감성적으로 느끼고 사랑하고 실천함으로써 생성되는 지혜'의 노선의 사상적 원형을 발견할 수 있다.

마투라나와 바렐라는 '앎=삶=함'의 입장에서 생명 활동이 바로 인지 활동이라는 인식에 도달한다. 이에 따라 '바퀴벌레는 알 것이다. 바퀴벌레가 움직이는 대로, 강아지는 알 것이다. 강아지가 움직이는 대로'라는 구도를 그려 볼 수 있다. 즉 생명 활동을 하는 모든 존재는 살아가는 것 그 자체가 아는 것이기도 하다. 인지 활동이 인간만의 고유한 활동이라는 점을 피력하는 근대의 인간중심주의, 예를 들어 데카르

---

39 프리드리히 엥겔스, 『루트비히 포이어바흐와 독일 고전 철학의 종말』(돌베개, 2015), 121쪽.

트의 의식적 주체, 즉 "나는 생각한다, 고로 존재한다cogito, ergo sum"에 대한 논의로부터 벗어날 수 있게 된다. 데카르트는 생명을 자동기계로 간주하여 도구주의적인 관점을 정립하였다. 그러나 생명이 자신을 유지하고 재생하고 생활하는 모든 과정은 인지 활동과 일치할 것이며, 이는 동물권리론자 톰 리건Tom Regan(1938~)이 『동물의 권리The Case for Animal Rights』에서 사유했던 생명이 의식awareness을 가진 존재이며, 그래서 생명이 도구적 가치를 갖는 것이 아니라, 내재적 가치를 가진 다는 인식에 도달할 수 있다. 즉 삶과 생활의 내재성에 기반한 생명 활동이 바로 인지 활동인 앎에 도달하는 것과 다르지 않다는 것이다.

:: 통합된 세계인가? 각기 차이 나는 세계인가?

플라톤이 개방한 실재론realism은 헤라클레이토스가 언급했던 변화무쌍한 흐름의 현상계와, 이와 구분되는 원형적이고 원본이며 이상적인 공통된 본질로서의 이데아Idea를 등장시킴으로써 서구 이원론 전통의 탄생으로 이어졌다. 또한 이렇게 원형과 원본의 표상이 보존되어 개념화될 수 있다는 점 때문에 아카데미의 고정관념의 초석이 마련되었다. 플라톤의 실재론은, 소크라테스가 생각했던 '모든 사람에게 피안의 이데아 세계의 본질이 미리 전제되어 있어서 이를 변증술(=산파술)이라는 대화법에 의해서 상기시키기만 하면 된다'는 지혜의 노선과도 상이하다. 즉 플라톤의 실재론은 진리에 대한 논증과 추론 능력을 통해서만 이데아에 도달할 수 있다는 엘리트주의를 명확히 향하고 있었으며, 이는 아테네 민주주의에 대척되는 철인정치로 표현되어 있다.

구성주의와 자율성

이러한 실재론의 경향은 근대의 아카데미 전통으로 이어지면서, 개념 실재론의 구도로 바뀌어서 의미화의 방법론을 통해 개념적으로 모델 링을 할 수 있는 전문가와 전문 철학자의 지식 유형으로 나타났다. 때로 실재론은 철학에서 막강한 영향력을 행사해 전투적 유물론자나 마르크스주의자들까지도 실재론자인 경우가 많았다.

이러한 개념실재론으로부터 벗어난 차이와 다양성에 대한 논의는 들뢰즈에 와서야 수면 위로 등장하게 되는데, 들뢰즈는 일의성 singularity에 대해서 다음과 같이 말한다. "일의성의 본질은 존재가 단하나의 똑같은 의미에서 언명되는 점에 있는 것이 아니다. 그것은 존재가 단 하나의 같은 의미에서, 하지만 자신의 모든 개체화하는 차이나 내생적 양상들을 통해 언명된다는 점에 있다. …… 존재는 자신을 언명하는 모든 것들을 통해 단 하나의 같은 의미에서 언명된다. 하지만 존재를 언명하는 각각의 것들은 차이에 의해 지배받고 있다. 즉 존재는 차이 자체를 통해 언명된다."[40] 여기서 일의성은 유일무이성, 특이성, 특개성, 단독성, 고유성과 동의어이며, 개체적인 차이를 조명하는 데 유효한 개념이다. 예를 들어 '개'를 설명할 때 보편적인 개의 개념을 사용하는 경우와, 짱구, 뽀삐라고 일의적인 이름을 붙이는 것에는 차이가 있다. 이러한 '이름 붙이기'가 없다 하더라도 생명은 그 자체로 유일무이하며, 보편적인 개라는 유적 개념으로 통합되어 있는 것이 아니라 각각이 특이하고 차이 나는 존재이다.

세계에 대한 인식에는 두 가지 입장이 있을 수 있다. 통합된 상과 이미지가 객관적으로 실재한다는 입장과 각기 차이 나는 상과 이미지를 가진 세계라는 입장이 그것이다. 통합된 상과 이미지를 전제하는 사람

---

40 질 들뢰즈, 김상환 옮김, 『차이와 반복』(민음사, 2004), 102~103쪽.

들은 '전봇대가 전봇대지 별 거냐?'라는 입장에 서 있고, 객관적 실재의 본질에 접근한 개념은 보편적으로 통용될 수 있다는 관점에 서 있다. 통합된 상과 이미지를 전제하기 위해서는 보편적이고 공통되게 통용될 수 있는 개념이나 관념을 의미화하여야 한다. 즉 "~은 ~이다"라는 의미화에 따라 뻔하고 보편적이며 모두에게 적용될 수 있는 수준의 인식에 도달하여야 하는 것이다. 그러므로 통합된 상과 이미지를 갖고 있는 세계는 객관적으로 미리 주어져 있는 실재이며, 잠재성이나 생성이 전혀 없이 고정된 실재이기도 하다. 이에 반해 차이 나는 상과 이미지로서의 세계를 인식하는 경우에는 각각의 주체성들이 느끼고 실천하고 변용되는 과정에서 각각의 세계를 다르게 인식하는 것에 기반한다. 공동체에서 각각의 특이한 주체성들이 제각기 딴소리를 하면서도 일관된 대화로 향할 수 있다는 의미에서 들뢰즈와 가타리가 적시한 일관성의 구도plan of consistence라는 개념에 유념할 필요가 있다. 공동체는 상대주의자들의 천국이며, "~일 수도 ~일 수도"의 논리가 장악하고 있는 각기 차이 나는 존재들이 구성한 질서이다.

이러한 두 구도를 비교해 볼 때 통합된 표상과 이미지의 입장은 '권력'의 편에 서 있으며, 차이 나는 상과 이미지는 '민주주의'의 편에 서 있다. 이런 점에서 스피노자가 힘의 개념을 권력power과 역능force으로 구분했던 바를 극단적으로 전개한다면, 결국 표상주의와 구성주의의 구분과 만날 수밖에 없다. 즉 토머스 홉스Thomas Hobbes(1588~1679)의 리바이어선이라는 인공 신체이자 괴물로서의 초월적 권력과 스피노자의 욕망의 상호긍정과 기쁨에 기반한 내재적 민주주의 간의 대결의 확장판은 바로 실재론과 반실재론, 객관적 표상주의와 구성주의 간의 갈림길에서도 분명히 나타난다. 만약 차이 나는 세계상에 기반한 '아래

구성주의와 자율성

로부터의 민주주의'를 기준 좌표로 삼는다면, 앞으로의 통합된 상과 이미지 권력의 유형은 차이 나는 세계상과 이미지를 통해서만 구성되는 '구성권력construction-power' 이외에는 불가능할 것이다. 이탈리아 정치철학자인 안토니오 네그리의 구성권력이라는 개념은 단 한 번의 선거 과정밖에는 존재하지 않는 절차적이고 일시적인 민주주의와 대의제 민주주의를 넘어선 색다른 절대적 민주주의에 대한 구상이다. 구성주의는 공동체와 민중 사이에서 늘 작동 중인 절대적 민주주의를 의미하며 절차와 과정, 규칙을 넘어선 공동체 속에서의 내재적 민주주의를 고도로 조직화하기 위한 전제조건이다. 이런 점에서 구성주의는 아래로부터의 절대적 민주주의와 이의 부수효과로 나타난 구성권력의 질서를 옹호하는 가장 강력한 정치사상으로 향하고 있다.[41]

그러나 네그리의 구성권력 개념 구도를 넘어선 사상적 지평도 있다. 바로 스피노자의 내재성 구도 개념을 바탕으로 펠릭스 가타리가 보여 주었던 강렬한 표현 양상인 미시정치micro-politics가 그것이다. 그것은 차이와 다양성에 기반한 공동체가 그것의 시너지 효과로서의 색다른 차이를 생산하고 특이성을 생산하는 구도를 그려내는 것이다. 이는 차이를 단순히 미리 주어진 관용과 배려의 재료로 사용하는 것이 아니라, 색다른 차이를 생산할 수 있는 강렬한 원동력으로 삼음으로써 공동체를 풍부하고 다양하게 만들어 세계를 바꾸려는 미시정치의 전략이다. 예를 들어 아이, 동물, 광인, 장애인 등의 소수자가 있을 경우 소극적으로 이를 사회적 약자나 양적 소수, 피해자로 보면서 돌봄과 배려의 손길을 내미는 것을 생각해 볼 수 있다. 그러나 더 나아가 이 소

---

41   안토니오 네그리, 『제국』, 윤수종 옮김(이학사, 2001), 412~421쪽에서는 구성권력의 가능성을 잡종적 구성, 탈근대적 구성, 무장소적인 구성 등으로 설명하고 있다.

수자를, 공동체를 풍부하게 만들고 색다른 배치와 생각, 상상력을 창조할 수 있는 특이점singularity으로 삼는 미시정치도 가능하다. 가타리는 『미시정치Micropolitiques』에서 "어떤 면에서 공동체는 소수자를 발명해야 한다."[42]고 말하고 있다. 이러한 미시정치는 거시정치의 매개 과정을 거치지 않고 삶의 내재성의 구도를 직접적으로 바꾼다는 점에서 유효하다.

다시 말해, 현실에는 세계 변혁의 입장에 두 가지 노선이 혼재되어 있다. 먼저 공동체에서 차이 나는 세계상을 가진 사람들이 어우러져 그 편차와 마주침, 우발적 만남 등이 공동체를 풍부하고 다양하게 만들며 더 나아가 색다른 차이를 생산함으로써 세상이 불가역적으로 바뀌는 노선이 첫 번째 경우이다. 두 번째의 세계 변혁을 생각하는 경우는 차이를 차별로 식별하면서 적대와 투쟁전선으로 단일하게 모아 내는 모순의 방법론이다. 모순의 방법론을 창안한 사람은 헤겔이며, 그는 정반합을 통해서 모순이 존재와 자기 의식을 반성적으로 성숙시키는 원동력이라고 사고하였다. 헤겔의 사상은 마르크스주의자들에게 속류화되어 혁명 공식이 되고 있다. 전자인 공동체의 경우에서는 의견 차이는 공동체를 풍부하고 다양하게 만드는 실천이겠지만, 후자인 모순의 노선에서는 단일한 투쟁 대오를 파괴하는 암적인 해당 행위로 간주될 것이다. 그런 점에서 실재론과 반실재론, 객관적 표상주의와 구성주의 간의 분기점은 세계를 변혁시키기 위한 실천 노선에도 뿌리 깊게 상존하고 있다.

한 사람이 살아가는 삶의 시간의 경우에도 "'어제의 나'와 '오늘의

---

42 수에리 롤니크 · 펠릭스 가타리, 윤수종 옮김, 『미시정치』(도서출판b, 2010), 129쪽 참고.

구성주의와 자율성

나'와 '내일의 나'가 같다는 것을 입증할 수 있느냐'라는 질문을 던질 수 있다. 만약 존재의 단일성을 통해서 입증하려고 한다면 나 자신이 고정되어 있어야 하는데, 시시각각 변화하고 있다는 점에서 이러한 질문에 응답할 수 없게 된다. 칸트는 선험적 통각transcendental apperception이라는 개념으로 이를 설명한다. "이에 반해 표상 일반의 다양함이 선험적으로 종합되는 경우에는, 통각의 종합적·근원적 통일에서 나는 자기 자신을 의식하지만, 그것은 내가 나 자신으로 현상하는 방식으로서도 아니고, 내가 나 자신의 있는 그대로도 아니며, 다만 내가 존재하는 것을 의식할 뿐이다."[43] 그러나 들뢰즈의 철학에서는 '어제의 나'와 '오늘의 나', '내일의 나' 각각이 사건과 생성의 영역으로서 차이를 가진다. 들뢰즈는 칸트의 철학을 초월론적 경험주의로 변형함으로써, 잠재성의 평면 위에서 생성과 사건을 발견하는 입장에 선다.[44] 이를 통해 들뢰즈는 칸트의 선험적 통각이라는 논의를 변형하여 생성과 사건성의 발견이라는 시각으로 나아가며, 이에 따라 공통감각은 선험적으로 주어진 것이 아니라, 구성되고 생성되는 것, 즉 능력과 욕망의 문제가 된다.

들뢰즈의 생성의 사건성은 특이성, 단독성의 순간으로도 이해될 수 있다. 그러나 생성의 사건성을 베르그송주의적인 측면에서 '물질＝지속＝운동＝이미지'라는 관점에서 볼 것인가 아니면, 끊임없이 차이 나는 생성의 순간들로 볼 것인가의 여부가 쟁점이 될 수 있다. 불교에서 돈오점수頓悟漸修가 여전히 문제되는 것이 바로 이 점 때문이다. 돈오頓悟의 순간, 즉 깨달음의 순간처럼 찾아오는 생성의 사건성과 단독성의

---

43 임마누엘 칸트, 정명오 옮김, 『순수이성비판/실천이성비판』(동서문화사, 1978), 130쪽.
44 질 들뢰즈, 서동욱 옮김, 『칸트의 비판철학』(민음사, 1995) 참고.

순간이 지속되는가, 아니면 점수漸修의 순간, 끊임없는 수행으로 이루어진 찰나의 시간처럼 차이 나는 생성들이 끊임없이 이루어지는가가 그것의 쟁점이다. 그러나 돈오와 점수 두 개념은 서로 상호보완적이고 순환적이고 재귀적이다. 여기서 가타리의 '특이성 생산'이라는 관점은 관계망과 그 배치에서의 심원한 변화를 초래하는 특이성에 대한 색다른 시각을 제공한다. 즉 특이성이 주어지고 발견되고 찾아오는 것이 아니라, 구성되고 만들어지는 것이라는 관점을 제공해 주면서 돈오점수 논쟁의 연쇄 고리를 혁명적으로 벗어난다. 이를 통해 가타리는 스피노자의 수동적 종합으로서의 정서affect에 머물고 있는 들뢰즈의 사상을 넘어서서 능동적인 신적 속성으로서의 사랑, 즉 신체 변용affection으로의 지평을 개방한다. 이에 따라 가타리의 '특이성 생산', 즉 '차이 생산', '다양성 생산'은 구성주의적 방법론의 가장 극한에 서 있는 사상이라고 평가할 수 있겠다.

구성주의와 자율성

오토포이에시스와
생명, 공동체, 사회

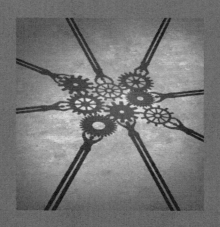

3장 오토포이에시스와 생명, 공동체, 사회

:: 오토포이에시스란?

오토포이에시스autopoiesis는 자기auto와 제작poiesis의 결합어이다. 이 개념은 마투라나와 바렐라의 생명의 구성주의의 주춧돌이 된 핵심 개념이다. 아이러니컬하게도 '제작' 개념을 역사적으로 처음 살펴볼 수 있는 것은 구성주의의 반대편에 서서 실재론을 주장한 플라톤이다. 그는 철인정치를 정당화하기 위해서 배나 책상 등의 제작poiein에 전문가가 있듯이 덕과 올바름, 미에도 전문가가 존재한다고 주장하였다. 플라톤은 진, 선, 미의 이데아를 제작할 수 있는 전문가로서의 철학자가 세상을 다스릴 때 이상적인 통치가 이루어질 것이라고 보았다. 문제는 이러한 플라톤의 제작 개념은 본질로서의 이데아와 영혼을 만들어 낼 뿐이지, 비본질적인 신체, 생명, 자연을 만들어 내는 것이 아니라는 점이다. 이런 점에서 플라톤의 실재론 전통에 따른 제작은 본질적인 것의 제작이지, 비본질적인 것이라고 치부했던 차이와 다양성, 시뮬라크르로 가득한 생명과 현실세계의 제작이 결코 아닌 것이다.

오토포이에시스는 자기 제작만이 아니라, 자기 생산, 자기 조직화, 자기 생성 등으로 불리며 '생명의 자율성'에 해당하는 의미좌표를 구성한다. 이는 생명체의 모든 활동이 다른 생산물을 만들기 위해서가 아니라, 바로 자기 자신을 재생하는 데 대부분의 에너지-자원-물질을 소모한다는 것을 의미한다. 마투라나와 바렐라는 "생물을 특징짓는 것은 자기 자신을 말 그대로 지속적으로 생성erzeugen하는 데 있다. 이런 뜻에서 우리는 생물을 정의하는 조직을 자기 생성 조직autopietische Organisation이라 부르고자 한다."[45]라고 말한다. 예를 들어 표상주의와 실재론처럼 우리가 본질로서의 우리의 정체성, 권리(=권력), 유토피아, 코드 등을 만들어 내는 것이 주된 활동이 아니라, 비본질적인 것으로 치부했던 생명과 신체, 공동체, 네트워크 등이 자기 생산된다. 예컨대 음식을 섭취함으로써 몸의 일부, 즉 발톱이나 손톱, 피부, 간 등을 만들고, 살림을 함으로써 밥과 반찬을 만들고, 인터넷 커뮤니티에 글을 씀으로써 특이한 생각을 만드는 등의 자기 생산이 우리의 대부분의 활동을 이루는 구성요소라고 할 수 있다. 즉 우리 자신을 만드는 것이 우리의 활동의 과정이자 수단이며 목적인 셈이다. 그런 점에서 근대의 합리성 중 목적합리성의 사유는 기각된다.

생명이 자기 생산된다는 점은 자기 희생, 자기 파괴, 착취, 약탈이라는 문명화된 개념좌표 대신에 공생, 상생, 자율, 자기결정, 자치, 고유성, 특이성 등의 대안적인 개념좌표를 구성해 낸다. 왜냐하면 자신의 정체성의 기반이 되는 통속적인 문명을 지속하려면 외부 자연과 생명

---

45 움베르토 마투라나 · 프란시스코 바렐라, 최호영 옮김, 『앎의 나무』(갈무리, 2007), 56쪽.

에 대한 거대한 착취와 약탈이 필요하지만, 자신의 유일무이한 생명을 유지하고 지속하려면 생명이 갖고 있는 특이성과 고유성의 영역인 삶을 살아가고자 하는 의지와 활력, 생명에너지 등 자기 생산의 지평에 접속해야 하기 때문이다. 특히 생명의 특이성이라는 측면에서 자기 생산은 색다른 의미를 제공한다. 생명의 풍부한 개체적 자율성을 가타리는 세 가지 층위에서 제시한다. "1) 개인의 영역: 개인의 생물학적 리듬, 반사신경, 조건화, 즉흥 행동, 기능 불능 등. 2) 집단의 영역: 집단의 집합적 배열 장치, 의례, 생태학적 조절, 학습 양식, 통과의례 등. 3) 종의 영역: 종의 돌연변이, 유전자적 전환, 범위 한정 기술, 공생적 접촉 등."[46]이다. 이에 따라 생명의 자율성은 자기 자신과 집단, 종의 지속과 유지, 재생, 자기 생산을 위한 활동에 기반한다. 생명 활동이 유일무이한 개체성, 즉 특이성singularity에 기반한다는 점에서 자기 생산의 속성은 '동물적 본능'이라는 개념으로 단순히 설명되지 않는 역동적이고 자율적인 활동으로 나아가는 원동력이다. 반면 문명의 논리는 생명의 자율이라는 측면을 코드화할 수 있는 단순하고 빤한 것으로 간주한다. 이것은 사실상 생명을 틀 안에 가두고 규격화하고 계산하고 규칙화하는 주형이라고 할 수밖에 없게 된다. 그런 점에서 공장식 축산업과 이에 기반한 육식문명의 반생명적인 모습이 보이지 않는 곳에서 문명의 저변에 상존하고 있는 셈이다.

우리가 생명의 자율성에 대한 논의를 하는 순간, 그것이 개체적 자율성의 수준에서의 논의인지, 아니면 연결망의 시너지 효과에 대한 논의인지에 대해서 생각해 볼 필요가 있다. 물론 생명의 자율성은 지극히 개체적 자율성에 대한 논의이지만, 생명이 창발되고 발아할 수 있

---

46 펠릭스 가타리, 윤수종 옮김, 『기계적 무의식』(푸른숲, 2003), 154쪽.

구성주의와 자율성

는 판과 구도를 짠 것은 생태계이기 때문이다. 개체중심주의 논의는 생명권, 생명윤리, 생명사상, 동물권 등을 포괄하는 논의를 구성한다. 이에 반해 연결망중심주의는 공동체, 생태계, 에코 시스템, 네트워크 등을 포괄하는 논의를 구성한다. 예를 들어 어떤 집단이 구성원 수가 적을 경우에는 이 집단을 생명체로 바라보면서 그것을 자기 생산, 유지, 재생하는 관점에서 사고하는 것이 더 유리할 것이다. 반면 어떤 집단이 구성원 수가 많아지고 다양해졌을 경우 연결망으로 보면서 그것의 차이와 다양성이 주는 시너지 효과와 정동, 욕망, 사랑의 흐름, 연결접속의 경우의 수 증대 등이 발생하는 것에 주목하는 것이 유리할 것이다. 생명의 자율성 논의는 베르그송주의의 '지속' 개념이나 마투라나와 바렐라의 '자기 생산' 개념과 같이 그러한 개체 자체를 유지하는 것과 재생하는 것의 관점에 기반한다. 그렇기 때문에 생명의 개체 내부에서 일어나는 작용은 생태계와 마찬가지로 외부 환경으로부터 분리된 부드러운 내부 환경을 조성한다. 그렇지만 생명은 생태계 속에서의 개체적 차이, 접속, 연결의 시너지가 아니라 개체 내부에서의 자기 생산과 자율적 활동을 특징으로 한다. 이런 차이에도 불구하고, 생태학자 장회익의 온생명론은 지구 생태계로서의 온생명과 생명으로서의 낱생명의 논의를 생명Life과 생물권biosphere 논의의 확장이자 연장으로 바라본 측면이 강하다.[47] 그런 점에서 '생명과 생태', 다시 말해 생태운동에서의 '개체중심주의와 연결망중심주의', 사회운동에서의 '시민과 공동체', 협동조합에서의 '결사체와 사업체' 등의 이중 전략은 대안 운동의 역동적인 논의의 토대가 된다.

생명의 자율성을 가장 위축시키는 것이 바로 자동화된 시스템이다.

47   장회익, 『삶과 온생명』(현암사, 2014) 참고.

제2차 세계대전 전후 공장에서의 포드 시스템과 그 연장선에 있는 사회에서의 케인즈주의 등으로 구체화되었던 것이 자동화된 시스템이다. 이는 관료 시스템을 기반으로 했는데, 전쟁 직전 헝가리 우편 사무국에서 일했던 카프카에게는 부조리하게만 느껴지는 현실이었다. 그러나 관료주의는 비합리주의적인 산물이 아니라 합리주의의 극한이 만든 구조물이다. 예를 들어 히틀러의 파시즘을 배태했던 독일 사회의 바이마르공화국은 사실상 민주주의의 성숙을 관료제의 확대로 잘못 파악함으로써 모든 사회 시스템을 관료주의와 자동주의로 직조했다. 이는 자율성을 극도로 질식시켰고, 이에 따라 파시즘의 마조히즘적인 욕망이 똬리를 틀었던 것이다. 시스템적 사유는 이런 출발점을 갖지만, 생태계라는 에코 시스템과 유사한 직조 방식으로 나아가야 한다는 공감대 속에서 네트워크가 출발하였다. 물론 68혁명의 히피hippie 운동이나 뉴에이지New Age 운동을 컴퓨터와 디지털, 사이버네틱스가 빨아들여 여피yuppie화를 촉진했던 것도 사실이다. 마투라나와 바렐라의 자기 생산 개념을 계승한 니클라스 루만이 구상한 자기 생산적인 사회 시스템 이론은 생태계, 즉 에코 시스템을 닮도록 사회 시스템을 만들때 어떤 구도가 그려질 것인가를 잘 보여 준다. 물론 루만의 시스템 논의에 대해서 반박했던 위르겐 하버마스의 '생활세계의 식민화'와 '의사소통행위 이론' 논의는 관료주의와 자동주의가 어떻게 생활세계를 잠식해 왔으며, 의사소통의 합리성에 따라 어떻게 사회가 구성되어야 하는지를 보여 주고 있다. 그러나 하버마스의 비판이 자기 생산 하는 시스템에 대한 비판이 아니라, 관료 시스템에 대한 비판이라는 점에서 사실상 루만이 의도했던 사회 시스템 논의에서 벗어난 '논점 이탈의 오류'를 보인다는 점도 드러난다. 즉 둘 다 유사한 지평에 있었으면서

구성주의와 자율성

도 서로 딴소리를 한 셈이 된다.

생명의 자기 생산의 구도는 들뢰즈가 『시네마*Cinema*』에서 언급한 베르그송의 '지속'과 어떤 관계를 갖고 있을까? 베르그송에 따르면 생명은 지속의 속성을 가지며, 이는 무한소의 딜레마를 극복할 수 있는 연속적인 시공간 좌표를 의미한다. 여기서 들뢰즈가 베르그송을 정리하면서 그려냈던 '물질＝지속＝운동＝이미지'라는 구도에 대해서 다시 생각할 필요가 있다. 들뢰즈는 "지속은 계속 변화하며 변하기를 멈추지 않는 것이다. 예컨대 물질은 운동하지만 변화하지 않는다. 이제 운동은 지속 혹은 전체 안에서 변화를 표현한다. 문제가 되는 것은 한편으로 이 표현이고, 다른 한편으로는 '전체-지속'의 동일화이다."[48]라고 말하고 있다. 지속은 생명의 구성 과정에서 분절이나 분리, 단절이 없는 일관된 외연의 연속과 일관된 이미지를 제공해 준다. 그러나 개체의 '외연＝1'의 지속이 성립하기 위해서는 내부에서 끊임없는 자기 생산이 이루어져야 한다. 이는 라이프니츠가 언급했던 시계 하나가 작동하기 위해서는 내부의 기계 부품들 사이에 무한한 경우의 수로서의 연결과 조립이 있다는 것, 즉 '외연＝1', '내포＝무한'의 구도를 드러낸다. 그런 점에서 내포에서의 자기 생산, 즉 내부의 역동성을 제거한 채로 단순히 투입-산출의 공식으로 생명의 '외연＝지속, 내포＝무한'을 설명할 수 없다. 외부에서 에너지-물질-자원이 투입되는 과정이 바로 생명을 성립시킨 결정적인 원인이라고 규정할 수 없는 것이다. 그러므로 환경결정론은 기각된다. 이런 점에서 특이성으로서의 생명이 지속되며 일관된 흐름을 가질 수 있기 위해서는 내부 작동에서의 자기 생산을 누락시킬 수 없다는 점이 드러난다. 들뢰즈가 언급한 베르그송의

---

48 질 들뢰즈, 이정하 옮김, 『시네마1: 운동-이미지』(시각과 언어, 2002), 21쪽.

'지속'이 성립하기 위해서는 마투라나와 바렐라의 '자기 생산' 개념이 한 쌍을 이루어야 한다는 것이다. 여기서 지속과 자기 생산은 상보적이다. 이러한 시각에서 보면 생명이 탄생하는 순간의 생성 이후에 일관성을 갖고 지속되는 연속적인 측면과 매 순간의 환경 및 배치의 변화에 따라 끊임없이 내부 작동으로서의 자기 생산이 매 시기 생성되는 단속적인 측면을 동시에 고려해야 하는 것이다.

생명 내부에서의 재귀적인 운동은 반복을 특징으로 한다. 마치 기계처럼 말이다. 금속성의 기계뿐 아니라, 생명도 반복적인 운동을 통해—자기 자신을 포함하여—무언가를 생산한다는 측면에서 기계이다. 그런 점에서 생명권=기계권이라는 등식도 설득력을 갖는다. 생명의 내부에서의 재귀적 반복은 결국 물질과 구성요소의 질서를 서로 관계 맺게 함으로써 살아 있는 것으로 만들 수 있게 된다. 베이트슨은 "연구될 수 있는 것은 언제나 관계나 관계의 무한한 회귀다. 결코 사물이 아니다."[49]라고 말하면서, 생태계라는 연결망 속에서의 재귀적인 반복에 대해서 언급한다. 물론 "반복이 법칙이냐? 혹은 습관이냐?"라는 지점은 근대 초기 '대륙의 합리론'과 '영국의 경험론' 논쟁에 기준점이 되었던 것이다. 습관의 설립에 대해 이야기하려면 가장 먼저 반복 자체를 창발하고 생성시키고 설립하는 순간에 대해서 다루지 않을 수 없다. 펠릭스 가타리의 '특이성 생산' 개념은 사실상 반복의 창안으로서의 최초 계기를 의미하는 것일 수 있다. 이를테면 K가 회사 근처의 카페에 갔는데 색다른 맛을 경험했다면, 그는 또 그 카페에 갈 것이고, 습관처럼 그곳에 갈 것이며, 그런 점에서 반복은 설립될 것이다. 문제는 반복 자체가 자기 생산의 재귀적인 운동 방식을 의미한다는 점이다.

49 그레고리 베이트슨, 박대식 옮김, 『마음의 생태학』(책세상, 2006), 392쪽.

구성주의와 자율성

여기서 자기 생산에 대한 질문은 꼬리에 꼬리를 문다. '왜 우리는 삼시 세끼를 먹는가?', '왜 우리는 페이스북에 반복적으로 무수히 많은 말을 남기는가?' 첫 번째 사례는 신체를 자기 생산 하기 위해 반복의 성격을 갖게 된 세 끼니를 의미한다. 그리고 두 번째 사례는 커뮤니케이션 자체가 자기 자신을 생산하기 위한 것이라는 니클라스 루만의 구도를 떠올리게 한다. 결론적으로 반복의 설립은 자기 생산의 작동 방식이다.

:: 작업적 폐쇄성과 자기 생산

마투라나와 바렐라는 생명이 성립되기 위해서는 그 구성요소들이 마치 수프처럼 뒤섞여 버리는 것이 아니라, 외부와 내부를 가르는 얇은 막과 같은 경계가 있어야 한다고 말한다. "공간 안에 무엇이 생길 수 있게 해주는 구조물을 형태학 개념으로 막Membrane이라 한다. ……이 공간적 구조물이 없다면 세포의 물질대사는 마치 분자들의 수프처럼 여기저기 흩어져 버려 세포라는 독립된 개체를 이루지 못할 것이다."[50] 생명의 개체적 독립성과 관련된 '작업적 폐쇄성'이라는 개념은 생태계의 외부 환경과 내부 환경의 구분과도 상당히 다른 측면을 갖고 있다. 생태계는 생물의 그물망으로서 경계와 가장자리의 후퇴와 확장 같은 변화 가능성과 탄력성을 보이지만, 생명은 경계가 뚜렷하며 일정하게 구조화된 질서를 특징으로 한다. 또한 항상성의 측면에서도, 생태계는 동식물과 미생물, 물질, 에너지 등의 상호작용이라는 되먹임

---

50 움베르토 마투라나 · 프란치스코 바렐라, 최호영 옮김, 『앎의 나무』(갈무리, 2007), 56~57쪽.

feedback에 기반하여 내부의 항상성이 유지되지만, 생명은 자기 생산이라는 내부에서의 반복적이고 재귀적인 순환의 움직임에 따라 항상성이 유지된다.

생명의 측면에서 작업적 폐쇄성이 먼저 갖춰진 다음 자기 생산이 있었던 것은 아닌가 생각하는 사람들도 있을지 모른다. 그러나 이러한 테두리와 역동성은 동시적으로 발생된다. 즉 가재의 이중 집게와 같이 언어에서 내용과 표현이 함께 나타나듯이, 생명에서는 내부에서의 자기 생산의 역동성과 경계와 막이 동시적으로 발생된다. "먼저 테두리가 있고 나서 역동성이 있고 또 그다음에 테두리가 있고 하는 식으로 일어나는 것이 아니다. 이것은 아주 특별한 종류의 현상인데, 왜냐하면 이 경우에 우리가 어떤 것을 배경에서 구분해 낼 가능성이 그것을 생성하는 통일적 과정들 자체에 달려 있기 때문이다."[51] 이런 점에서 생명은 배경으로서의 외부 환경과 내부 환경을 구분짓는 경계와 막을 갖고 있으면서도 그것이 단순히 고갈되고 소진되고 폐색된 차단이나 분리가 아니라 내부 역동성에 기반한 구분과 분리라고 할 수 있다.

생명 활동은 자기 생산의 역동성과 작업적 폐쇄성의 테두리에서 이루어지는데, 대부분의 과정은 생성자와 생성물의 일치 과정이라고 할 수 있다. 목적이나 결과물 혹은 동기나 존재 등이 이분법적으로 분리되지 않는 것이다. 즉 자신이 이유이자 동기이면서 동시에 과정이고 목적인 것이 생명 활동의 전모인 셈이다. 마투라나와 바렐라는 "생물에게 독특한 점은 조직의 유일한 산물이 자기 자신이라는 점, 곧 생성자와 생성물 사이에 구분이 없다는 점이다. 자기 생성 개체의 존재와 행위는 나누어지지 않는다. 이것이 바로 자기 생성 조직의 특성이

51 같은 책, 57쪽.

다."[52]라고 서술하고 있다. 이러한 자기 생산의 존재와 행위의 통합은 생명 활동을 설명할 때 동기와 결과로 나누는 서구의 이분법을 넘어서는 측면이 있다. 이를테면 칸트의 선의지와 정언명법이라는 동기중심주의와, 공리주의자 제러미 벤담의 '최대 다수의 최대 행복' 슬로건이 갖고 있는 독특한 결과중심주의는 철학에서의 사변적 논증에서 끊임없이 논리 게임을 유발하는 것이었다. 그러나 자기 생산은 동기와 결과를 통합하고, 존재와 행위를 통합한다. 이를 통해서 부각되는 것은 생명 활동이 과정적이고 진행형적이라는 점이다. 이런 점에서 자기 생산이라는 개념적 구도에 따라 과정을 배제하는 목적합리성의 맥락으로부터 벗어나고, 동시에 시원적 동기로 퇴행하는 환원주의로부터도 벗어날 수 있게 된다.

작업적 폐쇄성은 생명체 내부에서 보호되고 있는 부드러운 내부 현실이 사실은 생명을 유지하고 재생하고 지속시키는 자기 생산의 작동 방식을 동시에 수반한다는 점을 알 수 있게 한다. 과학철학자 카를 포퍼는 『열린 사회와 그 적들』이라는 책에서 "닫힌 사회는 그 구성원들이 반# 생물학적 유대——즉 함께 살며, 공통적인 노력과 공통적인 위험, 공통적인 기쁨과 공통적인 고통을 함께 나는 혈족관계——에 의해 함께 묶여 반# 유기체적 단위로 존재하는 한 집단이나 부족과 비슷하다. …… 〔반면〕 열린 사회는 유기체적인 특성이 없으므로 점차 내가 '추상적 사회'라 부르고자 하는 사회로 될 것이다. 열린 사회는 구체적이거나 실제적인 인간 집단 및 그런 실제적인 집단 체제가 갖는 특성을 상당히 잃어버릴 것이다."[53] 포퍼는 닫힌 사회와 열린 사회를 구분

52 같은 책, 60쪽.
53 칼 포퍼, 이한구 옮김, 『열린 사회와 그 적들 1』(민음사, 1997), 293~294쪽.

하면서, 열린 사회를 강조하고 동시에 닫히고 폐쇄된 사회인 유기적인 집단이나 전체주의에 대해서 비판하고 있다. 포퍼가 과학철학에서 창안한 반증 가능성이라는 개념에 따르면 반증 여부가 판단되고 허용되는 열린 질서를 사유한다고도 할 수 있다. 예를 들어 도시나 네트워크와 같은 공간에서 반증이 자유자재로 이루어지는 열린 토론을 상상해 볼 수 있다. 즉 반증의 여지가 열려 있는 집단, 공동체, 사회가 더 개방적이고 민주적일 것이라는 지적이다. 어찌 보면 네트워크가 풍부해지기 위해서는 반증 가능성이 높은 과학 이론이 더 과학에 기여하는 바가 많다는 점도 생각해 볼 수 있다. 왜냐하면 '1+1=2'라는 수학 공식보다 '1+2+3=5+x'라는 수학 공식이 그만큼 정보 엔트로피가 높다는 증거이며 구체성을 많이 띠고 있다는 증거이기 때문이다. 즉 '개는 반려동물이다'라는 언명보다 '개는 친한 사람에게 꼬리를 흔들고, 낯선 사람에게 짖는다'라는 언명이 반증 가능성이 높고 정보 엔트로피가 높아서 더 풍부하게 비판의 여지가 많고 개방적인 논의로 이끈다는 점을 생각해 볼 수 있다. 그러나 공동체에서는 반증 가능성에 따라 비판적 토론이 이루어지는 상황이 최소한으로 축소되며, 공동체의 유지와 지속 가능성, 일관성을 기초로 한 공감 대화가 이루어짐을 생각해 볼 수 있다. 그런 점에서 포퍼가 공동체를 본다면 열린 사회가 아닌 폐쇄된 사회라고 규정할 것이다. 여기서도 다시 생각해 볼 수 있는 부분은 사회라는 수준에서 열린 '생태 유형'으로 생각할 것인가 아니면, 공동체라는 수준에서 작업적 폐쇄성을 가진 닫힌 '생명 유형'으로 생각할 것인가의 여부이다.

작업적 폐쇄성이 생명을 성립시키는 조건이라는 점을 공동체에 적용할 때, 문턱 있는 공동체를 만들 소지는 다분히 존재한다. 마을, 공

구성주의와 자율성

동체, 협동조합 등이 경계와 문턱을 갖고 있느냐의 문제는 논란의 소지가 있다. 오히려 자본주의 사회에서 위계와 차별을 존속하기 위해 높은 문턱을 두는 경우가 빈번하기 때문이다. 특히 소집단이나 모임에서는 유달리 통과의례라는 문턱을 설정하여 처음 진입하는 사람들을 난처하게 만들기도 한다. 그런 점에서 자본주의 문명을 극복했다는 공동체가 폐쇄성을 갖는 것이 과연 올바른 것인가라는 문제제기가 있을 수 있다. 공간정치학자 데이비드 하비David Harvey(1935~)는『희망의 공간Spaces of Hope』에서, "공동체 정신은 사회적 무질서의 위협, 계급 전쟁, 그리고 혁명적 폭력에 대한 해독제로서 오랫동안 주장되어 왔다. 잘 구축된 공동체들은 흔히 배타적이며, 다른 사람들과는 대립적으로 자신들을 규정하고, 모든 종류의 금지 팻말(가시적인 울타리가 아니라면)을 세우고, 감시, 사회 통제, 억압을 내면화한다. 공동체는 흔히 사회 변화의 촉진자라기보다는 이의 장애물이었다."[54]라고 공동체의 문턱에 대해서 비판한다. 이를테면 하비는 교외의 베드타운에 '이웃 사회'로 설립된 '문턱 있는 공동체'를 '타락한 유토피아'라고 규정하면서, 하층민과 이주민, 난민 등을 배제하는 '그들만의 리그'만이 허용되는 공간이라고 바라본다.

이렇듯 생명의 성립 조건인 작업적 폐쇄성을 공동체에 적용할 때, 닫히고 폐쇄된 사회로 전락할 것이라는 지적에 대해서 어떻게 생각해야 할까? 친밀하고 유대적인 공동체의 문턱과 폐쇄성의 해법은 어떤 것일까? 그렇다고 해서 그 반대편에 서 있는 도시 사회의 낯선 익명의 관계망이 해답이라고 할 수 있을까? 여기서 들뢰즈와 가타리가 해법으로 제출한 되기라는 개념에 주목할 필요가 있다. 그 두 사람은 사실

54　데이비드 하비, 최병두 옮김,『희망의 공간』(한울, 2001), 233쪽.

상 공동체 내에서의 소수자를 돌보고 사랑하는 되기의 흐름이 결국 이 방인을 환대하는 열린 공동체로 이행하는 전제조건임을 규명해 낸다. 즉 소수자 되기는 그저 약자이자 피해자로서의 소수자를 호출하는 것이 아니라, 특이점으로서의 소수자를 발명한다. 이를 통해 특이점을 통과하는 사랑과 욕망이 그것의 밀도와 강렬도, 온도를 높임으로써 공동체의 관계성좌가 점차 열리고 풍부하고 다양해질 수 있다는 것이다. 그런 점에서 되기와 돌봄, 사랑과 욕망은 바로 자기 생산의 역동성을 의미하는 개념이라고도 할 수 있다. 결국 '작업적 폐쇄성'이라는 명제를 '자기 생산'과 분리시켜서 사유하게 된다면, 포퍼와 하비 같은 닫히고 폐쇄된 영역에 대한 비판으로 나아갈 수밖에 없게 된다. 그렇기 때문에 작업적 폐쇄성/자기 생산은 하나의 실체가 지닌 두 가지 양상이라고 할 수 있다.

닫힘과 열림, 두 지평 사이에는 심원한 간극이 놓인 것만 같다. 무조건 열린다고 절대선이 아니며, 무조건 닫힌다고 생명이 성립되는 것도 아니다. 사회생태계도 마찬가지이다. 열린 도시사회는 이질 생성의 공간이면서 동시에 낯선 익명의 사람들이 차이의 시너지를 내는 공간이다. 이에 반해 닫힌 농촌 공동체는 돌봄과 간섭이 함께 이루어지고 서로를 뻔하게 보는 것이 일상화된 공간이었다. 근대 사회 초기에 농촌의 청년들이 도시로 떠나면서 이를 자유와 동일하게 생각했다는 점이 이해가 되는 대목이다. 그러나 현대의 도시 사회는 낯선 익명의 관계가 극단화되면서, 관계 단절과 돌봄의 실종으로 인해 고독, 소외, 무위의 공간으로 전락하고 있다. 그런 점에서 도시에서 마을이나 공동체를 만드는 것은 열림과 닫힘 사이의 무수한 횡단성의 좌표를 설립하는 것과 공통된 지반 위에 서 있다. 펠릭스 가타리의 횡단성transversalité이라

구성주의와 자율성

는 개념은 열림과 닫힘 사이의 거리 조절의 가능성을 밝혀 주는 개념이다. 가타리가 인용한 쇼펜하우어의 고슴도치 우화는 "살을 에는 듯한 어느 겨울날, 일단의 고슴도치들이 추위를 견디고자 서로 몸을 껴안아 따듯하게 하려고 하였다. 그러나 자신들의 가시가 서로를 찔러서 너무 아파 그들은 곧 다시 흩어졌다. 그러나 추위는 계속되었기 때문에 그들은 다시 한 번 가까이 모였고 다시 한 번 찔려서 아프다는 것을 알았다. 그들이 두 악[추위와 가시로 인한 아픔]에서 자신들을 보호하기 위한 아주 적당한 거리를 발견하기까지 이렇게 모이고 흩어지는 일이 계속되었다."[55]라는 이야기로 집약될 수 있다. 이에 따라 생명을 성립시키기 위해서는 일정한 닫힘으로서의 작업적 폐쇄성과 자기 생산이 요구되며, 동시에 생태계를 성립시키려면 연결망을 풍부하게 만들고 차이 생산이나 이질 생산도 요구된다. 열림과 닫힘 두 지점 사이에 무한한 중간 지점이 존재한다는 점에서 '개체 중심적인 생명'과 '연결망 중심적인 생태'의 이중 전략은 그 사이에 놓인 횡단성이라는 자율성을 인정할 수밖에 없다.

:: 투입/산출 모델과 자원-에너지-부의 배분

1991년 미국 애리조나 주에서 있었던 바이오스피어biosphere 2 실험은 외부 환경과 구분되는 인공적인 내부 생태계를 조성하고 그곳에서 여덟 명의 과학자가 살아갈 수 있는지를 알아보는 실험이었다. 그러나 실험 과정에서 급격한 산소 감소(15퍼센트)가 이루어졌고 탄소 순환의

---

55 펠릭스 가타리, 윤수종 옮김, 『정신분석과 횡단성』(울력, 2004), 145~146쪽.

이상이 발생해서 작물이 자라지 않는 열악한 환경이 되어 버렸다. 급기야 실험 참가자들 사이에 분쟁까지도 발생하고, 흉작으로 인해 실험자가 영양실조 등의 상황에 직면하게 되었다. 바이오스피어 2 실험은 2년 20일 동안 진행되고 종료되었다. 나중에 밝혀졌지만, 건축 구조물의 재료였던 시멘트가 산소와 탄소를 머금는 현상을 일으킨 주범이었고, 실험자들 간의 분쟁은 고산증에 가까운 산소 부족과 영양 결핍으로 인해 극도로 예민해졌기 때문에 발생한 것이었다.[56] 그런데 여기서 우리가 주목해야 할 점은, 이 프로젝트의 모델이 되었던 바이오스피어 1이 지구라는 사실이다. 지구 생태계 역시도 태양 에너지라는 외부로부터의 투입/산출이 없다면 유지될 수 없을 것이다. 문제는 지구 생태계 내부에서의 자기 생산은 인공적으로 조성할 수 없는 균형과 조화를 띠고 있다는 점이다. 만약 지구 생태계라는 바이오스피어에 이상이 생긴다면 어떻게 될 것인가? 마치 페름기 대멸종 사태와 같은 상황이 오지 않으리라는 법은 없다.

생태계와 생물권에는 외부로부터의 투입과 산출에만 좌우되지 않는 내부 작동으로서의 자기 생산이 존재한다. 내부 작동으로서의 자기 생산은 재귀적인 상호작용을 통해서 내부의 물질과 에너지를 재생하고 순환시킨다. 생명, 생태계, 공동체의 경우 외부 환경의 명령에 따라 내부의 작동이 좌우되고 결정되는 것은 결코 아니라는 점에 주목해야 한다. 마투라나와 바렐라는 "개체와 환경의 재귀적 상호작용은 둘의 상호섭동으로 나타난다. 이런 상호작용에서 환경의 구조는 자기 생성 개체의 구조에 변화를 유발할 뿐, 그것을 결정하거나 명령하지 않는다.

---

56 나무위키: 바이오스피어 2프로젝트 항목(https://namu.wiki) 참고.

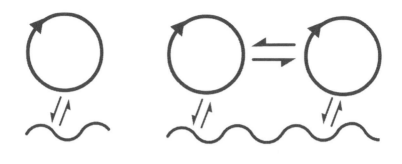

재귀적 상호작용의 3차원 구도와 자기 생산의 현현

이것은 거꾸로 환경에 대해서도 마찬가지다."[57]라고 설명한다. 즉 투입과 산출이 결정적이라는 환경결정론을 기각하는 내재적인 작동의 요소가 생태계나 생물권에 있다는 점을 응시하는 것이다. 이를테면 한국의 전통적인 농법에서는 쌀과 보리의 이모작을 통해서 서로 물질과 구성요소들이 상호작용하면서 유기농법이 가능했다. 그러나 통일벼의 등장은 이를 와해시키는데, 통일벼는 단모작밖에 할 수 없는 종자로, 유기농법 내부의 순환과 재생을 끝장냄으로써 결국 외부의 화석연료로부터 산출된 농약과 비료 등에 의존하는 관행농의 출발점이 되었기 때문이다.

이러한 도표에서 주목해야 할 지점은 재귀적 상호작용은 생물 내부에서의 자기 생산의 역동성과 외부 환경과의 상호작용뿐 아니라 생물 간의 상호작용으로도 가능하다는 점이다. 즉 1차적 상호작용의 생명

---

57   움베르토 마투라나·프란치스코 바렐라, 최호영 옮김, 『앎의 나무』(갈무리, 2007), 91쪽.

내부에서의 자기 생산의 작동을 보이는 개체와 외부 환경의 상호작용이라면, 2차적 상호작용은 생명과 생명 사이에서 생태계를 조성함으로써 내부에서 작동하게 된 내부 환경의 상호작용과 외부 환경의 상호작용이다. 결국 세포 수준에서는 메타세포체로서의 거대 생명이 2차적 상호작용의 역할을 하고, 생명 수준에서는 생태계라는 생물권역이 2차적 상호작용의 역할을 하는 것이다.

그러나 바이오스피어 2 실험에서도 보이듯이 내부에 생태계라는 자기 생산의 판과 구도가 형성되지 않는다면, 결국 또 다른 바이오스피어인 지구 혹은 공동체는 엄청난 위기 상황에 직면할 가능성이 농후해진다. 그런가 하면 다른 한편으로 외부로부터의 자원-부-에너지의 유입이 없어진 경우에는 공동체가 폐색될 위험에 처할 수 있다. 미처 재생과 순환의 내부 작동이 형성되어 있지 않는 공동체의 경우 외부에서 자원을 끌어들이는 데 노력을 기울이게 되는 경향을 갖는 이유도 그 때문이다. 그러나 만약 외부에서 수주된 프로젝트 등을 통해서 유입되는 외부 자원에 공동체가 의존하게 된다면, 외부로부터 지원이 끊기는 순간 내부 작동이 멈추게 된다는 아킬레스건을 갖게 된다. 이에 따라 외부 자원에 대해서 어떤 태도를 가져야 하며, 어떻게 외부 자원을 공동체의 내부 환경을 깨뜨리지 않는 방향으로 유입해야 할지가 관건이다. 만약 자기 생산의 내부 작동이 거의 없는 상황에서 외부 자원에 의존하는 활동이 중심이 된다면, 결국 하나의 단기 이벤트나 전시적 행위로 전락하게 될 것이기 때문이다. 역으로 공동체의 내부 작동으로서의 자기 생산에만 주목하면서 외부 자원의 투입/산출이 없이도 잘 해낼 수 있다는 점을 강조한다면, "협동조합이나 공동체의 열풍이 사실은 국가와 공공성이 해야 할 일을 민간에게 떠넘기는 것이다"라는 의심으로부터 자유로

구성주의와 자율성

칼 폴라니의 공동체-국가-시장의 구도

울 수 없게 된다. 여기서 경제학자 칼 폴라니Karl Polanyi(1886~1964)의 국가-시장-공동체의 삼원 구도에 주목할 필요가 있다.

이러한 다이어그램을 통해서 생각해야 할 부분은, 시장이라는 '상품을 사고파는 영역'과 공동체라는 '선물을 주고받는 영역'과 국가라는 '모아서 분배하는 영역'이 균형과 조화를 이루어야 한다는 점이다. 공동체가 자기 생산으로서의 선물을 주고받는 호혜의 경제로 작동한다 할지라도 국가와 공공성의 화폐-부-에너지의 투입이라는 재귀적 상호작용이 없다면, 폐색될 위기에 처할 것이다. 현재의 경우에는 시장 중심주의로 인해, 국가의 공공 영역이 규제 완화, 민영화, 최소 국가, 공공 지출 후퇴의 상황에 직면해 있다. 이러한 상황에서 공동체의 자기 생산이라는 내부에서의 재귀적인 상호작용 하나만으로 빈곤, 양극화, 실업, 돌봄의 실종, 사회분열 등의 상황을 타개할 수는 없다. 칼 폴라니는 "넓게 보자면 우리에게 알려진 바의 서유럽 봉건제가 끝나는 시점까지 존재했던 모든 경제 체제들은 상호성 원리, 재분배 원리, 가정경제의 원리 혹은 이 세 가지 원리의 조합을 통해 조직되었다는 것이 이 장의 논지이다. 이러한 원리들은 이미 존재하고 있는 사회 조직의 도움을 받아 제도화될 수 있었다. 그 사회 조직이란 특히 대칭성과 중심성, 자급자족 등의 패턴을 조직의 기호로 사용하는 것들이었다."[58]라고 말하고 있다. 이런 점에서 공동체의 자기 생산과 공공성으로부터 유래된 투입과 산출이 함께 이루어져야 한다는 점을 알 수 있다. 만약 공동체가 자연 생태계의 투입과 산출을 통해서 자원을 얻을 수 있다면 자기 생산의 내부 역동성에 기반해서 자급자족할 수 있는 여지가 생긴다. 그러나 도시 공동체의 경우에는 사정이 달라질 수 있으며, 바로 공공성이나 외부 자원의 유입이 필요하게 된다.

만약, 공동체에 외부 자원이 유입될 때, 그것을 주관하는 행위자가 개인일 경우에는 문제의 소지가 생긴다. 왜냐하면 개인의 자격으로 공동체를 대표할 수 있는 권한은 누구에게도 없기 때문이다. 그렇기 때문에 공동체가 자기 생산을 이루었던 그 자체의 관계망과 배치에 기반해서 외부의 자원을 끌어들여야만 자기 생산이라는 내부 작동을 보호할 수 있으며, 사랑과 욕망, 정동의 흐름이라는 재생과 순환의 흐름에 자원-부-에너지의 흐름을 실을 수 있게 된다. 공동체의 자기 생산은 돌봄과 정동, 즉 들뢰즈와 가타리가 언급한 소수자 되기에 대부분의 자원-부-에너지를 소비한다. 그렇기 때문에 사랑과 욕망의 흐름과 자원-부-에너지의 흐름은 오버랩되어 나타나는 공동체의 자기 생산이라고 할 수 있다. 만약 자원-부-에너지의 흐름이 공동체의 자기 생산의 내부 역동과 분리된 개인적인 소득이나 부로 간주되며 자본화될

---

58 칼 폴라니, 홍기빈 옮김, 『거대한 전환』(도서출판 길, 2009), 199쪽.

경우에는 내부 관계망이 와해될 위기에 처하게 된다. 또한 공동체에서의 자기 생산이라는 내부 작동에 기반하지 않을 때 공동체 구성원들은 배치와 관계망을 자원 배분의 절차나 과정으로 왜곡되게 인식할 수 있다. 그러한 경우에는 공동체가 국가의 지배적인 통치 방식의 부속물이나 들러리로 전락하게 되는 위험에 처한다. 그렇기 때문에 공동체에서의 사랑과 욕망, 정동의 흐름 즉 자기 생산과 관련된 미시정치가 중요한 것이다. 가타리는 다음과 같이 말한다.

"최소한 네 가지 중요한 인물을 분별할 수 있다. 어린이들이 무엇보다도 주요 인물들이다. 또한 대안적 인물로, 자기 자신의 표현들과 관련된 어떤 입장을 채택하는 인물, 최소한의 자유의 공간을 창조하기를 원하는 인물, 바로 그 때문에 게토를 창조할 위험을, 즉 이러한 자유의 공간을 사회 영역에서 발생한 것과, 국가 수준에서 발생할 것과 접합할 수 없는 위험을 무릅쓰는 인물이 있다. …… 세 번째 인물인 국가는 항상 모든 것을 식민화하려고 모든 것을 계열화하고, 모든 것을 회수하려고 준비하고 있다. 그리고 네 번째 인물은 이웃 주민 환경이다."[59]

가타리의 언급처럼 공동체를 생명의 구성주의처럼 자기 생산의 장으로 보고, 자율성의 극한으로 향하는 시도는 언제든 훌륭한 시도이며, 값진 실패를 만들어 낸다. 그러나 자율주의, 즉 구성주의의 방향성은 국가와의 접합을 피하면서 독립성을 유지하던 초기 자율주의의 방향에서 벗어나, 자기 생산의 내부적인 역동성을 보호하는 수준에서 국가와 공공성의 자원을 끌어들이는 후기 자율주의로 나아가고 있는 상

---

59 펠릭스 가타리 · 수에니 롤니크, 윤수종 옮김, 『미시정치』(도서출판b, 2010), 166쪽.

황이다. 그러나 자율주의의 기본 전제는 언제나 유효하며, 사랑과 욕망, 정동의 흐름이 세상을 바꿀 수 있는 근본적인 구성 능력이라는 점은 변치 않는다.

:: 공동체와 자본주의: 자기 생산과 타자 생산

공동체를 생태계 모형으로 사고한다면, 마투라나와 바렐라의 생명의 자기 생산이라는 개념과는 조금 다른 구상을 할 수 있게 된다. 즉 공동체 내부에서 여러 구성원들 사이의 차이와 다양성이 주는 시너지 효과를 생각할 수 있기 때문이다. 공동체가 생명과 같이 '자기 생산'이라는 재생과 순환의 내부 역동성을 갖기 위해서는 그 내부에 일종의 생태계를 조성할 필요가 있다. 이를 통해 차이 나는 개체들이 서로 연결접속될 때마다 다양한 경우의 수가 발생하는 확률론적 질서가 발생하는 것이다. 여기서 스피노자의 『에티카』에서 언급된 '유한에서 무한으로의 이행'에 내재된 '유한자의 무한 결속'의 구도가 드러난다. 즉 무한한 실체인 신적 속성으로서의 변용은 유한한 양태에 내재해 있을 수밖에 없으며, 유한한 양태들 간의 무한한 접속과 연결이 바로 색다른 변용을 만들어 내어서 무한으로 이행할 수 있는 원동력이 되는 것이다. 이는 유한에서 무한으로 바로 이행한다는 성장주의 전략과 차이가 나는 유한자의 무한 결속에 따라 관계망이 성숙한다는 발전주의 전략을 의미한다. 여기서 공동체의 차이와 다양성이라는 내부 생태계는 또 다른 차이와 특이성을 생산할 수 있는 판으로서의 의미를 지닌다.

공동체에서 경우의 수는 제비뽑기, 가위바위보, 주사위 던지기 등

구성주의와 자율성

놀이의 형태로 나타나기도 한다. 일정하게 경계가 있는 공동체의 경우에는 경우의 수가 놀이, 재미, 운, 경쟁, 어지러움 등의 가현실성을 조성하여 세계의 재창조를 이끌 수 있는 색다른 유형의 잠재성의 영토를 조성한다. 그래서 공동체 내부에서 경우의 수가 늘어날 때 생기는 시너지 효과에 주목할 필요가 있게 되는 것이다. 이에 반해 자본주의는 함수론적으로 딱 맞아 떨어지는 '10+100=110'이라는 계산적인 도식에 착목해 있다. 공동체의 자기 생산 과정에서 순환하고 재생하는 선물의 증여가 사실상 결과물이 딱 떨어지는 어떤 계산적인 것에 따르는 것이 아니라, 확률적인 영역에서 이루어진다는 점은 공동체와 자본주의를 구분할 수 있는 지표라고 할 수 있다. 다시 말해 110이 역으로 10+100이 될 확률과 같은 것이다. 자본주의 하에서의 상품 교환은 철저히 함수론에 기반하는데, '책상은 책상이다'라는 상품의 본질과 고정성, 동결성, 응고성이 분명해지는 단계를 거쳐 '1+1=2'라고 원인과 결과의 아귀가 딱 맞아떨어지는 것으로 구성된다. 반면 공동체의 자기 생산의 내재적인 작동은 돌발 흔적과 같이 우발적인 경우의 수에 따라 선물이 주어지고, 사랑, 욕망, 정동의 순환이 기존 질서에 카오스를 일으키는 등의 과정이다. 역사적으로 자본주의는 공동체의 경우의 수를 산술적이고 함수론적이고 계산적인 것으로 대체하면서 파괴한 과정이었다. 결국 공동체가 자신의 구성원을 내부로 끌어들이는 구심력을 발휘한다면, 자본주의는 구성원들을 외부로 튕겨내며 타자화하는 원심력을 발휘한다. 즉 공동체가 외부인을 환대하면서 구성원으로 만들어 내부의 다양성과 차이를 풍부하게 만들려고 한다면, 자본주의는 내부자를 타자화하여 상품을 팔 수 있는 외부의 낯선 사람으로 만들려고 한다.

그런데 문제가 발생하는 것은, 이제 자본주의에 더 이상 외부라고 할 만한 것이 사라졌다는 점이다. 통합된 세계자본주의로 이행하면서, 외부에 개척, 탐험, 모험, 교역의 대상이라고 할 수 있는 식민지나 미개척지가 사라졌다. 그런 점에서 외부를 개척하여 상품 교환을 하는 방식의 자본주의에게는 외부를 생산하는 것 이외에 방법이 없는 상황이 되었다. 근대 초기 홉스가 외부 소멸 가설을 말했을 때만 하더라도 많은 사상가들은 실소를 보냈다. 그러나 외부와 여백이라는 진공 상태가 없는 신체적 상태는 이미 현실의 모습이 되었고, 현대의 자본주의의 양상을 잘 보여 주는 상황이 되었다. 이러한 상황은 들뢰즈와 가타리의 동물-되기의 구상에서도 엿볼 수 있다. 들뢰즈와 가타리는 문명의 외부에 있는 동물이라는 존재가 던져주는 야성성을 통해서 자율성을 획득하는 구도를 보여 주었다. 그런데 동물이라는 외부는 더 이상 외부의 야성적 존재가 아니라, '문명 내부의 외부'로서만 존재한다. 그런 점에서 자본주의 문명은 야생동물 보존을 통해서 외부가 여전히 실존하고 있다는 점을 입증할 필요까지도 생기게 되는 것이다. 들뢰즈와 가타리는 "동물-되기에는 언제나 무리가, 패거리가, 개체군이, 서식이, 한마디로 다양체가 관련된다. …… 동물의 특성은 신화적인 것일 수도 있고 과학적인 것일 수도 있다. 그러나 우리는 그러한 특성들에는 흥미가 없으며, 오히려 팽창, 전파, 점유, 전염, 서식의 양태에 흥미를 갖고 있다."[60] 들뢰즈와 가타리의 논의에서는 탈주할 외부, 변용될 외부, 전염될 외부는 여전히 존재한다는 입장이 드러난다. 그러나 말년의 가타리는 '특이성 생산'이라는 '외부 생산' 개념으로 향한다. 왜 가타리는 야성성을 생산해야 한다는 생각을 피력했을까? 여기서 살

60 질 들뢰즈 · 펠릭스 가타리, 김재인 옮김, 『천개의 고원』(새물결, 2001), 454~455쪽.

구성주의와 자율성

펴볼 점은 통합된 세계자본주의 하에서는 단조로운 일상과 똑딱거리는 비루한 노동, 소비, 여가, 앵무새처럼 떠드는 미디어 등 동질발생적인 문명이 설립된다는 점이다. 동질발생적인 문명의 달콤함은 야성성을 완전히 사라지게 만드는 효과를 가지며, 동시에 비슷비슷하고 통속적인 문명 속에서 다양성과 특이성을 상실한다. 그러므로 외부의 소멸 상황은 자율성을 극단적으로 낮추는 결과를 낳게 되어 기후변화, 생태계 위기, 자원 고갈과 같은 당면한 위기 상황에 대처할 수 있는 능력을 극도로 낮추게 된다는 점이다.

여기서 통합된 세계자본주의는 외부를 생산하기 위해서 두 가지 전략을 구사한다. 첫째는 우주 개발에 눈을 돌리는 것이고, 둘째는 문명의 작동 방식과 상이한 공동체들의 자기 생산에 주목하는 것이다. '공동체의 자기 생산'과 '자본주의의 타자 생산'은 엄밀히 구분되는 작동 방식의 두 양상이었다. 그러나 자본주의는 마치 숙주에 기생하는 생명체처럼 공동체의 자기 생산이 가능한 비자본주의적 영토를 질적으로 착취하거나 직접 생산하기 시작했다. 이에 따라 자기 생산의 탈을 쓴 타자 생산이라는 역설적인 행위 양식이 등장한다. 자기 생산은 자기 자신을 만드는 일에 주력하는 것이며, 공동체에서는 정동, 돌봄, 사랑, 욕망, 변용 등의 모습으로 나타난다. 이에 반해 타자 생산은 자기 자신의 외부를 만드는 것으로, 자본주의에서는 타자화, 교환, 교역, 모험, 탐험 등의 모습으로 나타난다. 그러나 타자 생산을 가능케 하는 외부가 사라지는 상황은, 자본주의로 하여금 자기 생산의 영토에 타자 생산을 부가적으로 외삽함으로써 그 부수효과를 노리는 방식으로 이행하게 되었다. 통합된 세계자본주의 문명은 현재 공동체적인 질서를 추구하고 홍보하고 생산하는 질서로 탈바꿈되었다. 그렇지 않는다면 어떤 착취, 교환, 소비, 노동도 불가능한 상황에 직면해 있기 때문이다.

자본주의가 그 내부에 공동체적 질서를 짜는 상황은 현존 문명에게 여러 가지 이득을 준다. 비록 자본주의의 외부는 소멸되었지만, 국지적인 공동체라는 외부는 여전히 남아 있다는 점 때문에 선택할 경우의 수, 이를테면 협치governance의 판을 짤 수 있다는 점이 이득이며, 또한 공동체적 자기 생산이라는 재생과 순환의 내재적인 작동이 주는 최소 비용, 최대 효과라는 측면에서도 그렇다. 그런데 문제는 문명의 내부의 외부라고 할 수 있는 '공동체의 자기 생산 질서'를 통한 외부 생산의 작동 방식과 자본주의의 외부 생산 작동 방식에는 차이가 난다는 점이다. 즉 공동체에서는 소수자와 생명을 내부의 외부로 간주하면서 자신의 관계망을 풍부하게 만드는 특이점으로 간주하며, 정동, 사랑, 욕망을 특이점에 통과시켜 시너지 효과를 낸다. 반면 자본주의에서는 소수자와 생명을 분리하고 식별하여 외부로 간주하면서 낯선 것으로 만드는 방향으로 나아간다. 그런 점에서 '공동체의 자기 생산'과 '자본주의의 타자 생산'은 외부 생산에 있어서 이율배반과 묘한 경계선을 그려나간다. 즉 자본주의는 "특이해져라!" 하면서도 "똑같아져라!"라는 모순된 메시지를 발신하기도 하며, 소수자에 대한 돌봄을 중시하면서도 난민이나 이주민들에 대해서 분리를 적용하기도 한다. 이러한 오락가락하는 태도는 일관성을 가질 수 없기에 통합된 세계자본주의의 두 개의 모순된 발신음을 동시에 수신하는 이중구속, 자기 생산과 타자 생산 사이의 어딘가에 있는 외부 생산의 이율배반, 외부로 탈영토화되었다가 다시 내부로 재구조화되는 운동 등의 복잡한 행동역학을 드러낸다.

자본주의는 공동체가 가진 재생과 순환의 자기 생산과 소수자의 특이점을 투과하는 차이 생산의 시너지를 탐내기 시작하였다. 즉 이미 질적 착취의 양상인 코드의 잉여가치surplus de code의 단계로 이행해 있다. 코드의 잉여가치는 자본이 공동체 영역을 탐낼 뿐만 아니라, 더 나아가 공동체적인 영역을 조성하고 독려하는 양상으로 나타난다. 물론 공동체의 자기 생산과 자본주의의 타자 생산의 차이는 여전히 유효하지만, 자본주의는 이 둘 사이에 있는 외부 생산의 가능성에 주목한다. 코드의 잉여가치는 의미화되고 재현되고 재인되는 순간, 잉여가치가 직조된다는 점이 특징이다. '코드의 잉여가치'의 양상은 1) 1세계와 3세계의 분리차별, 2) 공동체적 관계망의 시너지 효과에 대한 자본의 전유, 3) 집단지성과 생태적 지혜에 대한 자본의 약탈로 인한 기계적 잉여가치, 4) 국가의 반생산의 도입, 5) 골목상권에 대한 대기업의 진출, 6) 젠트리피케이션 등과 같은 것들이다.

그런 점에서 특이성을 정체성으로 번역하고, 차이 생산을 타자 생산으로 번역하고, 의미의 생산과 인지를 자본화하는 방향성을 갖는다. 이는 자본주의가 이미 색다른 착취의 영토로 공동체를 상정하고 있다는 점을 반증한다. 그런데 이러한 코드의 잉여가치의 단계에서는 역으로 공동체가 자본을 착취하거나 자본을 형성하는 흐름의 잉여가치 surplus de flux[61]의 양상도 동시에 나타난다. 즉 공동체의 자기 생산에 부가하여 자본주의의 타자 생산을 포섭하려는 시도가 그것이다. 코드의 잉여가치와 흐름의 잉여가치의 교차는 '사회의 자본화와 자본의 사

---

61 흐름의 잉여가치는 공동체의 자기 생산과 흐름의 시너지 효과에 따라 1) 공유경제 모델의 형성, 2) 식생, 발효, 약초, 저장 등과 관련된 생태적 지혜의 형성, 3) 네트워크에서의 집단지성의 형성, 4) 선물을 주고받는 형태의 증여의 경제의 발생, 5) 정동노동, 돌봄 노동 등의 가시화, 6) 협동조합 등의 협동과 살림의 경제의 등장, 7) 공정무역 형태의 국제 무역 직조 형태의 변형 등의 양상을 보여 준다.

회화'라는 사회적 자본 단계의 양상을 의미하기도 한다.

들뢰즈와 가타리는 '코드의 잉여가치'와 '흐름의 잉여가치'에 대해서 "자본주의 체제에 의하여 해방된 과학과 기술 코드의 흐름들이 기계에 의한 잉여가치를 낳는데, 이 잉여가치는 과학과 기술에 직접 의존하는 것이 아니라 자본에 의존하는 것이며, 또 인간에 의한 잉여가치에 덧붙여져서 이 잉여가치의 상대적 저하를 수정한다. 그리하여 이 (기계에 의한 잉여가치와 인간에 의한 잉여가치의) 양자가 이 체계의 특징을 이루는 흐름의 잉여가치 전체를 구성한다."[62]라고 말한다. 즉 여기서 기계적 잉여가치로서 결정되는 코드의 잉여가치의 근원에는 흐름의 잉여가치가 있다는 점을 분명히 한다. 들뢰즈와 가타리가 코드의 잉여가치와 흐름의 잉여가치가 중첩되는 지점에 주목한다면, 우리는 오히려 분리되고 교차되는 지점에 주목할 필요도 있다. 통합된 세계자본주의는 공동체의 자기 생산이 갖는 흐름의 잉여가치를 전제하지 않고서는 더 이상 자본주의의 타자 생산 역시도 불가능한 상황에 직면한다. 결국 자본주의는 공동체를 발명하여 색다른 착취의 영토를 마련하고자 하는 상황에 이르렀고, 더 미시적으로 나아가면 공동체는 소수자라는 특이점을 발명하고, 그 특이점을 통과하는 사랑, 정동, 욕망의 흐름을 생산함으로써 공동체의 다양성과 차이의 부수효과와 흐름의 시너지를 만들어 내려는 상황에 이르렀다. 이렇듯 공동체의 자기 생산과 자본주의의 타자 생산은 경계가 분명하지 않고 모호한 설정이 되었으며, 두 작동 방식이 교차하면서 사회적 경제, 공동체 경제와 마을 경제 등의 내부 경제 작동을 구성해 내고 있는 셈이다.

---

62 같은 책, 349쪽.

구성주의와 자율성

:: 공동체에서의 활동 모델과 노동 모델

공동체를 유지하고 지속시키는 대부분의 신진대사는 활동action으로 구성된다. 활동에는 자본주의가 잉여나 군더더기, 잔여물, 과잉, 여분으로 간주했던 행동들도 포함되어 있다. 사실 잉여성redundancy 속에서 활동의 여백이 창조되기 때문이다. 가타리는 "모든 기계적 상호작용이 가치를 가지고, 모든 잉여성이 겹치며, 모든 기호-입자의 궤도가 교차한다."[63]라고 말하면서, 공동체의 강한 상호작용이 리토르넬로ritornello와 같이 차이 나는 반복이 만든 후렴구의 화음과 도표적 안면성과 같이 듣도 보도 못한 안면성과 복장, 외양을 가진 사람들의 등장을 만들어 낸다고 보았다. 다시 말해 잉여성 자체가 공동체의 리듬과 화음이 되며 특이한 인물들의 출현으로 나타나는 것을 의미한다. 즉 다시 말해 잉여성으로서의 여유와 여백, 여가의 실존은 바로 '강한 상호작용'으로서의 공동체가 만들어 낼 자기 생산의 기초가 되며, 이는 자기 생산을 재귀적 반복의 강한 상호작용으로 만들면서 수많은 활동의 전제 조건이 된다. 즉 잉여성이 지층화되고 위계화된 질서가 아니라 횡단하며 이행하고 변이하는 분자적인 일관성을 그려내는데, 이것은 공동체의 화음(=리토르넬로)과 특이한 얼굴을 가진 주체성(=도표적 안면성)으로 나타난다.

여기서 공동체에서의 반복은 동질성의 반복, 즉 반복강박이라는 형태가 아니라 차이 나는 반복의 형태로 나타난다는 점에 주목해야 할 것이다. 즉 대륙의 합리론이 '법칙'으로 여겼던 반복과 영국의 경험론, 더 정확히 말해 흄과 같은 철학자가 '습관'으로 여겼던 반복이 대조를

63 펠릭스 가타리, 윤수종 옮김, 『기계적 무의식』(푸른숲, 2003), 68쪽.

이루는 것이다. 동질생산적인 반복은 노동이라는 형태로 나타나며 자동성에 기반을 두고 있다. 이에 반해 이질생산적 반복은 활동이라는 형태로 나타나며 자율성에 기반을 두고 있다. 공동체에서의 활동은 차이 나는 반복의 형태를 띠며 반복 과정에서 수많은 후렴구와 추임새를 만들어 내는 리토르넬로의 화음으로 가득 차 있다. 예를 들어 음식 문화로만 보더라도 공동체가 특이성과 화음에 기반하여 각각의 요리법과 발효법, 저장법 등의 문화 형태를 얼마나 풍부하게 만들었는지가 드러난다. 이에 반해 노동 유형의 행동은 동질적인 방식, 즉 동일성의 반복을 특징으로 할 수밖에 없다. 노동 유형의 반복은 통합된 세계 자본주의의 통속적이고 등질적인 질서를 구축하는 데 복무하는 행동의 유형이라고도 할 수 있다. 들뢰즈와 가타리는 "왜냐하면 박자란 규칙적이고 불규칙적인 것을 떠나 반드시 코드화된 형식을 전제하며 이 형식의 측정 단위 또한 가령 변화하더라도 결국은 소통되지 않는 환경에 안주하고 마는 데 반해, 리듬은 항상 코드 변환 상태에 놓인 불평등한 것 혹은 공동의 척도를 갖지 않는 것이기 때문이다."[64]라고 말하면서 박자와 리듬을 구분한다. 여기서 박자가 노동이라면 리듬은 활동이다. 물론 박자와 리듬 어느 둘 중 하나를 빼면 화음은 성립되지 않지만 말이다.

자본주의는 그 내부에 동질생산적인 박자를 생산의 기초로 갖고 있다. 즉 자본화는 의미화이며, 보편적이고 언어로 설명 가능하며 뻔하게 간주된 것을 주조해 낸다. 노동, 화폐, 기업, 학교, 신용 등의 다양한 영역들이 사실상 노동-자동성 모델에 의해서 획일적으로 만들어졌다. 특히 기업의 경우에는 동질생산적인 반복을 통해서 화폐로 측정

---

64 질 들뢰즈 · 펠릭스 가타리, 윤수종 옮김, 『천개의 고원』(새물결, 2001), 595쪽.

구성주의와 자율성

가능한 회계 담론을 통해서 모든 자율성을 질식시키고 획일화하는 시스템이었다. 그런데 문제는 성장기의 자본주의에서 외부의 영토로 설정했던 개발, 착취, 탐험, 모험의 영토가 상실되면서, 기업의 목표 역시 현상 유지와 지속가능성, 특이성 착취에 초점이 맞추어지기 시작했다는 점이다. 자연스레 공동체와 자본은 긴밀히 교섭할 수밖에 없는 상황이 연출되는데, 왜냐하면 공동체가 사회 내부의 외부라는 위상을 갖기 때문이다. 결국 노동이라는 자동성에 기반한 몰적 질서와 활동이라는 자율성에 기반한 분자적 질서는 서로 연결되고 조우하고 교섭할 수밖에 없다. 이에 따라 공동체의 자기 생산의 활동을 모방한 자본의 정동노동이나 비물질적 노동, 욕망노동이 출현하고 있는 것도 사실이다. 사실상 자본주의가 회계 담론을 통해서 포획할 수 있는 수준은 보이는 것뿐만 아니라, 네트워크와 같은 유형의 전자적 관계망들에서 유통되는 보이지 않는 꿈, 상상력, 환상, 욕망, 정동, 감정 등이 그 대상이 되고 있다.

활동과 노동 간의 구분점이 사라지는 것은 자본주의가 생각하는 최근의 꿈과 환상이다. 그것은 단지 고분고분 일하는 노동자의 형상이 아니다. 그 꿈은 기업과 자본이 공동체로 간주되고, 공동체가 갖고 있는 자기 생산의 내부 역동성을 장착하기를 열망하고 있는 것이다. 이러한 국면은 놀랍게도 노동의 동질발생적 반복과 활동의 이질발생적 반복을 함께 포함하고 있는 색다른 관계망에 대한 구상으로 나타나고 있다. 자본의 외부 생산의 열망이 커진다는 것은 공동체를 모방하고 공동체를 질적으로 착취할 수 있는 방안에 대한 연구와 실험의 확장을 의미한다. 탈근대 자본주의 하에서 이미 여러 가지 기능과 역할을 횡단하며 수평선을 조성하는 네트워크를 기반으로 이질발생적 반복에 기반할 수밖에 없는 기업의 입장에서는 이러한 행동역학은 당연한 것일지도 모른다. 이에 따라 기업과 자본이 요구하는 바는 더 공동체적인 마인드를 가진 사람들에 대한 요구로 나타나고 있다. 그러나 문제는 자본은 결국 돈으로 환산할 수 있는 것만 상대한다는 지독하게 코드화된 질서, 고정관념에 기반한 질서, 기표화된 자본주의 질서로부터 한 치도 벗어나지 못한다는 태생적인 한계를 갖고 있다는 점이다. 그러므로 활동과 노동의 경계가 모호해지고 있다는 것이 단지 희소식이 아닐 가능성이 높아지는 것도 사실이다.

활동과 노동의 또 다른 비교도 있다. 활동의 영역이 '재미와 놀이 모델'이라면 노동은 '의미와 일 모델'이라고 규정할 수 있다. 활동은 대부분 공동체의 자기 생산을 이루는 원천이지만, 그것이 소득이나 일자리를 위해서나 자본화를 위한 것이라기보다는 아주 사소해 보이는 재미와 놀이라는 형태로 이루어진다. 놀이 모델이 갖는 특징을 잘 보여 준 사람은 바로 로제 카이와Roger Caillois(1913~1978)이다. 그는 "나는 여기서 경쟁, 우연, 모의, 현기증이라는 네 개의 역할 중 어느 것이 우위를 차지하는가에 따라서 놀이를 네 개의 주요 항목으로 구분할 것을 제안한다. 나는 그 항목들을 각각 아곤Agon(시합, 경기), 알레아Alea(우연), 미미크리Mimicry(흉내, 모방, 의태), 일링크스Ilinx(소용돌이)로 이름을 붙인다."[65]라고 언급하고 있다. 일단 놀이가 시작되기 위해서는 지루함과 잉여성의 시간이 전제되어야 한다. 놀이는 자율적으로 지겨움을 이겨내기 위한 소일거리나 마실과 같은 사소한 방황의 계기로부터 시작되어 점점 규칙을 갖게 된다. 여기서 놀이의 규칙은 일 모델과 같이 정정 불가능한 고정된 규칙이라기보다는 언제든 정정 가능하고 자

---

65 로제 카이와, 이상률 옮김, 『놀이와 인간』(문예출판사, 1994), 37쪽.

구성주의와 자율성

유롭지만 고도로 조직된 규칙이다. 놀이 모델의 활동에 빠져든 사람은 중간에 멈출 수 없는데, 그 이유는 순전 재미있기 때문이다. 재미와 의미 사이에는 심원한 간극이 있다. 순전히 재미로 시작한 행동도 필요에 따라 일이 되는 순간 지루함과 고역이 되기 때문이다.

공동체는 놀이 모델에 입각한 활동에 의해서 자신의 신체를 구성하고 자기 생산 한다. 그런데 활동은 자유로운 경우의 수에 따라 이루어지기 때문에 안정적인 반복을 설립할 필요성이 제기된다. 그에 따라 공동체 역시도 자신의 반복 속에 노동을 설립할 필요가 있는 것이다. 그렇기 때문에 활동가들이 십시일반으로 돈을 모으거나 공공 자금을 끌어들이거나 협동조합 등을 꾸려서 국지적인 노동을 활동 사이에 배치한다. 그 순간 공동체는 피고용자로서의 대리인을 만들어서 노동을 감독해야 하는 아이러니한 상황에 직면한다. 동시에 활동처럼 노동을 해줄 것을 주문하기도 한다. 이에 따라 노동으로 참여한 구성원들과 활동으로 참여한 구성원들이 상이하다는 지점이 문제가 될 소지는 다분하다. 문제의 핵심은 공동체가 활동 대신 노동을 매개하는 이유는 안정성과 지속성, 반복성을 갖기 위해서라는 점이다. 그렇기 때문에 활동의 지속을 위한 노동이라는 점을 염두에 둔다면, 노동을 포섭한 활동, 의미와 일을 포섭한 놀이와 재미의 유형으로 노동을 재전유해야만 할 것이다. 이에 따라 공동체 활동가라는 말이 성립 가능할 뿐, 공동체 노동자라는 말은 성립될 수 없게 된다. 이러한 배치에 따라 활동의 지속을 위한 활동비 개념이 노동자의 임금 대신 언표로 지칭되어야 할 것이다. 그러나 공동체에서 자기 생산으로서의 활동의 의미에 접속하지 못하고 순전히 소득이나 기능적인 면에서만 매개된 사람들의 경우에는 '질 나쁜 일자리와 열정 페이'라는 개념에 맞닥뜨릴 수밖에 없다. 이에 따라 공동체 전부가 이러한 질 나쁜 고용 상황의 공모자로 간주될 위험도 있다.

활동가들이 공동체에서 자기 생산으로서의 살림에 전념하면서도, 경제적이고 현실적인 문제로 인해서 소진되는 경우도 있다. 공동체의 자기 생산으로서의 활동과 자본주의의 타자 생산으로서의 노동에는 심원한 간극이 있지만, 현재 백지 한 장 차이처럼 교차, 교섭, 연결되어 있는 상황에 직면해 있다. 특히 정동노동의 경우 대부분 공동체를 되살리는 살림이지만, 사실은 외부에서 매개된 노동에 의해서 작동된다는 점에도 주목해야 할 것이다. 이런 점에서 정동노동의 경우에도 공동체의 살림, 재생, 되살림의 역할과 의미에 대한 공감대를 형성하지 않고서는 질 나쁜 일자리에서 열정 페이를 받는다는 생각을 가질 수밖에 없다. 그런 점에서 공동체는 노동과 활동 사이의 이러한 미묘하고도 아슬아슬한 경계의 상황에 대해서 끊임없이 미시정치를 통해서 헤쳐 나가야 하는 실천 과제를 갖게 된다.

"활동의 자기 생산인가? 노동의 타자 생산인가?"라는 질문은 근본적이다. 그러나 이것이 혼재되고 합성되기 시작한 현재의 국면에서는 근본주의적 방법이나 본질주의적 해법만을 가지고 대안이나 해법을 찾을 수는 없게 되었다. 특히 제3섹터와 같은 사회적 경제의 상황에서 노동과 활동 간의 경계는 더욱 모호해졌다. 이에 따라 노동과 활동의 경계선을 따라 전개되는 수많은 공동체의 일에 주목할 필요가 있다. 물론 공동체 외부에서 기능이나 역할의 자동 반복 형태로 조직된 노동의 영역은 노동권이나 생활임금 등이 보장되고 보호되어야 한다. 그러나 활동의 영역이라는 거대한 대륙에 마주치게 되면, 공동체를 자기 생산하고 있는 많은 활동들이 노동보다 근본적이라는 점을 직시하게 된다.

구성주의와 자율성

활동의 자기 생산이 노동의 타자 생산을 포섭하는 경우와 반대로 노동의 타자 생산이 활동의 자기 생산의 영역을 포획하는 경우도 분명 가시화되고 있다. 열정노동 논쟁은 이러한 국면에서 많은 시사점을 준다. 그러나 여전히 노동의 중심성이나 노동권 등에 의해서 풀려 나갈 수 있는 문제보다 공동체의 자기 생산으로서의 활동에 방점을 찍고 풀릴 수 있는 문제들이 광범위하다는 것도 사실이다.

:: 여성의 가사노동은 살림인가? 재생산 노동인가?

살림oikos이라는 단어에서 경제economy라는 단어가 유래한다는 점은 살림과 경제가 구분되지 않았던 원형 공동체의 흔적을 발견하도록 만들어 준다. 일반적인 의미에서 살림은 가정경제로서 가족구성원의 필요와 욕구를 충족시키는 재생적이고 순환적인 활동으로서의 의미를 갖는다. 가족은 가부장제와 같이 남성 중심 조직체로서의 구조적인 의미를 가지면서도, 그 내부에 공동체적인 관계망으로서의 의미도 갖고 있다. 그렇기 때문에 마르크스주의의 사유에서도 등장하듯이, 가족은 노동자의 재생산이라는 자본주의의 요구를 충족시키는 자본주의의 기본 세포로서의 의미를 가진다. 동시에 공동체의 자기 생산을 위한 살림으로서의 정동노동이 이루어지는 장소라는 속성도 갖고 있다. 만약 노동자를 재생산하는 것을 가족의 의무로 보자면, 여성은 지극히 고단하고 지루한 감정노동에 시달린다고 판단할 수 있다. 반면 노인이나 아이 등 소수자와 사회적 약자인 가족 구성원에 대한 사랑, 정동, 돌봄, 욕망을 순환시키는 살림을 수행한다고 생각한다면, 사랑할수록 사랑이 증폭되는 정동노동의 구상으로 나아갈 수 있다. 폴라니는 "우리는 이를 가정경제householding의 원리라고 부를 것이다. 이는 자신이 스스로 사용하기 위해서 생산한다는 원리로서, 그리스 사람들은 이를 가정 운영의 기술oeconomia이라고 불렀는데, 이것이 경제economy라는 말의 어원이 되었다."[66]라고 말한다.

이를 가정경제라는 측면에서 보자면 구성원들의 필요와 욕구를 충족하기 위한 재생과 자기 생산, 순환이라는 살림의 활동이 사고될 수 있다. 오이코노모스로서의 살림의 어원은 사환이랄지 집사라는 의미도 갖고 있다고 나카자와 신이치中沢新一(1950~)는 지적하고 있다. 이는 가정에서 주인의 살림살이를 도와주거나 씨앗을 뿌리거나 말과 양을 사육하거나 하는 모든 활동을 의미하며, 이는 가정 유지의 조력자로서의 의미도 갖고 있다. 여기서 가정에서 살림살이를 하는 사람들에게는 사랑, 신뢰, 배려가 미덕이 될 수밖에 없다. 결국 살림살이에 참여하는 모든 사람들은 기본적으로 돌봄, 모심, 살림, 보살핌, 섬김 등의 정동의 역능을 갖고 있어야 하는 것이다.[67] 이러한 미묘한 감정과 정동, 정서의 상태를 갖기 위해서는 비물질적이고 계산 가능성으로부터 벗어나 있는 사랑과 욕망, 정동의 능력을 가진 주체성이어야 한다. 결국 살림과 경제의 분열이 가시화된 것은 여성과 남성의 역할 분담이라는 측면뿐 아니라, 자본주의의 감정노동과 공동체의 정동노동의 분열에도 기반하고 있다. 폴라니는 "가정경제의 원리는 이익을 얻고자 하는 동기라든가 시장 제도라든가 하는 것들과는 아무런 공통점을 갖지 않는다. 가정family, 정착민들의 공동체, 장원에 이르기까지 그 원리

---

66 칼 폴라니, 홍기빈 옮김, 『거대한 전환』(도서출판 길, 2009), 196쪽.
67 나카자와 신이치, 『사랑과 경제의 로고스』(동아시아, 2004), 214쪽 참고.

구성주의와 자율성

를 담지하고 있는 실체들의 성격은 판이하게 다르지만, 여기에는 모두 변치 않는 동일한 원리가 작동하고 있으니, 그 원리란 집단 성원들의 필요를 충족시키기 위해 생산하고 저장한다는 것이다."[68] 결국 가정경제로서의 살림은 공동체 구성원들의 생존과 생활을 위한 활동으로 기여하는 정동, 돌봄, 사랑, 욕망에 기반하고 있다는 점을 알 수 있다.

그러나 푸코가 쓴 『성의 역사2』에서 다루어지는 고대 그리스의 가정 관리술에는 살림이 사랑과 정동의 흐름이 아닌 권력의 배열과 할당이라는 측면에서 가정생활을 조망한다. 즉 가정 외부에서 활동하면서 가정 내부의 여성, 아이, 소수자를 관리해야 하는 남성들이 가정 관리의 일부 권력을 여성에게 할당했다는 것이다. 이러한 권력의 미시적인 작동과 배열의 측면에서 살림을 사유한다면, 살림은 지극히 통치적인 관점에 부합하는 것이 된다. 동시에 여성의 권리에 대한 청원과 운동 역시도 남성 권력의 일부를 보장받거나 할당받는 것으로 제한되게 된다. 그러나 푸코의 논의에서는 여성이 갖고 있는 놀라운 정동, 사랑의 능력에 대한 내용이 제거되어 있다. 푸코는 고대 그리스의 가정생활에 대해 "남편이 그의 아내와, 교육과 지도의 관계를 동시에 맺어야 하는 필요성이 생긴다. 처녀들이 아주 어린 나이에—때로는 열다섯 살 정도—그녀보다 두 배 정도 나이가 많은 남자들에게 시집 가는 사회에서, 오이코스가 지주支柱이자 배경이 되는 부부관계는 교육과 행동의 관리라는 형태를 취한다. 남편의 책임은 바로 거기에 있다."[69]라고 말한다. 결국 푸코의 살림에 대한 논의는 정동의 논의가 아니라, 권력의 논의이다. 공동체의 자기 생산을 위한 활동으로서의 생산이 아니라,

68　칼 폴라니, 홍기빈 옮김, 『거대한 전환』(도서출판 길, 2009), 196쪽.
69　미셸 푸코, 『성의 역사2』(나남, 1993), 171쪽.

권력의 효과에 따라 움직이는 주체들의 자기 통치의 방법으로서 살림이 제기된 것이다. 이는 가타리로부터 시작되는 사랑, 정동, 욕망의 미시정치의 논의에서 벗어난 권력의 미시물리학에 대한 논의로 향한다. 그런 점에서 들뢰즈와 가타리가 소수자 되기의 교두보로 여겼던 여성-되기의 가능성을 푸코는 응시하지 못하고, 여성 역시 남성에게서 권력을 배분받거나 할당받는 존재로 여긴다. 이는 여성이 갖고 있는 감성, 지각, 정서, 정동 등의 민감하고도 가장 비가시적인 잠재성으로 여겼던 부분에 대한 부정을 의미한다.

레오폴디나 포르투나티Leopoldina Fortunati는 『재생산의 비밀*L'arcano della riproduzione*』에서 자본주의의 재생산에는 여성의 미지급 임금 부문인 가사노동이 숨어 있다고 고발한다. 이탈리아 자율주의자들은 포르투나티가 제기한 논의를 통해 "가사노동에 임금 지급을!"이라는 슬로건에 대한 이론적 근거를 마련하였다. 이는 기존 마르크스주의자들이 품었던 공장에서의 육체노동에 의한 상품 생산만이 노동의 가치를 가진 것이라는 관점에 정면으로 대치되는 논리이다. 마르크스주의에서 노동은 지극히 물질적이고 육체적이며, 공장에서 이루어지는 집단적인 형태를 띠는 것이었다. 마르크스주의 논의에서 여성의 가사노동에 대한 관점은 68혁명을 경유한 자율주의자들의 논의에서야 비로소 등장한다. 가족공동체를 벗어나 자본주의 사회로 시야를 확대하면, 여성의 가사노동이 자본주의 재생산에 필수적인 구성요소이며, 여성의 권리인 생활임금에 대한 요구를 억압하고 있는 것도 사실이다. 한국여성정책연구원은 "'전업주부, 연봉을 찾아라'는 전업주부의 가사노동 가치를 금액으로 환산한 프로그램이다. 이 프로그램의 세부 항목인 요리, 청소, 세탁, 쇼핑, 돌봄 등 37개 항목의 살림에 대해서 월급을 산정

구성주의와 자율성

해 보니, 40대 주부의 가사노동 시간은 하루 평균 12시간 16분으로 가장 많아 월급은 379만 3천 원에 이른다"고 보고하고 있다.[70] 사실상 자본주의에서 발생하는 잉여가치와 이윤의 배후에는 여성의 가사노동에 대한 부당한 미지급분이 있었던 셈이다. 그런 점에서 주부도 기본소득을 요구할 수 있고, 파업할 권리를 갖고 있는 것이다.

반면 주부의 살림과 정동노동은 공동체의 재생과 유지를 위한 활동으로서, 단지 자본주의의 미지급 노동 부문으로만 간주될 수 없는 정동, 사랑, 욕망의 영역을 보여 주는 측면이 있다. 여기서 우리는 여성의 살림을 가사노동으로 보고, 임금의 기준에서 사고할 것인지, 아니면 여성의 살림을 공동체의 자기 생산으로 보고 활동으로 사유할 것인지의 갈림길에 서 있다. 사실상 여성의 가사노동은 공동체성과 동시에 공공적인 성격도 동시에 갖는다. 물론 가정을 지극히 사적인 영역으로만 보는 것은 문제가 있는 패러다임이다. 이에 따라 여성의 살림이 갖는 공동체의 자기 생산의 요소와 공공적인 성격, 가사노동으로서의 시장에서의 성격을 함께 고찰해야 한다는 점이 드러난다. 이러한 세 개의 원이 겹치는 부문에 살림이 위치하는 것이다. 즉 주부의 가사노동은 고정되어 있는 것이 아니라 움직이는 것이다. 그것은 때때로 공동체로, 또는 공공성으로 또는 개인적인 측면으로 경유하면서 흐른다. 그러나 정동노동에 대한 가치화가 감정노동으로 변이되는 것은 문제가 있다. 정동노동은 앞서 얘기했듯이 욕망노동, 비물질적 노동, 보이지 않는 노동으로 불리면서 사랑을 하면 할수록 사랑의 힘이 증폭되고 공동체를 자기 생산 하는 속성을 가진다. 이에 따라 정동노동은 공동체의 살림, 돌봄, 보살핌, 섬김, 모심 등과 같이 소수자 되기를 구현하

70 〈전업주부인 내 월급은 얼마?〉,《연합뉴스》, 2008년 9월.

는 기본적인 행동 방식을 의미한다. 그러나 정동노동이 가치화되어 시장에서 거래되기 시작하는 순간, 감정노동으로 전환된다. 감정노동은 외면적으로는 친절하고 따뜻하지만 자신의 감정을 숨겨야 하고 꾸며야 하는 것이기 때문에 엄청난 스트레스와 감정 소모, 체력 소진 등을 유발하는 돌봄 노동의 하나이다. 현재 돌봄 노동의 가치화의 국면에서 드러나는 방식은 끊임없이 정동노동을 감정노동으로 전환시키는 방식을 채택하고 있는데 이 점이 아킬레스건이다. 물론 그 역도 언제든 가능하지만 말이다. 이에 따라 정동노동을 보호하면서도 가치화를 시도하는 방식이 여성의 기본소득 논의에서 필수적으로 수반되어야 할 것이다. 사실 그것은 공동체와 사회를 보호하고 재생하기 위한 기초적인 토대를 의미한다.

그렇다면 살림으로서의 자기 생산과 가사노동으로서의 타자 생산을 가르는 시금석은 무엇일까? 공동체 내에서의 '강한 상호작용' 속에서는 타자 생산이 발생할 여지는 거의 없다. 즉 공동체 구성원들이 서로의 잠재성을 재발견하고, 일상의 반복을 차이 나는 반복의 화음으로 가득 찬 과정으로 만들고, 서로의 차이를 기반으로 색다른 차이를 만들어 공동체를 풍부하게 만드는 데 사용하고, 이방인을 환대하고 소수자를 돌본다면, 자기 생산이 이루어지는 열린 공동체가 될 것이다. 그런데 현실에서의 가정의 유형 중에 문제가 되는 것은 소외와 위계, 분리 유형의 '약한 상호작용'이다. 즉 교감이 아닌 기능, 위계, 소외가 자리 잡는다면 결국 주부의 정동노동은 자본주의 재생산을 위한 타자 생산으로 전락하게 된다. 결국 이러한 타자 생산의 발생은 정동노동을 감정노동으로 변이시키고, 주부의 살림이 화나고 힘들고 지치고 소진되며 의무감에서 하게 되는 가사노동으로 전락하게 만드는 배경이 된

구성주의와 자율성

다. 이에 따라 살림과 경제의 분열이 만들어 낸 현재의 자본주의 사회는 가족 공동체의 자기 생산조차도 타자 생산으로 전락하게 만들 수 있는 작동 방식을 갖고 있다고 할 수 있다. 그런 점에서 공동체에서의 사랑과 욕망, 정동의 순환을 통한 자기 생산은 고독, 소외, 무위, 양극화, 사회 분열, 빈곤 등의 문제를 풀 수 있는 기본적인 해법이 될 수 있다. 동시에 기본소득이나 공공성에 대한 요청, 사회안전망의 수립 등도 함께 고려되어야 할 사안이다. 즉 시장만능주의가 아니라 공공 부문과 공동체 부문, 시장경제 부문이 서로 제 역할을 해내며 균형과 조화를 이루는 것이 필요한 것이다.

:: 우발적 표류와 생명의 진화 모델

마투라나와 바렐라는 진화의 1차적 전제조건으로 '논리적 장부 기재'라는 개념을 언급한다. 논리적 장부 기재[71]는 자원이나 에너지, 물질이 유한한 상태에서 진화가 출발한다는 것을 의미한다. 즉 논리적 장부 기재는 우리가 알지 못하는 영역이 외부에 무한히 존재하여 이를 무한히 착취할 수 있다는 성장주의와 개발주의의 투입/산출의 환상으로부터 벗어나 있다. 지구 생태계에서 사는 생명의 입장에서 보면 활용할 수 있는 자원과 물질은 한정되어 있다. 생명의 경우에는 자신이

---

71 논리적 장부 기재는 논리적으로 설명했을 때 유한한 자원, 물질의 숫자를 장부에 기재함으로써 변이와 이행, 변화를 이전에 있었던 존재 조건으로 설명하는 개념이다. 이는 지구와 생태계는 변이와 진화 이전에 한정되고 유한한 자원과 물질로 단순하게 구성되어 있다는 점을 의미한다.

살아갈 영토는 국지적이고, 사용할 수 있는 물질과 에너지는 제한적이며, 삶의 좌표는 유한할 수밖에 없다. 논리적 장부 기재의 입장에서 보면 '유한에서 유한'으로의 순환적 패러다임이 전면에 등장하게 된다. 성장주의라는 환상이 사고하는 '유한에서 무한'으로의 사유 방식, 즉 자본주의적인 진보의 패러다임은 앞에서의 전제조건인 논리적 장부 기재라는 개념과는 상반된 입장을 보인다. 이제 생명은 어떻게 하면 유한한 자원과 에너지, 물질을 색다른 방식으로 순환시키고 배치할 것인가의 상황에 직면하게 된다. 예를 들어 저성장 순환사회의 등장은 유한한 자원을 어떻게 배분하고 순환시킬 것인가의 문제에 직면한 현존 자본주의의 모습이기도 하다. 유한한 자원과 물질, 에너지에 직면한 생명은 '우발적 표류'라는 색다른 자율성을 통해서 이로부터 편차와 편위, 차이를 만들어 낸다. 편차는 생명의 계통적 흐름과 비스듬하게 움직여 충돌과 접속을 만드는 운동이지, 생명의 계통발생적인 흐름과 동떨어져 완전히 다른 그림을 그리는 것은 아니다. 그렇기 때문에 '논리적 장부 기재'와 '우발적 표류'는 한 쌍을 이룬다고 할 수 있다. 외부에서의 투입/산출이 유한하더라도, 생명은 우발적 표류라는 자율적인 행위 양식에 따라 환경과 자신의 신체를 변이시킨다. 이는 환경과 개체의 구조접속의 형태 속에서 일어나는 상대적인 변이를 의미하며, 계통발생적인 생명의 지도를 약간의 편차를 가지며 다시 그려 나가는 것을 의미한다. 즉 여기서의 우발성은 포스트모던한 맥락으로부터 완벽히 일치하는 벽돌더미처럼 분리되고 와해되고 조각 난 것이 아니라, 맥락을 탈맥락화하면서 상호작용의 형태에 불가역적 변이를 일으키는 것을 말한다. 그것이 진정으로 우발성에 의한 것인지, 복잡계의 연결망이 낳은 시너지 효과인지는 논쟁의 여지가 있다. 이를 마투라나와

구성주의와 자율성

바렐라는 산 위에서 비가 내리면 수많은 계곡으로 분화되어 물이 흐르는 낙차 효과의 형상으로 설명하고 있다.

이와 마찬가지로 외부의 자원에만 전적으로 의존할 수 없는 상황에 직면한 자본주의 사회에서는 성장growth이 아닌 발전development의 패러다임이 주목받게 되었다. 특히 발전의 구도로 대표되는 지역 순환경제, 골목 상권, 공동체 경제, 사회적 경제 등은 유한한 자원과 물질, 에너지를 순환시키기 위해서 내부적 배치를 다변화하고 차이를 통해서 경우의 수를 늘리는 방향으로 향한다. 이에 따라 개체적 수준에서 무한한 경우의 수에 따라 우발적 표류를 수행할 수 있는 내재적인 배치를 만들어 낸다. 성장 시기에는 경제의 형태가 자연, 생명, 사물 등의 외부에 대한 착취와 개척에 전적으로 의존하면서 문명의 내부는 동질 발생적이고 단조롭고 양적인 측면에 치중하였다고 한다면, 발전 시기에는 생태계, 공동체, 네트워크, 협동조합 등의 관계망의 내부를 차이의 시너지가 이루어질 수 있도록 다변화하고 탄력적으로 만들며, 질적이고 내포적이고 관여적인 연결망을 조성한다. 문제는 논리적 장부 기재와 같이 자원-부-에너지가 유한함에도 불구하고, 어떻게 무한한 연결과 접속의 경우의 수에 따라 자원을 순환시켜 내부 생태계를 풍부하게 만들 것인가라는 점이다. 내포적 발전은 개체의 우발적 표류의 극대화가 낳은 생태적 전략이라는 점이 금방 드러난다.

마투라나와 바렐라는 "진화란 오히려 방랑하는 한 예술가와 비슷하다. 그는 세상을 떠돌아다니며 여기저기에서 실 한 가닥, 깡통 한 개, 나무 한 토막을 주워 그것들의 구조와 주위 사정이 허락하는 대로 그것들을 합친다."고 말한다.[72] 즉 생명은 떠돌이, 방랑객, 음유시인, 예

---

[72] 움베르토 마투라나 · 프란시스코 바렐라, 최호영 옮김, 『앎의 나무』(갈무리, 2007), 135쪽.

술가처럼 자율성과 탄력성을 갖기 위해서 유한한 자원의 구조적 접속이나 연결접속을 달리하면서 색다른 경우의 수로 합성시키는 것이다. 이러한 점에서 우발적 표류는 연결접속하는 경우의 수를 무한으로 만들기 위한 생명 활동을 의미한다. 여기서 유한에서 무한으로의 변화가 성립하게 된다. 여기서의 무한은 '경우의 수의 무한'이다. 사실 유한한 것에서 어떻게 유한한 것이 나오지 않고 무한한 것으로 향할 수 있느냐는 반문이 나올 수 있다. 그러나 개체로서의 생명은 예술가처럼 신체 내부의 효소의 발효 방식을 바꾸거나, 접속의 반복성을 새롭게 구현하거나, 표현 소재를 자율적으로 만들면서 창조적 진화를 수행한다. 이를테면 새들은 짝짓기를 할 때 수컷이 암컷에게 풀잎을 바치는 풀잎 공납을 행하는데, 여기서 풀잎이라는 표현 소재는 둥지를 만들기 위한 풀잎이 아닌 색다른 의미를 가진 의례로서의 풀잎이 된다. 이렇게 표현 소재가 자율적으로 바뀌는 것을 생각해 볼 수 있다. 적어도 환경과의 연결 방식은 일방적인 환경의 명령에 따라 개체 상태를 만드는 것이 아니라, 자신의 주위와 가장자리, 곁을 변형하고 창조하고 구성해 낸다. 이런 점에서 생명의 자율성은 구성과 재구성의 능력에 달려 있다고 해도 과언이 아니다. 환경이 생명에 결정적인 역할을 한다는 환경결정론적인 사유에서는, 양적으로 정확한 계측을 통해 자원-에너지-물질의 유한한 투입/산출에 따라 생명 활동이 결정될 것이라고 여긴다. 이러한 사유 방식은 생명 활동의 창조적 진화와 우발적 표류를 제거한 상태에서만 가능하다. 생명은 방황하고, 떠돌고, 이리저리 헤매면서 최적의 구조접속의 수준을 만들어 낸다. 이를 통해 계통적 진화의 자율성이 존재하게 된다.

진화에서의 우발적 표류는 유한한 소재가 합성되고 결합될 때 경우의 수를 무한히 만들면서 개체를 변이시키는 것을 의미한다. 이에 따라 외부 환경에 대한 개체의 편위, 편차, 차이의 낙차 효과는 극대화된다. 낙차 효과에 대한 탐색은 기표와 기표 간의 낙차 효과에 의한 의미 발생의 논의와, 외부와 내부 간의 낙차 효과를 통한 성장주의의 논리, 개체와 환경 간의 낙차 효과를 통한 창조적 진화 논리 등 여러 가지 스펙트럼을 그린다. 여기서 경제와 정치에서도 낙차 효과가 발견되는데, 정치가가 말과 말 사이의 행간의 낙차 효과를 노리는 것이나 마르크스가 발견했던 노동의 사용가치와 교환가치의 낙차 효과로서의 잉여가치 발생 등이 그것이다.

이는 청년 마르크스가 언급했던 클리나멘clinamen, 즉 편위운동에서 보여 주는 우발성, 여백, 공백에 기반한다. 마르크스는 "에피쿠로스는 허공에서 이뤄지는 원자들의 삼중의 운동을 가정했다. 첫 번째는 직선으로 낙하하는 운동이고, 두 번째는 원자가 직선에서 벗어나면서 생기는 운동이며, 세 번째는 많은 원자들의 충돌을 통해 정립되는 운동이다."[73]라고 하면서 편위운동에 접근한다. 이런 점에서 스피노자의 여백과 우발성에 대한 사유를 실루엣처럼 보여 주는 것이 바로 청년 마르크스의 사상이었다고 평가해도 좋을 것이다. 무한한 경우의 수는 구조적인 수준의 일반성 논의에서 벗어나 국지적이고 지엽적이고 유한한 영역에서의 특이성singularity과 관련된다. 이러한 무한한 경우의 수를 잘 보여 주는 영역이 양자역학과 생명과 사랑, 욕망의 미시적인 영역일 것이다. 양자역학은 양자적 수준의 입자가 태양계의 중력처럼 함수론적인 영역에서 작동하는 것이 아니라, 확률론적이며 경우의 수에

---

73 카를 마르크스, 고병권 옮김, 『데모크리토스와 에피쿠로스 자연철학의 차이』(그린비, 2001), 71쪽.

입각해서 움직인다는 점을 잘 보여 주었다. 이런 점에서 환경결정론의 투입/산출 모델은 생명의 미시 영역에서 해당사항이 없거나 간접적인 영향력이거나 여러 상호작용 중 하나가 된다. 이렇듯 생명이 갖고 있는 자기 생산의 내부 작동은 끊임없이 편차와 편위, 차이의 낙차 효과에 따라 비스듬히 자신을 변형하는 과정이라고 할 수 있다.

생명의 진화 모델에 대한 논쟁의 출발점은 찰스 다윈Charles Darwin (1809~1882)의 『종의 기원On the Origin of Species』으로부터 유래한 자연선택, 자연도태를 통한 진화론과 장 바티스트 라마르크Jean-Baptiste Lamarck(1744~1829)의 용불용설이다. 예를 들어 다윈의 진화론에 따르면 목이 긴 기린에 비해 목이 짧은 기린이 생존에 적합하지 않아서 자연도태에 의한 진화가 결정된다면, 라마르크의 용불용설은 목이 짧은 기린이 목을 계속 늘림으로써 적응을 위한 유전자 변이가 이루어진다는 것이다. 즉 라마르크는 획득형질의 유전 가능성에 대해서 말하는 것이다. 베이트슨은 "체세포 변화는 또한 유기체가 환경과 외적 투쟁을 벌일 때 유기체를 도와줄 어떤 유전자 변화에 대처하기 위해 필요하다. 개별 유기체는 상호 의존적인 부분들의 복잡한 조직이다. 이들 중 하나에서의 돌연변이나 다른 유전자 변화는 (생존의 의미에서 외적으로 가치 있는 것이라 해도) 많은 다른 부분의 변화를 요구한다."[74]라고 하면서 획득형질이 가역적인 순응으로 갈 것인지 융통성의 경제에 따라 획득하는 이득을 가질 것인지를 결정하게 만든다고 보았다. 즉 개체의 적응과 학습 등이 유전적인 변이를 초래할 수도 있다는 점을 지적하는 것이다.

마투라나와 바렐라 역시 개체와 환경이 서로 섭동 작용을 하면서 만

[74] 그레고리 베이트슨, 박대식 옮김, 『마음의 생태학』(책세상, 2006), 537쪽.

　　　　　　　　　　　　　　　　구성주의와 자율성

들어 내는 구조접속의 변이에 따라 창조적 진화가 이루어진다고 보았다. 즉 환경이 일방적으로 자연선택을 강요하는 것은, 생명의 우발적 표류에 의한 창조적 진화가 아니라고 보는 것이다. 그들은 "다윈은 자신이 자연선택이란 개념을 그저 비유로 썼을 뿐인지 아니면 그 이상인지 뚜렷이 밝히지 않았다. 그런데 그의 진화론이 미처 널리 퍼지기도 전에 사람들은 벌써 자연선택을 환경이 명령하는 식의 상호작용으로 보기 시작했다. 생물학의 역사 속에 자리 잡은 명명법을 이제 와서 바꾸기란 쉽지 않다."[75]라고 말하면서 다윈의 자연선택론에 의문을 표한다. 즉 환경과 유기체의 구조접속의 상대적 수준으로 보았을 때 유기체와 환경이 동시에 변화하면서 서로 섭동 작용과 계통발생을 달리하지, 환경의 일방적인 명령에 따라 움직이는 것은 아니라고 지적하는 것이다. 즉 환경은 적응이나 자연선택을 강요하는 일방적 명령자일 수 없다. 생명의 계통적 진화는 자신의 섭동 작용과 환경과의 섭동 작용을 보정하면서 끊임없이 새로운 수준의 구조접속을 만들어 내는 것이다.

창조적 진화의 측면으로 보았을 때 생명이 자율적이고, 구성적이며, 융통성이 있는 개체라는 점은 훌륭한 장점이라고 할 수 있다. 생명은 떠돌이, 방랑객, 나그네처럼 자연 표류, 즉 우발적 표류를 한다. 이에 따라 환경마저도 생명 활동이 색다른 구성요소로 만들어 내는 것도 사실이다. 예를 들어 제임스 러브록James Lovelock(1919~)의 가이아 이론처럼 대기 중 산소와 탄소의 구성요소가 생긴 것은 수소 호흡을 하였던 원시 생명체의 부산물인 산소가 대기를 오염시켜 색다른 수준

---

75 움베르토 마투라나 · 프란시스코 바렐라, 최호영 옮김, 『앎의 나무』(갈무리, 2007), 119쪽.

의 산소 호흡을 하는 생명을 만들어 낸 결과라고도 할 수 있다. 즉 환경이라는 것이 생명과의 섭동 작용과 무관한 것이 아니라, 긴밀히 관련되어 있다는 것이다. 러브록은 "가이아는 이 지구상의 모든 생물들을 위하여 스스로 적당한 물리/화학적 환경을 조성할 수 있도록 피드백 장치나 사이버네틱 시스템을 구성하고 있는 거대한 총합체라고 할 수 있다. 능동적 조절에 의한 비교적 균일한 상태의 유지라는 것은 항상성이라는 단어로 표현할 수 있다."[76]라고 언급하면서 환경이 딱딱하고 물리적이고 변이 불가능한 주어진 것이 아니라, 생물과 긴밀히 연결되어 있는 '살아 있는 전체'라는 관점을 제시한다. 창조적 진화는 생명의 자율성이 만들어 낸 예술 작품이다. 또한 생명은 환경의 일방적인 명령 속에서 구조적으로 결정되는 것이 아니라, 접속과 연결의 무한한 경우의 수를 따라 색다른 계통발생을 이루면서 자신의 자기 생산이라는 내적 섭동 작용을 바꾸어 나가는 예술적이고 창조적인 행동을 수행한다. 이런 점에서 생명은 스피노자의 범신론에서의 신, 즉 자연의 구도를 가장 닮아 있다. 즉 스피노자의 구도처럼 여백이 있어야 우발적 표류가 가능하고, 우발적 표류가 있어야 창조적인 진화가 가능한 것이다.

:: 환경결정론을 넘어선 상호작용 모델

환경결정론은 환경의 일방적인 명령에 따라 생명 활동이 결정된다고 보는 시각이다. 그러나 환경이 고정성과 항상성을 갖는 '상수'가 아

76 제임스 러브록, 홍욱희 옮김, 『가이아』(갈라파고스, 2004), 52쪽.

구성주의와 자율성

니라 유동적이고 변화하는 '변수'라는 것은 기후변화와 생태계 위기 속에서도 잘 드러난다. 즉 산업사회가 시작된 지 100년이 지난 지금 환경은 급변하고 있고, 새로운 국면으로 이행하고 있다. 기후변화의 상황에서 볼 수 있듯이 탄소 순환계의 이상은 곧 생물종 대량 멸종과 생태계의 와해, 환경의 급변 등을 초래한다. 환경결정론적 시각은 인간 사회에도 적용되어 계급, 신분, 문화 소비의 수준, 생활 수준 등이 그 사람의 미래와 소득 등을 결정한다는 주장의 근거가 되고 있다. 그렇다면 환경이 어떤 수준과 심급에서 결정적인 역할을 하는지에 대해서 생각해 볼 수는 없을까? 한국의 생태학자 장회익의 온생명론은 낱생명, 보생명, 온생명 등을 통해서 개체, 환경, 생태계 등을 사고하였다. 이 이론은 환경도 하나의 생명력을 가지고 상호작용하는 것으로 바라보면서 물활론적인 지평을 개방한다.[77] 어떻게 보면 환경은 그저 물리적인 것만이 아니라, 생태계로서 상호작용을 하는 유연하고 탄력성과 융통성이 있는 것이라고 볼 수 있다. 서구 분석론의 전통이 고립된 사물을 잘게 쪼개서 바라보았던 것에 비해, 사물과 생명의 관계망을 종합적이고 전일적이고 시스템적으로 바라볼 때 환경에 대한 색다른 생각도 가능할 것이다. 그런 점에서 전체론의 사고방식이 필요하다고 할 수 있다.

전체론에 입각한 시스템적인 사유에서 가장 중요한 지점은, 사물, 생명, 환경 등이 그저 주어진 그대로 멈춰서 있는 망부석과 같은 것이 아니라 매우 활발하게 서로 상호작용한다는 점이다. 상호작용은 피드백, 되먹임, 교감 등으로 불려 왔다. 상호작용은 이질적인 것끼리 연결시키고 접속시키는 작동을 재귀적으로 반복시킨다. 이러한 상호작용

77   장회익, 『삶과 온생명』(현암사, 2014) 195~200쪽.

의 특징으로 인해, 생명 간의 상호작용의 관계망이 생태계를 만든 것인가, 아니면 생태계의 흐름과 상호작용의 시너지 효과가 생명을 만든 것인가라는 질문이 가능하다. 이는 생명과 생태의 상호 관련성과 상호 의존성에 입각한 질문이다. 이런 논의를 잘 고려해 본다면, 생명조차도 환경의 강렬한 상호작용에 따라 만들어진 효과이며 산물이라고도 볼 수 있다. 특히 파도의 철썩임, 밀물과 썰물, 아침-점심-저녁의 반복, 봄-여름-가을-겨울의 반복 등 편차가 있는 반복이 지속된다면, 이 속에서 재귀적 반복의 상호작용이 개체 내부에서 구현될 가능성이 매우 높아진다. 특히 생명의 자기 생산의 작동은 재귀적인 상호작용의 모델이 개체 내부로 이식된 것이라고도 할 수 있다. 즉 생태계 내에서 강렬한 상호작용과 교감이 다양한 생명 개체를 통해서 이루어질 때. 개체의 특성을 변이시키고 이행시킨다고 할 수 있다.

마투라나와 바렐라는 "개체와 환경의 재귀적 상호작용은 둘의 상호섭동으로 나타난다. 이런 상호작용에서 환경의 구조는 자기 생성 개체의 구조에 변화를 유발할 뿐, 그것을 결정하거나 명령하지 않는다. 이것은 거꾸로 환경에 대해서도 마찬가지다. 개체와 환경이 해체되지 않는 한, 이런 재귀적 상호작용은 구조변화를 서로 주고받는 역사를 만들어 낸다. 이것이 바로 우리가 구조접속이라고 부르는 것이다."[78]라고 언급하면서 재귀적 상호작용 자체가 환경과 개체 간의 상대적인 구조접속을 이룬다고 말하고 있다. 즉 재귀적 상호작용은 개체와 환경 사이에 생태계라는 색다른 환경을 만들어 낸다. 생명과 마찬가지로 생태계도 항상성을 유지하는 속성을 갖고 있다. 그렇기 때문에 따로 떨

---

78 움베르토 마투라나 · 프란시스코 바렐라, 최호영 옮김, 『앎의 나무』(갈무리, 2007), 91쪽.

구성주의와 자율성

어진 나무 100그루는 그저 양적인 산술적 합일 뿐이지만, 서로 연결되어 숲을 이룬 50그루 나무는 '50+∝'의 산술적 합 이상의 시너지 효과를 가지며 질적인 측면에서 내부 환경을 조성하여 항상성을 유지하려는 속성을 갖고 그 내부에 개체가 살아갈 수 있는 환경을 조성한다. 숲은 버섯, 미생물, 새, 동물, 꽃, 나비 등이 풍부하고 다양하게 자라날 수 있는 부드러운 환경을 내부에 갖고 있다. 어떤 면에서 재귀적 상호작용이 내포적으로 이루어지는 것이 생명 개체라면, 외연적으로 이루어지는 것을 생태적 관계망이라고 할 수 있다. 그런 점에서 재귀적 상호작용이 얼마나 강렬한가가 생명을 창발할 수 있는 가장 직접적인 이유라고 할 수 있다. 레이첼 카슨Rachel Carson(1907~1964)을 통해 단상으로 드러났던 에코 시스템eco-system, 즉 생태계의 논의에서 무기물에서 유기물로의 전환이 생명 탄생 시기 동안 단 한 번만 이루어진 것이 아니라, 지금 이 순간에도 계속적으로 이루어지고 있다는 점에 주목할 필요가 있다. 카슨은 "생물은 토양뿐 아니라 그 안에 존재하는 놀랄 정도로 풍부하고 다양한 다른 생물을 만들어 냈다. 그렇지 않았더라면 토양은 불모의 상태로 남아 있었을 것이다. 무수히 많은 유기체들의 존재와, 그들의 활동으로 인해 지구를 덮고 있는 푸른 외투가 유지될 수 있었다."[79]라고 말한다. 그런 점에서 생태계는 이미 생명 창발이 지속되고 있으며, 이는 재귀적 상호작용의 결과라고 할 수 있다.

생태계에서의 이행의 구성요소는 흐름, 상호작용, 관계망과 배치 등으로 사유될 수 있다. 이에 따라 생태계와 마찬가지로 공동체 역시도 이러한 이행의 구성요소를 갖추고 있다. 공동체는 외부 환경의 투입/산출에만 좌우되지 않는 내부자끼리의 상호작용의 강렬함에 기반하고

[79] 레이첼 카슨, 김은령 옮김, 『침묵의 봄』(에코리브르, 2011), 85쪽.

있다. 물론 외부에서의 자원-부-에너지의 투입/산출이 없는 것은 아니지만, 내부의 사랑과 정동의 흐름과 구성원과의 상호작용, 관계망과 배치의 수평적인 결정 등에 기반할 때 공동체가 온전히 자기 생산을 할 수 있는 기본 원동력을 잃지 않을 수 있다. 이를테면 공동체의 활동이 자율성을 상실하고 정부 지원금이나 프로젝트 등의 이름으로 외부에서 들어온 자원 배분을 위한 절차로 전락할 때, 사실상 외부의 기금이 끊겨 버리면 공동체가 와해되는 상황으로 향할 수 있는 것이다. 그런 점에서 공동체에서 각각의 개체들이 교직하고 이질적인 것끼리 연결됨으로써 시너지 효과를 내는 내부 구성원 간의 상호작용이 매우 중요하다. 물론 외부와 상호작용하지 못한 채 폐색되고 닫힌 공동체는 덩어리진 모임이나 집단으로 전락하고 이방인을 배제하거나 소수자를 차별하는 시선을 갖게 될 위험에 처하게 된다. 이방인을 환대하고, 소수자를 돌보고 사랑할 수 있는 열린 공동체가 되기 위해서는 다양한 개체들 간의 재귀적인 상호작용이 매우 중요하다. 즉 차이가 나는 존재들 간의 상호작용, 차이를 낳는 차이가 바로 공동체의 생태적 다양성이며, 공동체는 스스로 다양해지고 풍부해지기 위해서 특이성을 매우 사랑한다.

공동체 내부에서의 작동을 잘 들여다볼 수 있는 사례는 골목 상권이다. 골목 상권은 철물점 주인이 이발소에 가고, 이발소 주인이 치킨집에 가고, 치킨집 주인이 반찬 가게에 가는 등 내부에서 자원-부-에너지를 순환시키면서 시너지를 갖게 되는 구도를 그려 낸다. 이러한 구도는 지역 순환경제의 구상에서도 마찬가지로 드러난다. 공동체가 차이 나는 구성요소의 낙차 효과를 가지면서 동시에 연결망의 시너지 효과를 갖기 위해서는 어떻게 해야 할까? 특이점으로서의 '개체'와 사

　　　　　　　　　　　　　　　　구성주의와 자율성

랑, 정동, 욕망을 순환시키는 '연결망'이 동시에 성립해야만 재귀적 상호작용이 가능하며 시너지 효과를 발휘할 수 있다는 점에 주목해야 할 것이다. 먼저 칼 폴라니의 구도에 따르면 '모아서 나누는 국가'와 '상품을 사고파는 시장'과 '선물을 주고받는 공동체'라는 삼원 구도가 그려질 수 있다.[80] 공동체의 증여의 경제를 구축함으로써 국가와 시장 등이 작동하는 폴라니의 구도를 계승한 가라타니 고진柄谷行人(1941~)은 개체로서의 시민적 속성과 연결망으로서의 공동체적 속성을 함께 갖고 있는 어소시에이션association이라는 개념을 등장시킨다.

B 국가	A 네이션
C 자본	D 어소시에이션

가라타니 고진의 자본제 사회구성체의 구도

시민과 공동체라는 투 트랙two-track은 개체와 연결망의 교직을 이룰 수 있는 매우 중요한 대안경제의 방법론이라고 할 수 있다. 고진은 "그것은 상품 교환(C)이라는 위상에서 생겨난 자유로운 개인 위에서 호혜적 교환(A)을 회복하려고 하는 것이라고 해도 좋을 것입니다. 나는 그것을 어소시에이션이라고 부릅니다."[81]라고 말한다. 가장 개체중심적인 시민의 설정과 가장 연결망적인 공동체의 설정이 어소시에이션이

80 칼 폴라니, 홍기빈 옮김,『거대한 전환』(도서출판 길, 2009), 208~209쪽 참고.
81 가라타니 고진, 조영일 옮김,『세계공화국으로』(도서출판b, 2007), 49쪽.

라는 색다른 전략에 포괄되는 것이 고진이 보여 준 구도이다. 물론 시민의 책임 주체subject와 공동체의 주체성subjectivity은 사회적 현실에서 일정한 차이를 가지며, 어느 하나로 통합될 수 없는 다른 궤도를 그린다. 그러나 개체와 연결망 간의 '닭이 먼저냐? 달걀이 먼저냐?'라는 질문을 떠올려 볼 수도 있다. 그런 점에서 개체로서의 생명과 연결망으로서의 생태는 한 몸이 두 가지 양상으로 드러나는 것이라고도 할 수 있다.

생태계와 생명의 공통점은 내부에 항상성을 갖추려는 속성을 갖는다는 점일 것이다. 가장자리나 일정한 작업적 폐쇄성을 갖는 막과 피부를 통해 외부 환경은 내부 환경과 구분된다. 이러한 내부의 항상성을 유지하려는 속성은 다이어트의 요요 현상에서도 나타난다. 음식물 섭취를 줄여 살을 빼도 몸은 제자리로 돌아가려는 속성을 갖는 것이다. 생명과 생태계의 내부 환경이 조성한 현실은 부드러운 현실이며, 이것은 지구 생태계의 오래된 꿈을 간직한 공간이다. 즉 항상성을 갖고자 하는 속성에 의해서 유지되고 지속되는 내부의 현실은 부드러우며 수많은 잠재성을 응축하고 있다. 이는 네트워크를 이룬 인공 생태계에서도 마찬가지이다. 그런 점에서 사이버네틱스의 가상성에 대한 논의는 사실은 몸이나 연결망이 간직한 부드러운 현실로서의 내부 환경, 즉 잠재성의 표현이라고 할 수 있다. 즉 부드러운 내부 환경을 잠재성으로 바라보면서 이것이 표현되는 바가 가상성이라고 보는 관점이 있을 수 있다. 이러한 관점은 가상현실에 대한 색다른 관점을 제공할 수 있다. 들뢰즈의 잠재성 논의를 환기해 보면, 현동적인 것으로 여겨지는 외부 환경과의 접속과 사건성 이전에 이미 잠재성으로서의 부드러운 현실이 간직한 생명평화세상이 전제되어 있다. 그러므로 개체

　　　　　　　　　　　　구성주의와 자율성

와 연결망에 있어서 부드러운 내부 환경의 실존은 공생진화의 세상으로 향하는 내재적인 구도가 전제조건이며 목적이자 과정이라는 점을 알려 준다.

상호작용은 이러한 잠재성과 가상성의 표현이기 때문에 부드러운 교감을 특징으로 한다. 여기서 상호작용의 두 가지 방향성이 있을 수 있다. 먼저 약한 상호작용은 위계화, 지층화, 소외를 유발하는 상호작용의 유형이라고 할 수 있다. 반면 강한 상호작용은 리토르넬로라는 공동체의 화음과 도표적 안면성과 같은 특이한 인물들의 출현으로 나타날 수 있다.[82] 베이트슨에 의하면 사이버네틱스에 있어서 약한 상호작용은 '조종'이라는 행위를 성립시키지만, 강한 상호작용은 '차이를 낳는 차이'를 성립시킨다. 공동체에서의 강한 상호작용의 대부분은 언어보다는 냄새, 색채, 향기, 몸짓, 표정 등을 표현 소재로 한다. 이는 기표처럼 본질을 의미화하고 모델화하는 것으로 나타나는 것이 아니라, 주변, 가장자리, 곁에서 서식하는 정동, 욕망의 지도 그리기를 통해서만 나타난다. 이러한 비기표적 기호계의 상호작용이 도식 작용을 일으켜 도표diagram적인 것으로 이행할 수 있다. 도표는 기표와 같은 고정관념이 아니며, 고도로 자유로우면서도 고도로 조직된 놀이 규칙과도 같은 것이다. 여기서 놀이 규칙은 수시로 바뀌기 때문에 도표의 구성 작용, 다시 말해 지도 제작법을 통해서만 드러날 수 있다. 동시에 도표는 음악의 기보법, 로봇의 통사법, 수학의 미적분과 같이 고도로 조직된 상호작용의 결과물로서의 도식 작용이다. 도표는 재귀적인 상호작용이 이루어지면서 차이 나는 반복이 지속될수록 상호작용, 흐름, 관계망과 배치를 지도처럼 그려 낼 수 있다. 결국 이러한 도표 작

---

82 펠릭스 가타리, 윤수종 옮김, 『기계적 무의식』(푸른숲, 2003), 68쪽 참고.

용이 생태계와 생명의 상호작용이 갖는 구성 능력이자 지도 제작의 능력이라고 할 수 있다. 이런 점에서 도표를 통한 구성 작용은 생명 활동의 대부분을 이루고 있고, 생명의 상호작용 내부에 있는 '이행의 구성요소'이자 변화의 구성요소라고 할 수 있다.

구성주의와 자율성

4장

철학에서의 구성주의
논의와

생명의 구성주의

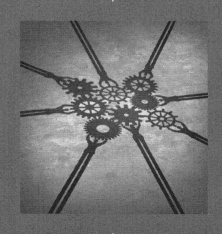

4장 철학에서의 구성주의 논의와 생명의 구성주의

:: 칸트의 인식론적 구성주의

칸트는 구성주의를 개방한 사실상 최초의 철학자다. 그의 인식론적 구성주의는 먼저 '코페르니쿠스적 전회'라는 구도에서 출발한다. 즉 칸트는 주체와 대상 사이의 이분법 중에서 객관적 대상에 주목했던 기존 철학의 방향성을 선회시켜 인식주관의 문제로 되돌아간다. 주체와 대상 사이의 간극은 단지 인식의 문제로만 한정할 수 없다. 예컨대 비누의 미끄러움은 대상의 본질로 존재하는 것인지, 아니면 주체의 인식 구성력에서만 존재하는 것인지 질문을 던질 수 있다. 여기서 비누의 미끄러움은 '나'라는 주체와 '비누'라는 대상 사이에 놓여 있다. 물론 나의 마음, 생각, 의식이 "미끄럽다"라고 여겼다는 의견이 있을 수 있다. 데카르트의 의식하는 주체, "나는 생각한다, 고로 존재한다"에서 유래한 주체가 그 사례이다. 지용성과 수용성이 함께 함유된 비누라는

구성주의와 자율성

대상과의 관계 속에 미끄러움이 있었다라고 여기는 의견도 있을 수 있다. 이를테면 멜라니 클라인Melanie Klein(1882~1960)의 대상관계 이론이 그것이다.

하지만 여기서 드러난 주체와 대상의 이분법은 지극히 근대적 패러다임이라고 할 수 있다. 이에 대해 펠릭스 가타리는 다음과 같이 말한다. "그래서 우리는 주체 문제를 주체성 문제로 중심 이동할 것을 제기한다. 전통적으로 주체는 개인화의 궁극적 본질로, 세계의 텅 빈 반성 이전의 순수한 파악(이해)으로, 감각과 표현의 중심핵으로, 의식 상태의 통합자로 인식되어 왔다. 주체성으로 우리는 오히려 지향성이라는 창안적 층위를 강조한다. 주체와 대상의 관계를 중간中間으로 대체하고, 표현 층위(혹은 퍼스 삼각형의 해석체)를 전면에 내세우는 것이 중요하다."[83] 이런 점에서 칸트의 코페르니쿠스적 전회는 아주 혁신적인 패러다임의 전환으로 간주되지만 주체와 대상 사이의 무수한 주체성의 영역의 실존을 응시한 것이 아니라, 근대적 책임 주체의 선험적인 인식의 구성 작용을 통해 이해 가능한 영역으로 환원하는 합리주의에 머물러 있다. 칸트의 구성주의는 근대적 정체성주의에서 한 치도 나아가지 못한다. 사실 칸트는 근대의 정체성, 책임 주체, 주권 질서, 세계 정부 등의 근간을 이룬 이론적 기반을 제공한 사람이었다. 우리는 주체와 대상 사이에는 무수한 주체성이 서식하고 있다는 점에 주목했을 때 주체/대상, 자유/자연, 주관/객관 등의 이원론의 덫으로부터 빠져나올 수 있는 것이다.

인식의 문제를 주체의 문제로 선회시킨 칸트의 방법론은 인식의 범주표로 이루어진 도식 작용Schema의 그물망에 걸려든 현상만을 알 수

---

83   펠릭스 가타리, 윤수종 옮김, 『카오스모제』(동문선, 2003), 38쪽.

있을 뿐, 물자체에 대해서는 알 수 없다는 것이다. 이에 따라 주관의 인식론적 '구성주의라는 규정성'과 그것의 한계를 알려주는 물物적인 '규제주의라는 비규정성' 간의 긴장 관계가 형성된다. 이것은 신, 영혼, 세계라는 '물자체'의 영역은 알 수 없지만, 인식의 도식에 걸려든 '현상'은 알 수 있다는 이율배반을 형성한다. 그런 점에서 칸트는 인식의 한계를 정확히 인식하면서 "알 수 있는 것만 알 수 있으며, 알 수 없는 것은 알 수 없다"는 근대적 합리주의의 극한을 응시하였다. 칸트의 이율배반은 구성주의와 규제주의를 한 쌍으로 두면서, 사실상 인식론적 구성주의 자체도 선험적 도식으로서의 역사-사회적 한계를 가지며, 대상의 실체 자체, 즉 물자체를 완전히 파악할 수 없다는 인식의 제한성, 유한성을 설정한다. 이를 통해 고대 철학으로부터 시작되었던 형이상학의 구도를 기각하는 것이다.

칸트의 인식론적 구성주의는 초월적인transcendent 것과 선험론적인 transcendental 것 간의 구분에서도 나타난다. 초월적인 구성 작용은 신이 인간을 창조하고 세계를 창조하는 과정에서 비롯된 것이라면, 선험론적 구성 작용은 인간이 이성의 도식 작용을 통해서 세계를 재창조하고 합리적으로 판단하고 실천하는 것을 의미한다. 그렇기 때문에 인간의 인식주관의 내부를 바라보면, 인간의 구성 작용의 전모가 드러날 수 있다는 것이다. 가라타니 고진은 칸트의 '선험론적인 것'을 '횡단적인 것'과 연결시킨다. 이러한 고진의 사유는 칸트의 인식론적 구성주의의 산물로서 등장한 책임 주체이자 '시민이라는 정체성'이 주체와 대상 사이에 무수하게 놓인 횡단적인 영역에 있는 '특이성'이나 '주체성'을 포섭하고 통합하는 구도를 그린다. 고진은 "칸트는 항상 주관성의 철학을 연 사람으로 비판의 표적이 되었다. 그러나 칸트가 한 것은

구성주의와 자율성

인간의 주관적인 능력의 한계를 드러내고, 형이상학을 그 범주를 넘어선 월권 행위로 보는 것이었다. 그것은 개개인이 어떻게 생각할까, 어떤 입장에 서는가가 아니라 그들을 규정하고 있는 능력의 구조에서 보는 것이다. 칸트에게서 감성, 오성, 이성 등은 프로이트의 이드, 자아, 초자아와 마찬가지로 경험적으로 존재하는 것이 아니다. 그런 의미에서 그것들은 무無이다. 그러나 그것들은 어떤 작용으로 존재한다."[84] 라고 말한다. 즉 형이상학이 본질과 실체를 중심으로 한 패러다임이라면, 칸트 철학은 들뢰즈가 응시한 것처럼 욕구, 작동, 능력 등이 중심이 되는 패러다임을 개방하는 것이다.

"만약 칸트가 '대상이 있어 범주가 있는가? 범주가 있어 대상이 있는가?'라는 질문을 받는다면, 당연히 후자를 선택할 것이다. 칸트는 범주라는 인식의 그물망을 통해서만 대상을 파악할 수 있다고 생각했으며, 인간의 인식에 파악된 것은 모두 범주에 기인한다고 생각했다. 예를 들어 어떤 어부가 '태평양을 파악해야겠어!'라고 얘기하면서 커다란 그물망을 들고 바다로 향했다고 치자. 그 어부는 엄청나게 커다란 그물망을 가지고 수많은 고기와 어패류를 건져냈다. 그럼 어부는 그 수확물들을 보고 '아이고, 이게 태평양이었구나!'라고 할 것이다."[85] 바로 칸트적 방식의 인식론적 구성주의의 특징이 그것이다. 선험적 도식작용은 칸트 철학 전반을 관통하는 구도를 그려낸다. 여기서 범주라는 도식은 구성 작용의 결과로 나타나는 고도로 조직된 범주표, 인식틀, 문제틀이라고 할 수 있다. 루이 알튀세르가 『마르크스를 위하여 *Pour Marx*』의 방법론으로 제기했던 '문제틀' 개념이나 '인식론적 단절' 개념

---

84 가라타니 고진, 이신철 옮김, 『트랜스크리틱』(한길사, 2005), 72쪽.
85 신승철, 『갈라파고스로 간 철학자』(서해문집, 2013), 190쪽.

도 자세히 살펴보면 칸트의 인식론적 구성주의에서 연원을 갖는다. 칸트가 개방한 인식론적 구성주의는 물자체는 알 수 없기 때문에 인식의 한계를 분명히 하면서도 주관이 갖고 있는 구성 작용의 도식을 통해서 세계를 알 수 있다는 점을 동시에 말한다. 그렇기 때문에 이러한 인식론적 구도에서도 이미 이율배반적인 요소를 내재하고 있는 셈이 된다.

  칸트는 먼저 선험적 감성론의 영역인 시간과 공간을 인식하는 감성형식과 도식이라는 인식의 그물망을 둘러메고 망망대해로 향하는 어부로 등장한다. 감성적 직관으로서의 두 형식은 내감으로서의 시간과 외감으로서의 공간에 대한 지각으로 나타난다. 즉 시공간에 대한 인식이 물리학에서 언급되던 대상 자체에 대한 인식 형태가 아니라 인식주관의 형식 속의 일부로 그려지는 것이다. 그런 다음 인간 오성의 능력 중에 범주와 도식이라는 인식의 그물망도 들고 나선다. 인식의 그물망이 어떤 모습인가를 보기 위해서는 칸트의 『순수이성비판』에 등장하는 범주표를 살펴볼 필요가 있다. 여기서 분량(단일성-다수성-전체성), 성질(실재성-부정성-제한성), 관계(실체와 우유성-원인과 결과-능동자와 수동자의 상호작용), 양상(가능성과 불가능성-현존성과 비존재성-필연성과 우연성)과 같은 도식이 등장한다.[86] 칸트는 누구나 세계의 작동 원리를 밝힐 그물망을 선험적으로 손에 쥔 어부라고 주장하는 것이다. 이런 점에서 보면 객관적인 인식의 틀인 범주표를 제시한다는 점에서 칸트는 계몽주의적인 인식론으로 머물면서도, 그것이 바로 인식주관의 구성 작용이라는 점에서 철저히 구성주의의 입장에 서 있는 셈이 된다. 그러나 이탈리아 자율주의자 안토니오 네그리는 칸트의 인식론적 구성주의에 대해서 이렇게 비판한다.

86 랄프 루드비히, 박중목 옮김, 『쉽게 읽는 칸트 순수이성비판』,(이학사, 1999), 97쪽.

근대의 지배적인 정치적 통제 방식은 정체성들의 매개를 통해 기능하며, 특히 북대서양 세계의 경우 가장 분명하게 칸트 철학의 요소들에 기초하고 있다. …… 초월철학에서 생산적인 것으로 간주되는 매개의 범주들은 초월적 도식 기능schematism을 기계와 같은 무언가로 설정한다. 칸트의 사유와 칸트주의에서 초월적 도식 기능은 지식과 권력의 구조를 구축함에 있어 점점 더 자율성을 획득해 간다. 그리하여 정체성들은 초월적인 것의 형식적 통일 속에서 매개되는 동시에 확증된다.[87]

여기서 안토니오 네그리는 칸트의 초월적 도식 작용이 근대의 지식, 권력, 정체성, 시민사회, 세계정부 등을 정당화하는 논변의 기제이자 방법론으로 사용되고 있음을 주장한다. 그런 점에서 칸트의 구성주의는 근대를 떠받치는 반석일 뿐, 근대를 해체하고 재구성하는 방법론일 수 없다는 점도 분명하다.

칸트는 "어제의 나와 오늘의 나, 내일의 나가 같을 수 있는가?"라는 질문을 던지면서, 주체로서의 동일성을 어떻게 사유할 것인가의 질문을 던진다. 이에 대한 대답으로 선험론적인 통각apperception의 작용으로 인해 통합적인 자아에 대한 인식의 구성으로 나아갈 수 있다고 사유하였다. 그러나 시간 개념을 자아에 도입함으로써 확고부동하고 단일한 주체를 설정하는 것으로부터 벗어나, 매순간 선험적인 통각의 구성 작용을 통해 시간을 종합적으로 인식하는 데로 바로 이행한다. 그런 점에서 칸트의 선험론적 통각은 데카르트적인 코기토적 주체에 처음으로 시간 개념을 도입함으로써, 사실상 가라타니 고진이 주장하듯

---

87 안토니오 네그리 · 마이클 하트, 정남영 · 윤영광 옮김, 『공통체』(사월의책, 2014), 473쪽.

이 횡단적인 구도를 드러내 보인다. 물론 선험적 가상을 통해 순전히 상상력에 기반해서 자아의 동일성을 착각할 여지도 상존한다. 그럼에도 불구하고 자아의 선험론적 통각 작용이 그저 주어지거나 상상력 속에서만 가능한 것이 아니라, 인식의 구성 작용이라는 점은 변하지 않는다.

칸트는 '대륙의 합리론'과 '영국의 경험론'을 통합하려고 하면서, 선험적 종합 판단synthetisches Urteil a priori이라는 개념을 『순수이성비판 Kritik der reinen Vernunft』에서 창안해 냈다. 칸트는 자신을 데카르트적인 독단으로부터 깨어나게 한 것이 다름 아닌 영국의 경험론자 데이비드 흄의 철학이었다고 술회한다. 즉 감각인상의 반복이 법칙이 아닌 습관이라는 흄의 이론적 전개는 서구의 실재론적 전통을 완벽히 무너뜨리는 논변이라고 할 수 있었기 때문이다. 칸트는 수동적인 종합 상태의 인식의 수용 상태와 선험적인 것으로서의 인식의 전제조건을 함께 종합하려고 하였다. 칸트는 "내용 없는 사고는 공허하고, 개념 없는 직관은 맹목적이다."라고 말하면서, 합리론과 경험론이라는 양 극단을 종합하려고 한다. 이에 따라 합리론의 '꽃은 꽃이다'의 논리에서 정보량이 변화하지 않는 분석판단과 경험론의 '꽃이 붉다'라고 하면서 정보량이 늘어나는 종합 판단 사이에서 종합 판단을 취하고, 합리론의 선험적인 것a priori과 경험론의 후험적인 것a posteriori 사이에서 선험적인 것을 취하여서 '선험적 종합 판단'을 완성한다. 예를 들어 $1+2=3$이라는 수학에서 1과 2라는 주어는 술어인 3을 포함하지 않아서 정보량이 늘어나면서도 수학이 선험적 형식이므로, 선험적 종합 판단이라는 것이다.

칸트는 인간의 이성 능력이 자연성으로부터 유래한 고도의 구성 작

구성주의와 자율성

용이라고 여겼지만, 자연과 자유를 구분하는 이분법으로 향했다. 이로 인해 자연의 요청(=이성의 요청)에 따라 세계시민정부의 구성을 통해서 이성이 완성될 수 있으며, 인류는 영구 평화로 향할 것이라고 낙관적으로 전망했다. 칸트의 실천이성은 "보편적인 준칙에 적합하도록 행동할 것"이라는 정언명법과 "상황에 따라 조건적으로 행동할 것"이라는 가언명법을 주장하였지만, 세계시민정부라는 민주주의적인 "~그리고 ~그리고 ~그리고"라는 선언명법을 숨겨둔 전제로 갖고 있었을 것이라는 이론적 가설도 가능하다. 형식논리학에서 정언conjunction이라는 연접의 논리와 가언disjunction이라는 이접의 논리는 반드시 선언connection이라는 접속의 논리와 함께 삼원 구도를 그린다는 점에 주목해야 할 것이다.[88] 또한 결과를 중시하는 공리주의와 동기로서의 선의지를 강조하는 칸트주의가 가진 실천적인 면모가 윤리학에서의 쟁점으로 등장하기도 한다. 칸트는 "나는 바다를 알기 위해 해변에서 조개껍질을 줍던 아이였다."라고 겸손하게 말하였다고 한다. 우리는 칸트의 철학적 한계와 더불어 철학적 성과가 구성주의와 규제주의의 이율배반과 긴밀히 연결되어 있다는 점에 주목해야 할 것이다. 그런 점에서 칸트의 인식론적 구성주의가 개방한 구성주의 노선을 발전시키고 진화시키는 데는, 이후 오랜 잠복기가 필요하였던 것일지도 모르겠다.

88 이에 대한 논문으로는 다음이 있다. 신승철, 「칸트의 도덕철학의 논리적 구성과 들뢰즈 · 가따리의 비판적 계승──정언, 가언, 선언 논리적 구도와 오이디푸스 삼각형의 구성을 중심으로」, 『철학 · 사상 · 문화』, Vol.4 No. 2006.

:: 니클라스 루만의 사회 시스템론

니클라스 루만의 체계 이론 다시 말해 시스템 이론은 구성주의 이론을 생명과 에코 시스템을 넘어서 사회 시스템으로 확장시킨 이론이었다. 그가 마투라나와 긴밀한 협력 관계였던 이유도 있지만, 사회, 제도, 시장, 법 등의 시스템을 자기 조절적이고 자기 생산적인 구도에서 바라보았기 때문이기도 하다. 그는 주체와 대상과의 관계를 인식론적 도식 속에서 파악하는 인식론적 구성주의의 경향에 대해서 다음과 같이 비판한다. 이는 체계의 일부로서의 관찰자를 설정함으로써, 칸트주의에 드러난 주체의 인식론적 종합 능력을 기각하는 것이다. 즉 칸트의 외재적 인식론──인식 주체와 인식 대상을 구분하여 외부적 관찰자를 설정하는 것──으로 향하지 않고 자기 생산 하는 시스템의 내부에 관찰자가 있다는 구상으로 향한다. 다시 말해 우리는 우주 안에서 우주의 별을 관찰하는 내부 관찰자라는 것이다.

"이는 결국 모든 인식론적 구성주의나 모든 인식론적 지침은 하나의 역설에 봉착하지 않을 수 없다는 뜻이며, 이 역설은 구별을 투입할 때만 극복할 수 있다. 그리하여 물리학적 도구를 관찰로부터 구별하거나 계획을 알리는 커뮤니케이션을 그 이전과 이후의 상태의 체계로부터 구별한다. 이와 같은 구별의 도움으로 현상을 관찰하는 차원으로 다시 복귀하게 된다. 그러나 관찰자라는 이론적 형태를 도입한다는 것은 형이상학을 넘어선 영역이라는 의미이다."[89]

89 니클라스 루만, 윤재왕 옮김, 『체계이론 입문』(새물결, 2014), 216쪽.

구성주의와 자율성

이는 데카르트의 코기토적인 주체와 칸트의 인식론적 구성주의에 따르는 주체를 기각하며, 시스템 바깥의 인식론적 주체를 허용하지 않는다. 즉 선험적 주체를 설정하고 시스템 바깥에 위치시키는 것이 아니라, 사고와 경험의 조건으로서의 시스템을 수용하고 그 작동으로부터 출발점을 갖는 것을 의미한다. 그런 점에서 칸트의 선험적 통각과 하버마스 방식의 합의 모델을 넘어서서 상호주체성 논의를 궤도로 올려놓는다는 것을 의미한다. 결국 관찰자는 초월적인 신의 시선이나 경험 이전의 혹은 경험에 선행하는 선험적 주체가 아니라, 그 자체로 시스템이며, 시스템의 내재적 작동의 일부일 뿐이다.

그런데 여기서 시스템이란 무엇인가라는 질문을 던져볼 수 있다. 시스템은 생태계, 우주, 사물, 미생물에도 있지만, 정치 체계, 경제 체계, 사이버네틱스, 문화 체계, 도덕 체계, 사회 체계 등에도 있을 수 있다. 문제가 되는 것은 이러한 시스템 내에서 유통되는 정보를 어떻게 볼 것인가의 여부이다. 자기 준거적인 '정보'는 타자 준거적인 '통보'와 차이를 갖는다고 루만은 말하면서, 동시에 시스템에서 유통되는 정보에 대해서 생물학자 베이트슨의 정의를 도입한다. 베이트슨에게 정보는 탈맥락화된 정보주의의 난관, 즉 '함=앎=삶'을 거스르는 정보가 아니라, 정보를 유통함으로써 공동체와 시스템이 풍부해지는 '차이를 낳는 차이'라고 규정된다. 그런 점에서 차이를 낳는 차이로서의 정보를 유통하므로, 시스템의 정의는 바로 다름 아닌 차이라고 루만은 단언한다. '차이를 낳는 차이'라는 개념은 1차적 차이로서의 다양성과 풍부함, 복잡성으로 특징지어지는 차이에서, 완전히 색다른 차이가 생산됨으로써 공동체가 새로운 단계로 이행하도록 만드는 2차적 차이의 전제조건임을 의미한다. 이런 점에서 구조기능주의의 탤컷 파슨스Talcott

Parsons가 말하는 기능 분화의 질서가 자본주의 경제 시스템에서의 직분과 역할, 기능의 작동 방식이라는 점에서 한 걸음 더 나아가 차이가 유통됨으로써 색다른 차이 생산의 원동력이 되는 다양성에 기반한 시스템을 루만은 구상하였다. "그래서 차이를 만들어 내는 차이이다! 하지만 베이트슨의 정보 이론도 이론이 어떻게 이론의 첫 번째 차이에 도달하는가라는 물음에 대해서는 답하지 않는 경우에 해당한다. 우리는 하나의 차이에서 출발하고, 흥미롭게도 다시 하나의 차이에 도달한다. 즉 정보 처리의 전 과정은 처음의 차이와 이 차이를 통해 성립된 차이 사이에 걸쳐져 있다."[90] 이를 통해 루만은 서구 근대의 이성적 합리주의의 계산 가능성과 예측 가능성의 전제가 되는 통합된 시스템 논의를 넘어서, '이성이 알지 못하는 또 다른 이성에 대한 논의'로 시스템 이론을 진입시킨다.

그런데 사이버네틱스의 유래가 키잡이kybernetes, 즉 조종자라는 개념에서 왔다는 점은, 시스템을 좌지우지할 수 있는 센터를 설정한다는 오해를 불러일으키기 충분하다. 그런 점에서 적극적 상호작용의 측면에서 차이를 낳는 차이의 열린 시스템을 구상해 볼 수 있겠지만, 소극적 상호작용 속에서 조종이라는 작동을 갖고 있는 닫힌 시스템도 사고해 볼 수 있다. 여기서 시스템은 구조 및 환경과 구분된다. 아무리 환경이 변한다 하더라도 시스템은 자기 생산이라는 내재적인 작동이 있기 때문에, 환경의 변수를 자기 생산의 변수와 상호작용의 변수 중 하나로 취급한다. 이에 따라 일방적인 환경결정론은 기각된다. 구조결정 또한 마찬가지이다. 상호작용의 계열적 유사성이 안정적인 구조를 형성하고 이에 따라 구조는 시스템의 한 가지 작동 방식으로 고정되어

90 같은 책, 91쪽.

　　　　　　　　　　　　　　　구성주의와 자율성

나타난다. 그러나 구조는 시스템의 자기 생산의 계열 중 하나로 연결 방식이나 자기 조직화 방식 중 하나이지, 그 자체가 시스템이 될 수는 없다. 즉 구조의 발생에서는 '~또는 ~또는'이라는 이접의 형태 속에서 유사성과 상사성의 계열이 등장하는 것을 의미한다. 하지만 이접disjunction의 연결 방식은 접속connection과 연접conjunction이라는 연결 방식의 일부에 불과하며, 동시에 유사성과 상사성은 인접성과 관습성의 계열 중 하나에 불과하다.[91] 이에 따라 구조결정론도 역시 기각된다.

이러한 루만의 논증 구조의 뼈대와 살, 피를 형성하는 기반은 마투라나와 바렐라의 자기 생산과 자기 조직이라는 개념이다. 마투라나와 바렐라가 단지 생명 개체에 대해서 적용했던 자기 생산 개념은 루만에게는 시스템의 자율성을 설명하는 핵심 개념으로 이행한다. 이를 통해 루만은 다극적인 변수에 의해서 움직이면서도 내재적인 작동 원리를 갖고 있는 자기 생산적인 사회 시스템을 설명할 수 있게 되었다. "체계 고유의 작동을 통한 구조의 생산이라는 의미의 '자기 조직'이고, 다른 하나는 체계에서 앞으로 이루어지는 작동들이 가능할 수 있는 출발점이 되는 상태가 바로 동일한 체계의 작동을 통해서 결정된다는 의미에서 '자기 생산'이다."[92] 여기서 구조와 시스템의 큰 차이는, 구조는 오직 현재만을 알고 미래로 투사할 뿐이지만 시스템은 과거, 현재, 미래로의 지속과 흐름의 속성을 갖고 있다는 점에 있다.

---

91 퍼스의 기호론은 상징Symbol이라는 관습성의 기호와 도상Icon이라는 유사성의 기호, 지표Index라는 인접성의 기호의 세 가지 기호로 이루어져 있다. 구조주의는 유사성의 계열을 인접성과 관습성으로부터 분리하여 불변의 항을 추출하는 방법론이다.

92 같은 책, 131~132쪽.

시스템은 자신이 가진 내부 역동성으로서의 자기 생산으로 인해 외부와의 구별을 짓게 된 '작동상의 폐쇄성'으로 향한다. 문제는 구별을 낳는 구별, 구별의 구별로의 재진입 현상이 이루어진다는 점이다. 즉 구별되어 있는 개체는 다시 통합으로 나서는 것이 아니라, 구별을 다시 생산하는 구별의 형태를 띤다는 점이다. 이는 생태계의 항상성의 원리와도 매우 유사한 시스템의 재귀적인 반복 현상이기도 하다. 즉 결론으로 나와야 할 것을 전제로 하여 작동하는 논리와도 같이 순환논증의 상황으로 시스템이 재귀적인 반복을 한다는 점이 그것이다. 이 것을 루만은 재진입이라는 개념으로 표현하였다. "세 번째 측면—이 역시 스펜서-브라운에서 시작되었는데—은 재진입reentry이라는 개념과 관련된다. 재진입이란 형식이 형식 안으로 또는 구별이 이미 구별된 것 안으로 다시 들어간다는 것이다."[93] 이러한 재귀적인 맥락을 형성하는 시스템은 맥락 바깥에 관찰자를 두는 것이 아니라, 관찰자를 배치와 맥락, 시스템 내부에 두게 된다. 그렇기 때문에 관찰자는 인식론적인 주체로서 완전무결하게 대상으로부터 탈색되고 거리두기를 하는 사람이 아니라, 재귀적인 순환 논증 내부에 있는 관찰, 성찰, 응시의 주체성이라고 할 수 있다. 이런 점에서 이러한 상호주체성inter-subjectivity으로서의 관찰자의 설정은 결국 외재주의의 완벽한 기각을 의미하며, 이를 통해서 시스템 내부에 있는 사람들이 자신의 재귀적인 방식의 순환 논증 내부에서 관찰자가 되어 시스템의 일부로서 시스템을 성찰하고 발전시키는 원동력이 된다는 점을 알 수 있다.

커뮤니케이션 이론에서 루만은 하버마스의 의사소통행위 이론과 다른 궤적을 보여 주며 논쟁을 유발할 수 있는 하나의 시스템을 선보인

93 같은 책, 104쪽.

구성주의와 자율성

다. 여기서 하버마스의 '의사소통 이론'은 보편 화용론의 시각에서 언어가 행위에 상당할 수 있고, 동시에 이상적인 담화 상황에 이를 수 있어서 합의에 이를 수 있다고 주장하는 이론이다. 루만은 "사회는 환경에 민감한 체계이기는 하지만 작동적으로 폐쇄적인 체계이다. 사회는 커뮤니케이션을 통해서만 관찰된다. 그것은 오직 의미적으로만 커뮤니케이션할 수 있어도, 이러한 커뮤니케이션은 커뮤니케이션에 의해 스스로를 조절한다. 사회는 스스로에 의해서만 위험해질 수 있다."[94] 라고 말하면서 사회 시스템의 조절과 조정, 자기 생산의 기능을 커뮤니케이션이 담당하고 있음을 언급한다. 문제는 루만이 사회 시스템을 작동시키는 커뮤니케이션이 정보, 통보, 이해의 세 가지 차원에 의해서 이루어진다고 하는 점에 있다. 정보는 차이를 낳는 차이이고 타자 준거적인 데 비해, 통보는 의사전달이고 자기 준거적이다. 동시에 이해는 상호적이고 쌍대적雙對的이다. 루만은 오스틴의 언어행위 이론에서 시작해 하버마스의 의사소통행위 이론의 합의 이론으로 이행했던 화용론적 전통에 대해서 다음과 같이 말한다.

"그러나 자기 생산 개념에서 출발하면 일단 합의에 도달하고 난 다음에는 무슨 일이 일어날 것인지에 대한 생각 때문에 불안감을 갖게 된다. 즉 합의에 도달했다면 의사소통적 행위는 이제 중단되어야 할 것이다. 헬무트 셸스키Helmut Schelsky는 언젠가 하버마스에게 '합의 이후에는 무엇이 오는가?'라고 질문을 한 적이 있다."

루만이 이런 질문을 던지는 이유는, 의사소통이 단지 이상적 합의에

---

94 니클라스 루만, 서영조 옮김, 『생태적 커뮤니케이션』(에코리브르, 2014), 50쪽.

도달하기 위한 절차와 기능에서 완결되며 이에 머무르는 것이 아니라, 사회 시스템의 자기 생산과 자기 조절을 하는 역할을 할 수 있기 때문이다. 더불어 사회 시스템 중에서 사이버네틱스에 있어서는 의사소통의 과정은 차이를 낳는 차이로서의 정보를 유통시켜 시스템 자체의 자기 조절 능력을 높일 수 있는 유력한 방법이기 때문이다. 동시에 'inter-subjectivity'라는 개념의 설명인 상호주관성 혹은 상호주체성 또는 사이주체성에 대한 논의를 살펴볼 필요가 있다. 루만은 의사소통으로 한정되지 않은 생태계의 상호작용과 생명과의 교감, 기계적 피드백 등의 인간/비인간의 주체성을 염두에 두고 있었기 때문에 상호주체성이나 사이주체성의 입장에 서며, 하버마스의 인간중심적인 합의주의에 머무는 간주관성의 이상적 담화 상황에 동의할 수 없었던 것이다. 루만의 사회 시스템 이론은 시스템을 구성해 내고 자기 생산 하며 자기 조절 할 수 있는 구도를 설명하고자 했던 구성주의로서의 면모를 잘 보여 준다.

:: 비고츠키의 근접발달 이론

교육학에서의 구성주의 논의는 한국 사회에서 '자기 주도 학습self-directed learning'이라는 개념으로 소개된 바 있다. 이는 객관주의나 표상주의에 반대하기 위한 구성주의의 논의에서 벗어나서, 구성주의를 학습 매뉴얼이나 학습 프로그램의 일종으로 여기는 것이었다. 교육환경과 교육방법론, 교육과정 등의 대대적인 혁신과 변화가 없는 상황에서 자기 주도 학습이라는 개념은 학생들에게 또 하나의 짐을 지우

구성주의와 자율성

는 결과로 나타날 수 있다는 맹점이 있다. 예를 들어 칸트의 선험적 도식론을 계승한 급진적 구성주의자인 장 피아제Jean Piaget(1896~1980)의 스키마schema 이론을 교육 현장에서 적용한다는 것이 바로 선행학습으로 나타나는 등의 속류화가 이루어지는 것이다. 여기서 스키마란 '한 번 훑어 본 책은 한 번도 읽지 않은 책보다는 훨씬 수월하게 읽힌다'는 점을 사례로 생각해 보면 금방 쉽게 이해된다. 그렇기 때문에 선행학습을 통해 미리 해둔 공부가 정규 교육과정의 이해를 돕는 유력한 방법이라는 것이다. 이렇듯 교육학에서의 구성주의 논의가 철저히 왜곡되고 있는 것은 '교육과정', '교육자와 피교육자의 관계와 배치' 자체에 대한 성찰과 반성으로부터 출발하지 않는 한, 모든 교육학 이론이 교육 현장에서의 기술이나 교수-학습의 방법론으로 전락할 수 있다는 점을 잘 보여 주고 있다. 그런 점에서 자크 랑시에르Jacques Ranciere(1940~)가 언급했던 '무지한 스승'이 던져주는 교육자와 피교육자 간의 배치의 변화의 필요성에 대해서도 생각해 볼 필요가 있다.

교육에서 구성주의와 계몽주의는 양극단에 서 있다. 구성주의가 세계의 인식과 상, 이미지를 스스로 차이 나게 구성해 낸다는 것에 주목한다면, 계몽주의는 객관적 표상, 객관적 실재가 통합된 상과 이미지로 존재한다는 생각에 주목한다. 그렇기 때문에 계몽주의는 차이 나는 인식의 구도를 중시하는 것이 아니라 객관적인 실재에 기반한 지식과 정보를 일방적으로 전달한다. 인식론적 구성주의의 창시자인 칸트는 사실상 근대 계몽주의와 구성주의의 이율배반을 풀지 못했다고 할 수 있다. 그는 고대 철학으로부터 계승되어 온 신, 영혼, 세계를 주제로 한 형이상학을 기각시키는 데는 한몫을 했지만, 근대 이성의 배후에 숨겨진 형이상학을 넘어서지는 못했다. 즉 실체와 본질에 대한 논의는 칸트로부터 사라지지만, 작동, 기능, 도식 작용, 구성의 차원에서 형이상학은 배후에 전제되어 있다고 할 수 있다. 교육학에서의 구성주의 맥락은 피아제와 비고츠키Lev Vygotsky(1896~1934)라는 두 사람에 의해서 양분된다. 피아제는 급진적 구성주의를 개방하였다면, 비고츠키는 피아제를 비판하면서 사회구성주의를 개방하였다. "구성주의는 '지식은 구성된다'라는 테제를 기본 전제로 한다. 구성주의 인식론은 주체를 어떻게 보느냐에 따라 그 갈래가 나뉜다. 주체항을 개인적 단독자로 보는 경우 급진적 구성주의가 되고 사회적 존재자로 보는 경우에는 사회적 구성주의가 된다."[95]

피아제의 경우에는 자기중심적인 아동의 설정으로부터 출발하지만, 비고츠키는 사회문화적인 협력과 상호작용 등에서 출발한다. 이에 대한 논의는 비고츠키의 피아제에 대한 비판과 구별에서도 찾아볼 수 있다. 비고츠키는 "이런 도식적 관점에서 보면, 이런 식으로 우리가 어린이의 자기중심적 말로 지칭한 어린이 생각 발달에서 동일한 바로 그 지점이 어린이 발달의 완벽하게 다른 두 경로 위에 놓여 있다. 피아제에게 이것은 자폐증과 논리적 사고 사이에 위치한 대단히 개인적인 것으로부터 사회적인 것으로 나아가는 이행의 한 단계이지만, 우리에게는 이것은 외적인 말과 내적 말 사이에 위치한, 사회적 말로부터 자폐적인 말로 하는 생각을 포함하는 개인적인 말로 나아가는 이행의 한 형태이다."[96] 즉 구성 작용의 과정이 아동 개체로부터 출발점을 가질 것인가 아니면 아동을 둘러싼 사회–문화적인 배치와 관계망으로부터 출발점을 가질 것인가의 논쟁점인 셈이다. 아동 개인을 출발점으로 삼

95   현광일, 『경쟁을 넘어 발달 교육으로』(살림터, 2015), 17쪽.
96   레프 비고츠키, 배희철 · 김용호 옮김, 『생각과 말』(살림터, 2011), 109쪽.

는 피아제는 마치 '세계의 중심이 나'라고 생각할 만큼 자폐적이고 자기중심적인 아동의 상을 그려 낸다. 그로부터 세계가 다시 창안되는 놀이, 예술, 학습의 구성 작용이 시작되는 것이다. 이에 반해 비고츠키는 아동이 모방하게 되는 사회적 말은 미리 주어지며, 사회적 협력 활동의 과정을 통해 아동은 자기 자신의 말과 내면, 생각을 구성해 내어 성숙된 자아가 될 수 있다고 말한다. 비고츠키와 피아제의 상반되는 구도를 표로 설명해 보면 다음과 같다.

발생순서	비고츠키	왓슨(행동주의)	피아제(구성주의)
↓	사회적 말	외적인 말	말을 사용하지 않는 자폐적 생각
	자기중심적 말	속삭이는 말	자기중심적 말과 자기중심적 생각
	내적인 말	내적 말	사회화된 말과 논리적 생각

●

비고츠키의 비교 구도[97]

피아제는 칸트의 인식론적 구성주의로부터 벗어나지 못한 상태에서 아동의 지능과 말 등의 능력에 대한 인지발달 단계가 있다고 사고한다. 이러한 인지발달 이론의 근거는 "1) 동화assimilation : 이미 가지고 있던 자신의 인지 구조로 새로운 대상을 받아들이는 과정이다. 2) 조절 accomodation : 가지고 있는 기존의 도식이나 인지 구조가 동화할 수 없을 때, 가지고 있는 도식이나 인지 구조를 바꾼다. 3) 평형equilibrium :

97 같은 책, 113쪽.

동화와 조절이 통합된 과정이다. 경험과 인지 사이에 괴리가 생겨 비평형화가 일어나면 유기체는 동화와 조절로 평형화를 추구하게 된다."[98]와 같은 작동 방식에 따른다. 이에 따라 스키마, 즉 도식이 감각운동이나 학습, 인지발달 과정에서 핵심적인 역할을 한다고 보았다. 이러한 인식론적 구성주의에 영향을 받은 피아제의 구성주의가 대상으로 하는 것은 각각의 아동 개인이기 때문에, 사회적 협력 관계와 문화와 기호 사용 등과 같은 사회-존재론적인 영역은 구성의 결과일 뿐 전제가 아니다.

비고츠키는 '근접발달단계 이론'이라는 사회적인 영역을 다루기 시작함으로써 피아제의 인식론적 구성주의의 경향을 넘어서고자 했다. 근접발달 이론은 교수와 학생의 상호작용 속에서 아동의 실제적인 발달 단계와 잠재적인 발달 단계의 낙차 효과를 겨냥하는 방법론이다. "근접발달대는 개체발생적 영역에서 새로운 심리 기능의 발달을 도모하는 발생적 영역을 한계 짓는 개념이다. 어린이의 근접발달대는 독립적으로 해결한 문제를 통해 확립된 어린이의 실제적 발달 수준과 성인의 안내나 혹은 더 지적인 파트너와의 협력으로 어린이가 해결한 문제를 통해 확립된 어린이의 가능한 발달 수준의 차이다."[99] 비고츠키의 근접발달 이론에 따라 아동들의 실제적인 발달 단계와 잠재적인 발달 가능성 간의 낙차 효과는 사회적 구성주의와 급진적 구성주의가 충돌하는 개념이 아니라, 서로 간의 차이를 통해서 보다 역동적인 수준으로 진입할 수 있다는 점을 알게 해준다. 즉 비고츠키의 사회적 구성주

---

98 피아제의 인지발달 이론을 검색어로 한 위키피디아 사전(https://ko.wikipedia.org/wiki)에서 인용.

99 현광일, 『경쟁을 넘어 발달 교육으로』(살림터, 2015), 37쪽.

구성주의와 자율성

의는 피아제의 급진적 구성주의를 전제로 해서만 낙차 효과와 역동성을 갖출 수 있는 것이다.

"어린이에게 있어, 협력과 모방을 통한 발달, 특별하게 인간만이 가진 의식의 모든 자질들의 근원, 교수-학습을 통한 발달은 근본적인 사실이다. 그러므로 교수-학습을 심리학적으로 연구할 때 중심에 놓여야 하는 요소는 협력을 통해 그가 가지고 있는 것에서 그가 가지지 못한 것으로 나아가게 하는 아동의 가능성이다. 여기에서 우리는 교수-학습이 발달을 위해 가지는 중요성을 발견할 수 있으며, 여기서 근접발달영역이라는 개념의 법칙과 내용을 발견할 수 있다."[100]

여기서 비고츠키의 교수-학습 모델을 다시 계몽주의적인 발상으로 오해할 여지도 있다. 그러나 이러한 모델에서 교수는 무지한 스승이나 조력자, 협력자, 촉매자로서 근접발달대, 즉 '가깝고 국지적이고 지엽적이고 유한한 영역'에 위치한 사람이다. 특히 근접발달 영역이 단지 실재론적인 지식을 전달하는 영역이 아니라, 잠재적인 영역, 즉 발견주의적인 영토라는 점에 주목해야 할 것이다. 교수가 학생들이 모른다고 설정하는 것이 아니라, 잠재적인 영역에 남아 있는 애벌레와 같은 영감과 단상이 어떻게 발전할 수 있는지 지도 그리기를 해주는 것이 필요하다는 점이 그것이다. 그런 점에서 근접발달영역에서의 교수-학생의 상호작용은 '미소발생'이라고 개념화된 생성과 창조의 가능성의 영역이라고 할 수 있다.[101]

100 레프 비고츠키, 배희철·김용호 옮김, 『생각과 말』(살림터, 2011), 480쪽.
101 여기서 비고츠키는 발달을 계통발생적 진화, 사회-문화적 진보, 개체발생적 성장,

비고츠키에게 교육의 과정은 근접발달영역에서 잠재적인 것을 끌어내고 발견하고 고무하는 교수-학생의 상호작용에 강조점을 준다. 이러한 구성주의 교육이 일방적인 지식 전달이 아니라, 아동 스스로가 구성해 낼 능력을 고무하고 촉매하는 것이라는 점을 분명히 알 수 있다. 이런 교육학에서의 구성주의의 맥락은 "통합Integration, 만인의 탁월성 Excellence for all, 아동 자체로return to child itself"[102]에 입각한 박부권 교수의 4 · 16 교육 체계에 대한 구상에서도 그대로 나타난다. 사실 교육에서 문제가 되는 것은 어른들이 해결해야 할 문제와 과제를 미래 세대에게 떠넘기는 현존 문명의 모습이 그대로 교육과정에서 드러난다는 점이다. 비고츠키의 사회적 구성주의는 교육 현장에서 상호작용을 통해 발생한 모든 것을 받아들이고 발견하고 지도 그리기를 할 준비가 되어 있는 교육자의 태도를 촉구한다. 이를 통해서 비고츠키는 아동 각각이 구성해 낸 상과 이미지, 생각, 말 등의 실제적인 것과 아동이 미래에 사회-문화 현실에서 직면하게 될 잠재적인 상과 이미지 등을 비교하고 대조함으로써, 차이를 끊임없이 발생시키고 구성하는 역동적인 과정이 교육이라는 점을 분명히 한다. 그것은 계몽주의처럼 정답이 주어져 있는 것이 아니며, 발달의 결과가 어른 사회를 단순히 모방하는 것에 그치는 것이 아니라는 점에서 여전히 구성주의의 전통 안에 있다.

미소발생적 변화 등 네 가지로 보고 있다.(현광일, 2015: 63) 여기서 발달은 본질이나 실체가 아니라, 발생적인 것이다.

[102]　박부권, 「4 · 16 교육 체제의 기본 이념과 구조」(2014. 10. 29. 수요정책포럼: 경기도 교육청).

:: 들뢰즈의 비실재론

들뢰즈의 비실재론이 가장 극명하게 드러나는 것은 플라톤의 실재론에 대한 비판에서일 것이다. 들뢰즈는 플라톤의 실재론이 겨냥하는 이상적이고, 완결적이며, 원형으로서의 '이데아'라는 개념의 반대편에 있는 흐름, 순수 차이, 복제본으로서의 '시뮬라크르simulacre'라는 개념을 제시한다. 시뮬라크르는 원본으로부터 복제복사를 거듭하여 더 이상 복사본의 속성조차도 갖고 있지 않은 순수 차이의 세계를 의미하기도 한다. 즉 동질적인 세상에서 벗어난 차이 나는 세상을 의미한다. 플라톤은 사물의 본질과 실체를 설명하기 위해서 사물의 고정적이고 이상적인 상을 제시하고자 했다. 그리고 사물의 고정성과 본질을 인식하는 플라톤의 실재론은 사실상 자본주의를 떠받치는 고정관념을 생산하는 아카데미의 구축을 의미할 뿐이다. 플라톤은 차이가 나고 변화하는 시뮬라크르의 세상과, 고정되어 있고 완결된 이데아 세상을 이원론적으로 분류한다. 들뢰즈는 "우리는 이러한 플라톤적 이원론을 잘 알고 있다. 이 이원론의 참모습은 가지적인[이성적인] 것과 가시적인[감각적인] 것, 질료와 형상, 가시적인 사물들과 형상의 이분법에 있지 않다. 플라톤의 철학의 참모습은 보다 심층적이고 보다 비밀스러운 이분법, 가시적이고 물질적인 사물들 자체 내에 깃들어 있는 이분법이다. 이는 곧 형상의 작용을 받아들이는 것과 비켜 가는 것 사이의 이분법이다. 그것은 원본과 복사본의 구분이 아니라, 복사본들과 시뮬라크르들의 구분이다."[103]라고 말한다.

플라톤의 실재론은 사람들이 공동체를 떠나서 '의미화의 능력을 가

---

103   질 들뢰즈, 이정우 옮김, 『의미의 논리』(한길사, 1999), 44쪽.

진 전문가', '원자화된 개인', '자본주의가 요구하는 기능인'으로 자리 잡게 만드는 아카데미의 틀과 기본 구도를 그려 낸 최초의 이론이다. 아카데미는 철저히 본질, 실체, 고정성을 다룸으로써 자본주의의 존속과 공모한다. 만약 공동체로 다시 돌아가거나 공동체를 만들고자 하는 철학이 있다면 그것은 아마도 생성과 사건의 철학일 것이다. 이를 통해 보편화되고 뻔한 일상이 아니라, 가장 국지적인 일상의 영역을 색다른 사건을 만들어 내는 놀라운 창조와 발견의 평면으로 만드는 것도 가능하다. 이를 위해서 전문가가 공동체의 작동 원리를 추출하고 이용하고 착취하여 의미화, 표상화, 모델화하는 구도로부터 벗어나는 것이 필요할 것이다. 결국 전문가들의 의미화, 모델화, 표상화의 방법론을 넘어선, 색다른 의미의 논리가 중요해진다. 들뢰즈는 기존의 의미의 논리를 '실증주의 철학에 기반한 지시 작용의 의미화', '현상학에 기반한 현시 작용의 의미화', '구조주의 철학의 기호 작용의 의미화'로 구분한다.[104] 그러나 들뢰즈가 주목하는 의미화의 논리는 무의미의 영역이라고 던져졌던 사건과 생성으로서의 의미 작용이다. 이를 통해 '의미=권력'이라는 가타리의 등식으로부터 벗어나 생성과 창조의 사건성이 갖는 의미를 구분할 수 있는 여지를 만들어 냈다. 결국 아카데미에 기반하여 지식권력을 할당받은 전문가주의적인 의미화의 공식으로부터 벗어나 생성과 구성 작용에 입각한 의미의 논리를 창안한 것이다. 그런 점에서 들뢰즈의 의미는 감각과 차이를 갖지 않는다.

들뢰즈가 생성과 사건성의 철학으로 향할 수 있었던 이유는, 그가 생명을 특이성singularity의 입장에서 바라보았기 때문이다. 여기서 특이성은 '단독성', '유일무이성', '특개성', '고유성', '일의성' 등과 동의

104 같은 책, 27쪽 참고.

구성주의와 자율성

어이며, 들뢰즈의 생명철학의 핵심을 관통하는 개념이다. 즉 생명을 세상에 단 하나밖에 없는 유일무이한 존재로서 바라볼 때, 보편화하고 계량화하며 뻔한 것으로 간주할 여지는 사라진다. 이에 따라 상대방의 특이성을 발견하면서 퍼내도 완전히 퍼지지 않는 잠재성의 심연을 바라보는 것이 가능하다. 즉 "너는 이런 사람이었잖아"가 아니라 "너에게 이런 면도 있었네!"라는 발견주의도 가능하다. 다시 말해 보편성으로 포섭될 수 없는 독립항으로서의 특이성이 있을 수 있다. 어떤 사람에게 고양이는 그저 보편적인 고양이 중 하나에 불과하지만, 또 다른 사람에게는 자신이 애지중지하는 세상에 단 하나밖에 없는 '달공이'라는 이름의 고양이일 수 있다. 어떤 사람은 삶이 비루한 일상의 반복이라고 느낄지 모르지만, 또 다른 사람은 매일매일을 새로운 사건의 연속으로 느낄 수도 있다. 특이성은 바로 우리의 삶과 실존이 갖는 단독적인 의미마저 밝혀 주는 개념이다. 우리의 삶이 단 한 번밖에 없는 유일무이한 순간이며, 유한한 것이라는 것을 깨달은 사람들은 자신의 삶의 좌표를 변경시켜 소중히 아끼고 최선을 다할 것이다. 특이성으로 인해 각각의 주체성들의 세계는 각기 차이 나는 세계들로 구성되어져 있는 셈이 되며, 똑같으며 뻔하게 규정된 세계에서 살아가는 것이 아니다.

그런데 들뢰즈의 특이성과 차이의 세계관이 갖는 구성주의적 질서와 상이한 영역의 논의도 있을 수 있다. 그것은 헤겔의 변증법에서 그려진 정반합으로 나타난 모순의 세계상이다. 일단 모순이나 차별이 작동하기 위해서는 비교 가능한 동질적이며 계산 가능한 세계가 있어야 한다는 관점이 전제되어 있다. 그러나 차이와 특이성은 서로 비교 불가능하며 계산 불가능한 독특한 질서의 실존을 의미한다. 헤겔을 계승한 마르크스 계열의 사상들은 모순과 적대, 투쟁이 세계를 바꿀 것이라는 구도를 그리지만, 스피노자로부터 출발하여 들뢰즈에 이르는 노선은 특이한 존재가 공동체를 풍부하고 다양하게 만들어 세계를 점차적으로 바꾸는 구도를 그려낸다. 들뢰즈는 "그러므로 존재의 일의성은 또한 존재의 동등성을, 평등을 의미한다. 일의적 존재는 유목적 분배이자 왕관을 쓴 무정부 상태다."[105]라고 말하면서, 평등과 동등함이 일의적 존재라는 점에서 직접적으로 현전하는 것임을 분명히 한다. 이는 동일성이나 동질성을 매개한 상태에서 평등을 논의하는 방향과는 궤도를 달리 한다. 즉 한 사람이 구성적 세계를 하나씩 갖고 있기 때문에, 여러 명이 있다면 각각의 차이 나는 세계들이 있다는 점에서 동등하고 평등하게 사유하는 바를 의미한다. 이런 점에서 100명이 모여 공동체를 만들면 한 개의 공동체가 있는 것이 아니라, 100개의 공동체가 있을 수 있는 것이다.

평생 아카데미에 머무르면서 '제자리에서 여행하는 법'에 가깝게 살아왔던 들뢰즈의 비실재론을 획기적으로 변화시킨 것은 펠릭스 가타리와의 만남이었다. 들뢰즈와 가타리는 '자본주의와 정신분열증' 시리즈로 『안티 오이디푸스』와 『천개의 고원』이라는 두 권의 책을 선보였는데, 여기서 그들은 분열자라는 주체성을 통해서 세계를 재창조하는 구성주의 방법론을 적용해 보았다. 즉 정상성의 구도 속에서 세계를 바라보는 표상주의와 실재론이 아닌 분열의 흐름과 분열생성, 분열의 과정적 진행형을 통해서 세계를 재구성한 것이다. 들뢰즈의 비실재론이 구성적 방법론의 전제조건을 탐색하는 것이었다면, 이제 본격적으로 세계를 어떻게 다르게 볼 수 있는지를 실천하는 것이 '자본주의와 정신분열증 시리즈'의 면모였다고 할 수 있다. 여기서 권력의 의미

105 질 들뢰즈, 김상환 옮김, 『차이와 반복』(민음사, 2004), 106쪽.

구성주의와 자율성

화의 논리나 동질적인 질서와 보편으로의 포획은, 분열증이 보여 주는 사회-역사적 무의식이나 욕망하는 기계, 노마드라고 불리는 횡단의 주체성의 탈주와 대조를 이루게 된다. 이에 따라 전혀 생각지도, 예측하지도 못했던 색다른 세계가 구성되었으며, 이는 사랑과 욕망의 '해체적 재구성'의 능력을 응시한 것이었다.

특히 들뢰즈는 배치agencement라는 개념을 선보이는데, 배치는 구조structure와 같이 불변항의 계열항이 아니라, 유한하고 찢어질 수도, 망가질 수도 있는 관계망을 의미한다. 이에 따라 구조와 같이 영원성의 표징을 갖고 있는 것이 아니라, 유한한 욕망에 의한 폐절 가능성을 응시한 배치를 언급한 것이었다. 즉 사람들은 공동체의 끝, 한계, 죽음을 응시하면서 점차적으로 죽음을 두려움이나 공포가 아닌 유한성으로 인식하게 된다는 것이다. 배치는 구성적 질서를 의미하는 데 반해 구조는 미리 주어진 불변항의 계열을 의미한다. 이에 따라 배치는 자율적인 주체성을 응시한다면, 구조는 자동적이고 예속된 주체를 의미한다. 구조주의는 실재론을 넘어선다는 점에서 진보적일 수 있지만, 다시 구조라는 불변항을 설립한다는 점에서 보수적이다. 이런 점을 종합적으로 볼 때 들뢰즈의 비실재론은 결국 구성적인 질서로서의 배치라는 개념으로 나아갔다고 간주할 수 있다. 예를 들어 구조는 변하지 않지만, 배치는 재배치가 가능한 자율적인 질서인 셈이다. 들뢰즈의 사상적 궤적은 구조주의를 넘어선 자율주의의 도전과 창조라고 할 수 있다. 들뢰즈의 구성주의적인 방법론은 개체로서의 생명의 경우에는 특이성이라는 개념으로 사고하고, 연결망으로서의 생태, 공동체, 삶의 세계의 경우에는 배치라는 개념으로 사고하는 것으로 나타났다.

특히 들뢰즈의 생명 사상은 베르그송 사상과 만나면서 구성주의를 풍부하게 만들 수 있었다. 생명은 그 자체의 내재적인 작동으로서의 자기 생산을 하면서도 동시에 외연적인 형태를 유지하는 지속의 특성도 갖는다. 들뢰즈는 '외연=1'이면서도 '내포=무한소'를 보여 주는 라이프니츠의 충족이유율[106]에 대한 인식을 통해서, 생명의 지속은 그 내부에 무한에 가까운 작동이 있다는 점을 파악한다. 라이프니츠의 단자론[107]은 생명의 내재적인 작동이 무한소에 가까운 다양한 구성요소의 연결접속임을 의미한다. "라이프니츠의 입장에서는 연속성의 법칙과 식별 불가능자들의 원리 사이에 결코 모순이 성립하지 않는다. 연속성의 법칙은 부수적 속성들, 변용들, 혹은 완결된 경우들을 지배한다. 식별 불가능자들의 원리는 본질들, 곧 전체를 이루는 개체적 기초 개념들로 파악되는 본질들을 지배한다."[108] 이러한 측면으로 볼 때 생명의 지속과 자기 생산의 이중성에 따라 유한한 개체의 지속은 무한소의 생성적 과정과 함께 한다는 점을 알 수 있다. 결국 불교에서의 논

106 라이프니츠의 충족이유율은 비존재성의 부차적인 요소들이 무한소로 조직되어 있다는 점을 입증하기 위한 하나의 논증 절차이다. 즉 충족이유율은 사물이 마땅히 그래야 하는 이유에 대한 충분한 설명이다. 단순히 사물의 본질이라는 것에 의해서만 입증되지 않기 때문에 본질로서의 주어의 무한한 술어의 속성들을 특이점으로 하여 서술한다면 충족이유율을 통과할 수 있게 된다. 이에 따라 우리가 비본질적이라고 보았던 미분적인 사유들이 드디어 등장하게 된다.

107 모나드(=단자)는 개체로서의 단일한 실체이지만, '모나드에 창이 없다'라는 유명한 경구처럼 다른 속성이 들어올 여지가 없는 최소 공약 불가능한 개체라고 할 수 있다. 철학에서 실체 개념은 무한히 분할 가능하다면 실체일 수 없다는 점을 지적한다. 그래서 더 이상 쪼갤 수 없는 단위의 단일성인 단자로서의 실체를 상정할 수밖에 없게 된다. 라이프니츠가 보기에 실체는 사유나 의식이 아닌 지각과 연결되어 있다. 단자는 더 이상 분할 불가능한 단일성을 특징으로 하는 개체 단위이며, 단자의 연합과 복합체로서의 실체는 힘에 의해서 통합된다.

108 질 들뢰즈, 이정우 옮김, 『차이와 반복』(민음사, 2004), 126쪽.

의처럼 돈오와 점수는 서로 상보적일 수밖에 없는 것이다.[109] 이러한 물음은 "생명의 연결로서의 생태계인가?" 아니면 "생태계의 시너지 효과로서의 생명인가?"라는 아포리즘과, 그 안에 내재하고 있는 상보적 성격과도 유사한 측면이 있다. 이렇듯 들뢰즈의 비실재론은 독특한 생명 사상과 배치 개념으로 향했으며, 이는 구성주의가 들뢰즈 사상 내부의 숨은 전제였다는 점을 의미한다.

:: 환경관리주의의 제도적 구성주의

환경관리주의는, 생태계 위기, 생물종 대량 멸종, 기후변화, 해양 생태계의 파괴, 생명권 파괴, 식량 위기와 핵에너지 사용의 위험 등 지구와 인류가 직면한 절멸과 위기 상황에서 출발한다. 그러나 '털이 저절로 자라나듯이 모든 일을 그대로 두면 해결된다'는 식의 자연주의적인 발상이 아니라 거대 계획, 제도 창안, 거대 프로그램 등으로 해결하고자 하는 것이 바로 제도적 구성주의의 면모라 할 수 있다. 환경관리주의가 자연과 생태계를 인간의 관리의 대상으로 둔다는 점에서 지극히 인간중심주의이고, 현존 문명을 옹호하는 입장에 서 있다는 의견도 생길 수 있다. 그러나 환경관리주의의 대두의 시초가 되었던 레이철 카슨의 『침묵의 봄Silent Spring』의 경우에도 화학 살충제 DDT의 유전자 교란과 생물권 파괴를 고발하면서, 제도적인 환경보전의 노력을 이끌어 냈다는 점에 의미가 있다. 환경관리주의가 갖고 있는 기본적인 저

---

109 돈오는 한 번의 깨달음이 지속되는 것이라면, 점수는 끊임없는 찰나의 수행을 의미한다. 불교에서 돈오점수 논쟁은 대승불교와 소승불교의 갈림길을 의미한다.

변의 구도는 사실상 1972년 로마클럽의 보고서 『성장의 한계』 이후에 담론화된 프로메테우스주의, 즉 생존주의라고 할 수 있다. 존 S. 드라이제크John S. Dryzek(1953~)는 "이 한계와 생존의 담론이 1970년경에 존재한 유일한 환경주의는 아니다. 많은 이들이 더 지역적이고 심리적인 문제들, 단순한 존속 이상의 삶의 질에 관심을 가졌다. 그러나 생존주의는 왜 환경을 보살피고 관심을 기울이는 것이 그저 하면 좋은 일이 아니라 꼭 해야 할 필수적인 일인지, 그 기본적인 이유를 제시해 줌으로써 환경주의의 묵시론적 지평을 열어 놓았다."[110]라고 말한다.

환경관리주의가 지구에 대해서 가장 위협적인 환경 오염 중 하나로 지목하는 것은 바로 기후변화이다. 여기서 2015년 11월 30일에 파리에서 열렸던 국제연합기후변화협약 당사자총회(파리협정Paris Agreement)에서 2020년부터 돌입하고자 협정했던 신기후체제에 주목할 필요가 있다. 신기후체제는 제1세계뿐 아니라, 제3세계까지도 지구온난화를 섭씨 2도 이하로 지켜내자고 공동으로 협약한 환경관리주의가 만든 대표적인 국제 제도 중 하나다. 물론 이 파리협정에 문제가 없는 것은 아니다. 예컨대 제3세계에 대한 기술 이전이나 지원의 문제, 가이드라인 등을 협약 당사자의 자율적인 규제로 둔 점 등은 문제이다. 그러나 이 협약은 이대로 지구온난화를 방치할 경우 인류 공멸의 상황에 이를 것이라는 공감대를 만들어 냈다는 점에서 의미가 있다. 국제적인 강력한 제도와 방지책이 효과를 거둔 사례는 1970년대 있었던 남극 오존층 파괴의 상황이었다. 당시 냉장고의 냉매나 스프레이 원료로 사용되던 프레온 가스의 무분별한 사용이 그러한 상황을 초래했다는 과학계의 진단에 따라 국제 사회는 1985년 빈협약과 1987년 몬트리올의정서 등을

110 존 드라이제크, 정승진 옮김, 『지구환경정치학 담론』(에코리브르, 2005), 54쪽.

통해 강력한 프레온 가스 규제 협약을 함으로써, 현재 남극의 오존층의 파괴는 완화되고 개선되었다. 이렇듯 환경관리주의의 제도적 규제가 힘을 발휘할 수 있다는 점에서 제도적 구성주의가 형식적이고 요식적인 절차로 머무는 것이 아니라, 생존과 변화의 초석이 될 수 있다는 점을 긍정할 필요도 있다. 한국의 경우에는 1970년대에 쓰레기를 이대로 버린다면 난지도 여섯 개가 더 필요하다는 상황 진단이 있었고, 이에 대한 대응으로 아파트를 중심으로 분리수거의 생활화를 강력하게 제도화함으로써 그러한 상황을 극복하게 된 실례가 있다.

환경관리주의에서 제도의 영역이 중시되는 이유는 대부분의 환경오염과 기후변화의 상황이 사실상 욕망, 무의식, 문화, 생활방식과 관련된 탄소 중독적 문명과 깊이 관련되어 있다는 점 때문일 것이다. 즉 제도를 통해서 의식적 층위를 만들어 주는 것이 무심결에 소비하고 사용하고 쓰는 것에 대해서 주의하고 신중을 기할 가이드라인을 만들어 줄 것이라는 점이 그것이다. 그런데 중요한 점은 제도가 현존하는 관계망과 무관하게 설립될 수는 없으며, 관계망 자체의 역동성과 상호작용, 문제의식 등에 기반해야 한다는 것이다. 그런 점에서 환경관리주의의 제도적 논의는 사실상 관계망에서 유통되는 무의식과 욕망에 대한 논의이며, 관계망과 배치, 상호작용에 대한 논의일 수밖에 없다. 제도 요법이라는 정신요법을 처음 창안했던 펠릭스 가타리는 "가장 근본적인 욕망에 접근하려면 어떤 우회, 어떤 매개가 필요하다. 우리가 이 '제도화'라는 개념, 제도의 생산이라는 문제를 도입한 이유는 이 점에 있다. 누가 제도를 생산하고 누가 그 하위 집단을 접합시키는가? 이 제도 생산의 방향을 바꾸는 방법이 있을까? 현대 사회에서 제도의 관습적 증식은 개인의 소외를 강화할 뿐이다. 요직의 양도가 행해질 가능성, 관료주의 아래서 제도의 창조성이 도출될 가능성이 있는 가?"[111]와 같이 제도의 영역에 대해서 논의한다. 다시 말해 '제도=관계망'이라는 투 트랙으로 가지 않는 이상, 제도는 관료제 지층에 따라 무수히 많아지고 복잡해짐에도 원자화된 개인들은 소외된 채로 존재하게 되는 상황이 벌어질 수 있는 것이다.

그런 점에서 제도 창안, 의제 생산에 열을 올리던 1990년대 한국 사회 NGO들의 모습이 최근 생활 현장에서의 실행과 실험, 실천의 모습으로 전략적으로 이행하게 된 것은 많은 시사점을 준다. 즉 국가 권력의 하위 종별화된 시민사회의 역할로 NGO가 위치하거나 이탈리아 정치철학자의 안토니오 네그리의 말처럼 제국의 시녀이자 에이전시로서 NGO의 위상이 차지하는 상황이 되지 않기 위해서는, 보다 근본적으로 제도 생산의 의미와 한계, 효능이 무엇인지에 대한 성찰이 필요할 것이다. 환경관리주의가 비록 생존주의에 출발점과 토대를 갖고 있다고 하더라도, 그것이 실현되는 방식이 제도 생산의 영역으로만 향했을 경우, '시스템과 제도는 복잡해짐에도 개인은 원자화되고 소외된다'는 역비례 관계를 극복할 수 없기 때문이다. 특히 신자유주의의 관료제 지층의 분쇄는 제도적 아이디어가 관료주의의 기능 연관적인 측면에서 발생되지 않을 뿐만 아니라, 사실상 책임 주체로서의 사회 책임과 공공성을 심각하게 후퇴시킴으로써 개인 책임과 자기 통치에 너무 많은 부분을 할애하게 되는 원인이 되었다. 이런 면에서 제도 창안은 곧 관계망 설립과 함께 가지 않는 이상 사실상 유효성을 상실한 상태에 있다고 보아도 무방하다. 이런 점에서 역동적이고 우발적 협치의 중요성은 아무리 강조해도 지나치지 않다.

111 펠릭스 가타리, 윤수종 옮김, 『정신분석과 횡단성』(울력, 2004), 83~84쪽.

구성주의와 자율성

그런 점에서 환경관리주의가 방법론으로 채택하고 있는 제도적 구성주의의 긍정성과 한계는 동시에 다가올 수 있다. 즉 탄소중독적인 문명은 지속되고 삶의 형태는 전혀 바뀌지 않는 상황에서 제도적 그물망만 끊임없이 복잡해지고 다양해진다는 점이 바로 그 한계점이라고 할 수 있다. 이는 칸트의 인식론적 구성주의에서 한계 테제로서 언급되던 물자체의 현존과도 같은 불변항으로서의 문명과 삶의 형태를 의미할 수 있다. 예컨대 자동차, 육식, 텔레비전, 대형 할인점, 아파트 등의 통속적인 문명의 성격을 벗어나 대안적인 삶의 형태를 창안하고 구성해 내지 않는다면, 사실상 제도적 그물망이 복잡해진다고 해도 변화의 가능성은 굉장히 희박해질 수밖에 없다. 그런 점에서 기후변화, 생태계 위기, 대량 멸종이라는 근본적인 위기 상황에 직면한 인류에게 가장 절실한 부분은 삶의 형태의 변화, 문명의 전환, 공동체의 복원이라는 대안적인 관계망의 설립과 더불어, 전기세 인상이나 재생 에너지에 대한 인센티브, 공공성의 회복과 환경 오염에 대한 강력한 규제 정책 등과 같은 제도 창안이다. 이러한 제도와 관계망의 역동적인 협치는 탄소 감축의 기하급수적인 변화를 초래할 수 있다.

　제도 창안의 과정은 수많은 국제 회의의 개최와 국제 협약의 지루한 절차와 협상 과정으로 실존하고 있다. 그러나 이러한 거북이걸음과 같은 시간의 지체와 무성한 논의, 경제적 이해타산에 따른 협상과 온갖 통계 자료의 등장 등은 지금 이 시간에 벌어지고 있는 생태계 위기와 지구온난화에 대해서 침묵한다. 그렇기 때문에 제도 생산은 지연되고 지체되는 시간의 좌표를 따라 원칙을 누더기로 만들며 요행을 바라는 기회주의의 변명으로도 보일 수 있다. 진실에 보다 가까이 접근하게 되는 것은 그것이 정말로 자신의 삶을 움직이게 하고, 열정과 에너지를 투사해도 아깝지 않은 것을 담고 있을 때이다. 그러한 진실에 대한 열정은 현재의 관계망에서 시작된다. 그렇기 때문에 지연되는 위로부터의 변화를 기다리고 기대하는 것이 아니라, 삶으로부터, 즉 아래로부터 변화를 직접적으로 초래하고 진실에 대한 열정을 만들 수 있는 관계망의 설립이 필요한 것이다. 결국 요점은 이러하다. 기후변화와 생태계 위기에 대해 환경관리주의에 모든 것을 호소하는 순간, 회의만 하다가 시간을 보낼 위험도 있다는 점이며, 사실 통계의 장난 속에서 진실이 외면될 수 있다는 점을 알아 두어야 한다는 점이다.

그러므로 환경관리주의의 제도 생산은 관계망 생산과 한 쌍을 이루었을 때만 의미가 있다. 제도를 실행하고 실천할 주체성을 철저히 원자화된 개인으로 볼 경우에는 제도는 무력해지고 무기력 지층에 빠져든다. 그러나 집합적 배치를 이루고 공동체적 관계망을 이룬다면, 제도의 맥락이 이러한 관계망으로부터 유래할 뿐 아니라, 제도의 적용과 유효성 역시도 이러한 관계망을 통해서 구현될 수 있을 것이다. 그런 점에서 제도적 구성주의는 한계가 분명히 있으면서도 충분히 보완될 수 있다. 즉 '제도=관계망'이라는 펠릭스 가타리의 구도에 따르면, 제도는 단지 대상화되고 사물화된 시스템이나 관료주의와 국가주의의 산물이 아니라, 사회와 공동체, 공공이 힘을 합치고 지혜를 모아 구성해야 할 관계망 자체로 인식될 수 있다. 이에 따라 자신은 가만히 있는데 복잡한 제도의 매뉴얼을 따르고 익혀야 한다는 구도가 아니라, 관계망의 구성 능력에 따라 관계 맺기의 방식과 배치의 방식을 바꾸어나가면서 삶을 변화시키는 제도의 구도로 향할 수 있게 되는 것이다. 구성은 곧 사랑의 실현이나 욕망의 역능이다. 제도 생산이 구성에 대해서 대상화되고 사물화된 인식으로 향하지 않기 위해서는 관계망의 생

구성주의와 자율성

산이 갖고 있는 사랑과 욕망의 흐름을 필요로 한다. 그런 점에서 제도적 구성주의는 생존의 갈급함이라는 프로메테우스주의로부터 활력과 생명에너지로 가득한 디오니소스주의로 이행해야 할지도 모른다. 가타리의 제도 요법, 즉 '제도=관계망'의 구도는 협치의 상상력으로 가득하지만, 이 역시도 풍부하고 다양한 실험이나 실천으로 만들어 나가고 구성해야 할 과제 중 하나이다.

기술기계는
자기 생산 하는가?

타자 생산 하는가?

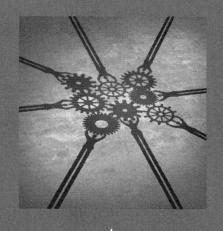

5장 기술기계는 자기 생산하는가? 타자 생산하는가?

:: 기계 = 재귀적 반복

반복이 왜 화두가 되는가? 우선 일상에서 반복되는 것들을 생각해보면, 냉장고, 세탁기, 자동차, 텔레비전과 같은 자동화된 기술기계가떠오른다. 그러나 흔히 우리가 생각하는 기술적 반복 이외에도 자연생태계의 반복, 이를테면 사계절의 반복, 밀물과 썰물의 반복, 아침-점심-저녁의 반복 등이 있다. 그런데 왜 반복이 그토록 중요해졌는가?반복은 오늘날에만 쟁점이었던 것은 아니다. 앞서 살펴보았듯이 근대시기에도 쟁점이 되었던 것은 반복이 '습관'인지, 아니면 '인과적 법칙'인지에 관한 논의였다. 반복을 감각인상에 떠오르는 습관으로 본 사람은 데이비드 흄이었으며, 그는 귀납적 추론의 극한을 응시하였다. 즉반복이 반드시 일어난다는 것이 아니라, '개연성'과 '그럼직함'에 따라서 습관적으로 이루어진다는 것이다. 어떤 의미에서는 난치병 환자에

구성주의와 자율성

게 다시 눈을 뜨고 일어난다는 것은 기적과도 같은 반복일 수 있다. 또한 우리가 매일 아침-점심-저녁으로 밥을 먹게 되는 것은 돌봄의 반복이 만든 기적적인 현상일 수도 있다. 만약 반복이 인과적 법칙이라면 세계는 자동적인 이미지로 구성될 여지가 생긴다. 그러나 반복 현상은 우발성과 예외를 그 내부에 갖고 있는 생명 현상이라고 할 수밖에 없다. 예를 들어 양자역학에서 미시세계가 철저히 확률론적 경우의 수에 따라 움직인다는 발견을 신중히 고려해 볼 필요가 있다.

질 들뢰즈는 『차이와 반복』에서 반복 개념에 대한 다채로운 사유의 경로를 지도처럼 그려낸다. 들뢰즈는 "차이는 물질적 반복으로부터 훔쳐내는 대상이다. 반면 전체는 자신의 수준들 사이의 차이를 포괄하고, 그런 한에서 차이는 정신적 반복 안에 놓여 있다. 앞의 반복은 헐벗은 반복이고 뒤의 반복은 옷 입은 반복이다. 전자는 부분들의 반복이고 후자는 전체의 반복이다."라고 한다.[112] 들뢰즈는 물질적 반복과 정신적 반복을 구분하면서, 반복에 대한 이중적 차원을 그려냈다. 물질적 반복은 자연, 생명, 사물의 반복이라면, 정신적 반복은 추상 수준에서 반복적으로 떠오르는 개념, 표상, 이미지일 수 있다. 더욱이 반복은 동일성의 반복, 즉 반복강박과 같이 감옥, 군대, 병원, 학교에서의 비루한 일상과 같은 것일 수 있으며, 차이 나는 반복, 즉 자연, 생명, 삶의 화음으로 가득 찬 반복일 수 있다. 더 나아가 펠릭스 가타리에게 반복은 기계로 규정된다. 이는 네트워크라는 기계체 속에서 반복이 작동하기도 하고, 생명 현상에서 재귀적으로 반복이 작동하기도 하고, 혹은 추상적인 수준이나 보이지 않는 수준에서도 반복——추상기계의 논의가 그것이다——이 작동하는 것으로 보는 것이다.

112 질 들뢰즈, 김상환 옮김, 『차이와 반복』(민음사, 2004), 199쪽.

생명의 반복은 참 이상하게도 전제가 다시 결론이 되고 결론이 다시 전제가 되는 재귀적인 특징을 갖고 있어서 논리적으로는 순환논증의 오류를 내재하고 있다. 이를테면 자연과 생명의 상호작용이 갖고 있는 결론이 전제가 되는 방식의 되먹임이 이루어진다면, 논리적 수준이나 재현의 차원에서는 이상한 나라의 엘리스가 토끼굴에 들어간 논증이 되는 셈이다. 그러나 이러한 위치 이동이 이루어지는 재귀적인 순환의 고리는 생명과 자연에서는 일상적이다. 이러한 재귀적 반복은 중복, 함입, 패턴화, 코드화 등으로 특징을 개념화할 수 있다. 반복은 사물과 상황의 본질을 겨냥하는 것이 아니라, 사물과 상황의 곁과 가장자리에서 정보를 생산한다. 이에 따라 아카데미의 방법론은 반복을 마치 인과적 법칙처럼 사고하고, 중복의 영역에서 다른 군더더기적인 생활 연관이나 잔여-이미지로서의 관계적 차원을 탈색하고 제거해 버리는 등의 코드화로 나아가게 된다. 이러한 코드화에 따라 반복의 가장 핵심이자 본질이라고 할 수 있었던 영역만이 뼈만 남은 앙상한 구조물처럼 법칙화되고 공식화된다. 이러한 합리적 과정을 거쳐 반복은 지식과 정보를 생산하는데, 이는 정보 엔트로피[113]가 굉장히 낮은 기능화되고 합리화되며 의미화된 영역이 될 수밖에 없다.

정보 엔트로피를 낮추려는 방향성은 효율성, 기능화, 속도의 논리가 지배하는 현존 문명의 특징을 이룬다. 이에 따르는 지식의 분류 체제나 정보 전달, 학습 모델 등은 수많은 콘텐츠를 생산하고 주입하고 유

---

113 정보 엔트로피는 정보를 설명하는 언표와 내용이 많으면 높고, 적으면 낮은 형태이다. 정보 엔트로피가 높은 것을 경계하고 정보 엔트로피를 낮추려 해왔던 것이 효율화와 속도의 논리라는 점에 주목해야 한다. 공동체, 생태계, 생명은 지극히 비효율적으로 정보 엔트로피가 높다.

구성주의와 자율성

통하지만, 사실은 삶과 생활의 입장에서는 아무것도 전달해 주지 않는 것과 마찬가지인 상황이 된다. 반복이 법칙화되는 순간, 이미 효율적인 공식 이외의 모든 삶의 내재적인 영역이 잔여물, 잉여, 과잉, 군더더기가 되기 때문이다. 물론 도표가 갖는 고도로 조직된 도식 작용의 중요성을 폄하하려는 것은 아니다. 손가락과 유사성에 기인한 십진법에서 고도로 조직된 미적분으로 나아가는 과정에서 추상기계라고 불리는 추상적인 반복이 작동한다. 이러한 반복의 고도로 조직된 도식 작용은 정보 엔트로피를 낮추는 결과로 인해 뼈대와 정보, 기호의 앙상한 코드만을 드러내지만, 그 자체가 색다른 횡단코드화에 따라 증식할 수 있다는 장점을 갖고 있다. 이렇듯 미적분은 정보 엔트로피를 낮춤으로써 색다른 도표의 구성 작용으로 향할 수 있다는 점을 보여 주는 사례일 수는 있다. 그러나 미적분과 생활 연관을 같이 고려하다 보면 정보 엔트로피가 극도로 낮은 수학적 도표로 인해 삶의 내재적인 차원과 지혜와는 무관한 지식과 정보로 나타난다는 점은 분명하다.

그렇다면 정보 엔트로피가 높은 반복의 여지는 없을까? 들뢰즈와 가타리가 '가장 근접하고 가까운 영역에서의 탐험'이나 '제자리에서 여행하는 법'으로 알려진 '국지적 절대성' 논의나 비고츠키의 교수-학습자 간의 상호작용을 통한 사회의 근접 체험인 '근접발달영역'이라는 개념을 생각해 볼 때, 가장 가까이에 있고, 지엽적이고, 국지적이고, 유한한 영역에서 삶의 일체의 내재적인 과정과 함께 다채로운 기호 작용이 전달되는 반복의 경우에는 정보 엔트로피가 굉장히 높을 수밖에 없다. 물론 반복을 인과법칙이나 효율적인 공식으로 여기는 문명화된 방식의 접근이 외양적인 정보량으로는 대단히 많을 수도 있다. 그러나 가까이에서 냄새, 색채, 음향, 몸짓, 표정 등 다채로운 비기표적인 기호 작용을 전달하는 상황이 더 많은 기호 작용을 상호작용하는 과정이라는 점에 주목해야 할 것이다. 그렇기 때문에 정보 자체가 지닌 핍진逼眞한 과정과 에너지가 거세되어 있으며 정보 엔트로피가 극도로 낮은 근대의 지식과 정보가 사람들로 하여금 공동체를 떠나도록 만들었다면, 공동체로 돌아오게 하는 지혜는 교감과 상호작용, 비언어적 기호의 다채로움 속에서 정보 엔트로피가 대단히 높으면서 공동체와 일상, 삶의 내재적인 차원의 복원과 긴밀한 연관을 가질 것이다. 물론 정보 엔트로피가 낮은 지식과 정보의 경우에도 공동체의 생태계가 다양하고 풍부하도록 기여할 수 있는 바가 전혀 없는 것은 아니다.『마음의 생태학』에서의 베이트슨의 지적처럼 네트워크 속에서 '차이를 낳는 차이'로서의 정보를 유통시킴으로써 관계망을 풍부하게 만들 수 있기 때문이다. 그러나 생활 연관과 맥락으로부터 벗어난 지식과 정보 코드로 이루어진 정보주의가 구성주의와는 가장 먼 위치에 있다는 점에 대해서 생각해 볼 필요가 있다.

기계(=반복)는 코드화되고 의미화된 질서로 이루어진 자동적인 프로그래밍에 따라 효율적이고 간편하고 편리하게 구성되어 있다. 그러나 이러한 체계 속에서의 기계는 약한 상호작용의 차원에서 사용하게 되는 경우가 많다. 그러나 기계장치들에 대한 피드백은 기계적 약물중독에 이를 만큼 대부분 강한 상호작용에 따라 설계되어 있고, 자동적인 면에 의존하기보다는 자율적인 행위 양식을 반복에 기입할 수 있는 여지가 다분히 많다. 강한 상호작용의 경우에는 수평적인 네트워크나 사이버네틱스(=인공두뇌학)의 자기 조절 기제를 생각할 수 있지만, 약한 상호작용의 경우에는 지층화, 위계화, 소외, 원자화된 개인으로 머물게 되어 행위자가 시스템을 조종할 수 있다는 생각에 이르게 된다.

구성주의와 자율성

이에 따라 기계체의 상호작용에서 관심을 가져야 할 부분이 바로 비기표적 기호계이다. 보통 기계는 코드화되고 기표화되고 자동화된 영역으로 생각하게 된다. 그러나 기계와 인간의 상호작용과 사이보그적인 합성에서 비기표적 기호계가 정보와 코드의 순환과 동시적으로 작동한다는 점에 주목할 여지가 있다. 예컨대 기계와 인간의 상호작용에서 다채로운 피드백의 여지는 대부분 비기표적 기호계와 관련된다. 즉 열린 시스템이 작동하기 위해서는 반드시 비기표적 기호계로서의 냄새, 색채, 음향, 몸짓, 표정 등을 제거하고 언표나 정보로 환원하는 것이 아니라, 비기표적 기호계가 더 풍부하게 합성되고 반응할 수 있도록 만드는 것이 전제되어야 한다. 그것이 바로 인간과의 상호작용이 배제된 로봇이나 안드로이드 기술과는 달리, 인간의 비기표적 기호계가 함께 대칭을 이룰 수 있는 사이보그 기술이 더 선호되는 이유이다.

기계에서 비기표적 기호계가 중요한 이유는 강한 상호작용의 원천이라는 점뿐 아니라, 생태적 지혜를 구성하는 원천이고, 정보 엔트로피가 증대되는 방향을 갖기 때문이다. 강한 상호작용과 정보 엔트로피의 증대는 인간과 생명을 배제하는 방향이 아니라, 인간과 생명이 더욱더 개입할 수 있는 여지를 만들어 낸다. 기계는 설계와 디자인 단계에서 비기표적 기호 작용의 코드화되고 패턴화된 영역 중에서 고도로 조직된 도식 작용을 선별하여 반복의 양상으로 프로그래밍화한다. 그런 점에서 기계는 맥락적인 영역에서 삶의 내재적인 작동에 기반하면서도, 탈맥락적으로 사용될 수 있는 여지를 남기는 이중성을 갖는다. 기계문명이 공동체로부터 떠나는 근대적 과정으로 나타났던 점은, 비기표적 기호 작용이라는 맥락적인 영역으로부터 벗어나 철저히 탈맥락화된 지식, 정보의 권력 구성체를 설립하였기 때문이다. 예를 들어 근대 교육은 원자화된 개인이나 전문가, 기능인과 같이 공동체적 관계망에 의존하지 않고도 생존할 수 있는 도시 사회의 시민을 만드는 데 일조하였다. 그러나 자본주의는 자본의 요구에 따라 점차 탄력적이고 유연하고 융통성이 있는 네트워크적인 관계망의 판을 깔지 않고서는 유지될 수 없는 상황에 처하게 되었다. 그런 점에서 자본주의는 정보와 같이 '차이를 낳는 차이'의 탈맥락화 과정과 전자적 관계성좌의 맥락적 과정을 동시에 갖고 있는 네트워크의 시너지에 대한 탐색으로 향하였다. 이러한 과정에서 관계라는 상호 맥락적이고 상호 의존적인 방식이 부활하지 않는가라는 희망과 열망도 발생했다. 이에 따라 반복(=기계)은 기능, 역할, 직분의 반복이 아닌 횡단과 탄력성, 유연성, 융통성, 임기응변의 반복으로 향해야 한다는 과제도 함께 제출되었다. 이에 따라 염불이나 기도처럼 반복된 패턴이 주는 실존적 강건함과 더불어 기계와 기계 사이를 넘나드는 횡단적인 자유로움도 동시에 사유되는 상황이 되었다.

반복의 강건함에서 빼놓을 수 없는 지점이 바로 기계적 배치이다. 기계는 신체의 연장이자 투사인 도구와 달리, 피드백을 통해서 일체화되고 연결과 단절이 가능한 것이었다. 우리는 수많은 기계적 배치 속에서 살아가지만 반복의 설립에서 어떤 측면이 그것을 가능케 하는지에 대해서는 여전히 의문부호를 갖고 있다. 사실 들뢰즈와 가타리가 언급했던 '욕망하는 기계'라는 개념에서도 보이지만, 욕망이 기계적 배치의 원동력이라는 점에 대해서 다시 한번 생각해 볼 필요가 있다. 자본주의 아래서 자본에 의한 양적 착취라는 매개를 통해서 작동하는 노동의 패러다임이 아니라, 자본이 공동체를 질적으로 착취함으로써 추출되는 집단지성이나 생태적 지혜, 공유재 등이 사실상 기계류의 혁신과 창안의 직접적인 원동력이자 토대라는 사실에 주목해야 할 것이다. 여기서 들뢰즈와 가타리가 '코드의 잉여가치'라고 개념화한 말벌과 난초의 사랑을 생각해 볼 수 있다. 즉 난초가 말벌 생식기와 같은 꽃 주둥이를 만들어, 말벌과 모의 성교를 하는 과정이 그것이다. 이는 비평형적 진화라고도 불리는데, 이질적인 것 사이에서 이루어지는 질적 착취 양상이라고 할 수 있다. 공동체와 자본 전혀 상관없는 둘 사이에서 잉여가치를 추출한다는 점에서 현대 자본주의의 양상은 코드의 잉여가치(=기계적 잉여가치)로 설명된다. 그런데 문제는 반복의 양상으로 드러나는 기계적 배치에서 지성적인 노하우, 아이디어, 매뉴얼 등의 원천이 생산된다는 점이다. 이런 점에서 삶의 모든 기계적 배치의 영역은 바로 기계류 혁신의 원료라고 할 수 있다. 결국 중요한 것은 반복의 설립이며, 반복과 단절의 연결접속이며, 반복의 창안이다.

마투라나와 바렐라는 생명을 설명하면서, 재귀적 반복에 대해서 주목하였다. 생명 현상에 있어서 자기 생산의 과정은 늘 재귀적 논리에 따라 순환되고 재생되는 내재적인 작동으로 나타난다. 이러한 반복의 탐색은 들뢰즈로 이어지는데, 그는 프로이트-라캉의 '반복강박'의 구도로부터 벗어난 '차이 나는 반복'의 구도를 발견한다. 여기서 마투라나와 바렐라가 생명이라는 개체적 수준에서 나타나는 반복 논의를 하고 있다면, 들뢰즈는 생명, 생태, 생활에서 연결망 수준에서 나타나는 반복의 논의를 하고 있다. 이와 함께 바렐라와 들뢰즈의 반복에 대한 사상을 연결해 내고 종합한 사람은 바로 펠릭스 가타리이다. 가타리는 들뢰즈와 함께 '생명권=기계권'이라는 간단한 등식을 『천 개의 고원』에서 소개한다. 가타리의 기계는 기술기계를 포함하여, 미학기계, 예술기계, 심리학기계, 사회기계, 제도기계 등을 포괄하는 방향으로 향한다. 여기서 기계의 수준은 구조라는 계열적 유사성에 따라 고정되며 실은 텅 비어 있는 차원으로부터 벗어나 자율성과 실존적 강건함을 줄 수 있는 개념이다. 기계에 가타리가 주목된 이유는 반복 자체의 구성 작용 때문일 것이다. 생태, 생명, 생활뿐 아니라, 사랑과 욕망, 정동의 구성 작용이 나타나는 방식이 바로 기계를 통해서이기 때문이다. 결국 기계는 색다른 공동체를 만들어 내는 원천이 될 수 있다는 점을 가타리는 응시했던 것이다.

:: 기계와 잠재성, 가상성, 횡단성

가타리는 바렐라의 자기 생산 개념을 기계 개념 안으로 끌어들임으로써, 기계의 자율성을 규명할 수 있는 전거로 삼는다. 가타리에 의하면, 기계의 자율성을 파악할 때 먼저 전제로서 등장하는 기계의 자기 생산이라는 개념은 '로봇이 로봇을 만드는 것'이거나 '인공지능에 따른 자동적이고 재귀적인 반복'으로 파악될 수도 있지만, 사실은 반복이 이루어지는 배치, 즉 기계적 배치가 이루어지는 모든 수준에서 파악될 수 있다. 즉 기계적 배치는 기계뿐 아니라 생명, 생태, 생활, 우주, 사물, 상황에 서식하는 배치이자 관계망이다. 가타리는 "그러나 우리가 기술기계들로서의 제도들을 인간 존재들과 함께 그것들이 구성하는 기계적 배치의 틀에서 고려할 때, 그것들은 사실상 자기 생산적이게 된다. 따라서 우리는 자기 생산을 생명권에 겹쳐 있는 기계권에 고유한 개체발생과 계통발생의 각도에서 바라볼 것이다."[114]라고 말한

114 펠릭스 가타리, 윤수종 옮김, 『카오스모제』(동문선, 2003), 58쪽.

다. 그러나 기술기계에 대해서는 가타리는 바렐라와 의견을 달리한다. 바렐라의 경우에는 기술기계가 자기 생산 할 수 없다고 생각했지만, 가타리는 기술기계의 개체발생과 개통발생의 측면에서 자기 생산적이라는 판단을 한다. 바렐라에 있어서 생명, 생태, 공동체, 사회 시스템 등은 자기 생산적인 내부 환경을 갖고 있지만, 기술기계는 내부 환경이 없다고 판단했다. 그러나 자동차라는 기계는 환경 오염을 일으키고 자기 생산적일 수 없다고 파악될 수 있지만, 친환경 자동차나 전기 자동차, 하이브리드 자동차 등의 계통발생을 통해서 자기 생산의 구도를 그려 낼 수 있다는 점을 생각해 볼 필요가 있다.

특히 기계적 배치라는 구도가 '추상적인 기계'와 '구체적인 기계'라는 특이점 발생의 원인이 된다는 점에서 기계의 자기 생산이 이루어지는 힘의 장, 벡터장을 사유할 수 있게 된다. 만약 우리가 잠재적인 수준에서의 반복을 사고할 때, 추상기계의 보이지 않는 반복이나 고도로 잠재되고 추상화된 형태의 반복을 생각해 볼 수 있다. 여기서 기계는 구체적이고 실물적인 장치가 아니라, 추상 작용 속에서 작동하는 잠재적인 것이 될 수 있다. 예를 들어 컵 하나가 있다면 그 속에 잠재되어 있는 기계는 반복적으로 컵 손잡이를 손가락으로 쥐고 커피를 마시거나 손으로 만지작거리는 등의 영역을 생각해 볼 수 있다. 물론 잠재적인 컵의 사용처는 다양할 수 있다. 그런 점에서 구체적인 기계로서 드러난 기능적으로 고정되어 있는 기계 이전에 "~일 수도 ~일 수도"라는 횡단의 논리에 따라 수많은 잠재적인 기계 작동을 내재하고 있는 추상기계가 있을 수 있다. 그런 점에서 추상기계의 '추상'이라는 개념은 머릿속에만 있는 상상력, 사유, 생각과 같은 것일 수 없으며, 오히려 사물과 기계에 서식하는 다양한 가능성의 최대치라고 할 수 있다.

그런 점에서 현동적인 구체적 기계가 있기 전에 잠재적인 추상기계가 존재하였다고 보아도 무방하다.

구체적 기계를 생각해 볼 때, 군대, 감옥, 병원, 군대, 부부 등의 영역에서의 기계적 배치를 사유할 수 있으며, 동시에 추상기계의 수준에서 생명권에서의 기계적 배치인 자연 생태계와 생활세계, 생명의 반복현상을 생각해 볼 수 있다. 기계적 배치는 자기 생산적이며, 재귀적인 반복을 특징으로 한다. '생명권=기계권'의 시각에서 볼 때 우리가 살아가고 생명체와 무생명체가 함께 공존하는 생태계는 거대한 기계적 반복의 영토라고 할 수 있다. 이러한 가타리의 『카오스모제Chaosmose』에서의 기계적 배치의 자율성이라는 관점으로 인식을 확장함으로써 자기 생산의 개념의 구도를 사회기계, 공동체기계뿐 아니라 기술기계에까지 확대할 수 있었으며, 이는 사이버네틱스와 인공지능, 포스트휴먼의 논의에까지 기계의 자기 생산의 시각을 확대할 수 있다는 점을 의미한다. 동시에 미시적인 영역에서의 음악기계, 미술기계, 건축기계, 무용기계, 춤기계 등의 비기표적 기호 작용에 기반한 기계적 배치에 대한 사유를 풍부하게 할 수 있는 근거가 될 수 있다.

그렇다면 기계와 기계를 연결시키는 네트워크와 기계체, 공동체, 생태계의 시각을 어떻게 볼 것인가? 가타리는 단지 욕망하는 기계의 논의에서의 접속, 이접, 연접이라는 세 가지 연결 방식으로 한정하지 않고 보다 고도로 조직된 가상성에 의해서 파악해야 한다고 말한다. 여기서 그는 자아와 대상 사이에 있으며, 기계 부품들 사이의 가상적 연결을 사유하는 도표적 가상diagrammatic virtuality이라는 개념을 제시한다. 가타리는 "도표적 가상성들은 바렐라가 기계적 자기 생산을 투입과 산출도 없이 단일한 개별화로 특징짓는 것에서 벗어나도록 해준다.

구성주의와 자율성

도표적 가상성들은 우리들을 제한된 통일성이 없는 더욱 집합적인 기계 현상으로 향하게 만드는데, 이 집합적 기계 현상의 자율성은 타자성의 다양한 지지물들에 순응한다."[115]라고 언급한다. 이는 음악기계에 빠져 있던 한 사람이 갑자기 영화기계로 이행하거나, 가족기계 속에 있던 사람이 회사기계로 순식간에 이행하게 될 때 기계와 기계 사이를 탄력적이고 유연하게 연결하고 부드럽게 접속하도록 가능하게 해주는 역할을 도표적 가상성이 수행한다는 점을 보여 준다. 이는 메타기계체의 논의가 어떻게 가능한지를 가타리 자신이 잘 보여 주는 개념이라고 할 수 있다.

여기서 도표는 비기표적 기호계의 작동이 고도로 구성된 도식화 작용이며, 의미화의 고정관념인 기표와는 현격한 차이를 갖는다. 도표는 기계들 간의 접속이 들뢰즈와 가타리의 접속(선언), 이접(가언), 연접(정언)이라는 삼원 구도로만 나타나는 것이 아니라, n분할의 구도라고 할 수 있는 다채로운 가상성이 기계들의 접촉 경계면마다 형성되어 둘 혹은 셋 혹은 다자의 기계 부품을 한꺼번에 연결할 수 있는 기호 작용이다. 이를 통해서 들뢰즈와 가타리의 『안티 오이디푸스』에서의 연결접속의 세 가지 유형—접속, 이접, 연접—의 논의를 넘어서는 색다른 연결접속의 논의로 이끈다. 이를 통해서 기계 부품 간의 연결접속에 따라 배치가 조성되고, 이에 따라 기계적 배치가 도표적 가상의 접속 방식에 따라 연결되며, 이러한 기계적 배치가 자기 생산 되는 구도를 그려 볼 수 있게 된다. 가타리의 이러한 논의는 바렐라가 생각했던 생명 개체의 자율성을 넘어서는 집합적인 성격을 갖는 기계체의 논의로 이행한 것이다. 이에 따라 개체로서의 생명이라는 특이점으로부터

115 같은 책, 62쪽.

출발점을 가지면서 논의를 확장했던 바렐라의 논의가, 역으로 기계적 배치라는 연결망으로부터 출발점을 가지면서 논의를 확장했던 가타리의 논의로 이행했다는 말로 설명할 수 있다. 이런 점에서 개체중심주의와 연결망중심주의가 오버랩되는 지점에서 생명의 자율성과 더불어 기계의 자율성을 동시에 사고할 수 있게 되었다.

혼히 기계를 고정되고 응고되고 매뉴얼처럼 자동화된 것으로 생각하는 것이 기술 비관론과 네오러다이트Neo-Luddite의 입장이다. 그러나 기계적 배치를 생각해 보면, 기계는 단지 하나의 기계에 머무는 것이 아니라, 인간, 동물, 식물, 사물 등과의 접촉 경계면 속에서 이들 사이를 연결시키고 이행하고 횡단하는 것으로 사유될 여지가 생긴다. 예를 들어 인간과 기계 사이—사이보그적 주체성—는 사실상 기계와 기계의 횡단면 수준에서 사고되어야 하는 것이지, 인간의 도구로서의 기계라는 고정된 기능과 신체의 연장 속에서 사고되어야 하는 것은 아니다. 우리가 기술기계에 접속하는 이유는 닫히고 폐쇄되고 자동화된 반복으로 향하려는 것이 아니라, 이행하고 횡단하며 매끄러운 반복으로 향하려는 의도를 갖고 있다. 즉 자동기계 유형의 기계는 낡은 것이 되었으며, 횡단선과 횡단면, 매끄러운 공간을 갖고 있는 네트워크 방식의 기계들과의 접속이 전반화된 상황인 것이다. 다시 말해서 기술기계는 자동기계의 수준에서 사고되는 것이 아니라 기계체, 즉 기계들의 네트워크 수준의 논의로 이행한 것이다. 이에 따라 네트워크에 의존할 수밖에 없는 통합된 세계자본주의 문명이 항상 주의하는 측면은 네트워크에서의 작은 변화, 다시 말해서 특이성 생산이 기계적 배치에 심원한 변화를 준다는 점에 있다. 여기서 특이성 생산은 횡단하고 변이하고 이행하는 정보-코드-에너지의 흐름을 생산함으로써 네트워크라

　　　　　　　　　　　　　　　　　구성주의와 자율성

는 배치에 카오스와 비스듬한 횡단면을 만들어 낸다. 특히 작은 변화가 돌이킬 수 없는 변화를 초래하는 이유는, 네트워크가 상호 의존적이며 연결되어 있기 때문이기도 그렇지만, 횡단적인 기계들의 연결의 속성상 기계적 배치 전반의 변화를 유발하기 때문이다. 그런 점에서 네트워크상의 작은 변화는 돌이킬 수 없는 변화의 시원이 된다. 따라서 기계가 횡단하고 매끄럽게 이행하기 위한 접촉 경계면에서 발생하는 반복현상이라는 점도 주목할 필요가 있다. 즉 기계가 네트워크의 시너지 효과인지 네트워크가 기계들의 연결인지는 모호한 경계선 속에 있다.

여기서 우리는 기계체로서의 네트워크뿐 아니라 기계적 배치의 일체들이 서로 직조되어 나타나는 메타기계체 현상에 대해서도 주목해야 할 것이다. 메타기계체는 공동체와 공동체 사이, 네트워크와 네트워크 사이를 마치 지도를 그리듯 가로지르는 상위의 기계체이다. 가타리는 기호 작용이 메타기계체의 실존을 보여 준다고 보았다. 예를 들어 기계를 기호와 연접한 것으로 보면서, 기호 작용의 반복이 에너지의 변화를 유발하고, 기계라는 반복 현상 주위에 화음과 리듬을 부여하는 리토르넬로ritornello라는 기호 작용이 서식하는 바에 주목한다. 리토르넬로의 실존은 사실상 메타기계체의 현존을 의미한다. 즉 반복강박의 단조로운 박자가 아니라, 차이 나는 반복이 만든 리듬이 화음으로 어우러지는 것이 메타기계체의 리드미컬한 반복의 현현이다. 이에 따라 왜 생명이 대칭형이며 우아하게 증식하면서 한 편의 예술작품이 되는지, 왜 프랙털 유형의 기계 작동이 생물권이나 생태계에서 일반적인지에 대해서 해명할 수 있게 된다. 한 마리의 고양이의 우아함을 통해 메타기계체의 우아함을 상상하는 것도 가능하다. 이는 베이트슨이 『마음의 생태학』에서 이미 응시하고 있는 부분으로써, 인간 사회에서는 윤리적이고 미학적인 주체성 생산으로 나타난다. 이를테면 회의 중에 풍부한 에너지와 담론을 갖고 있는 사람은 특이점과 감초 역할과 같이 그 자리를 풍요롭게 만들겠지만, 에너지와 담론이 고갈되어 있는 사람은 비판적이고 공격적인 인정투쟁에 나설 것이다. 이렇듯 윤리적이고 미학적인 주체성 논의는 메타기계체의 우아함과 긴밀한 관련을 갖는다. 즉 기계의 가상성, 횡단성, 잠재성에 따라 기계체로서의 네트워크를 넘어서 간네트워크, 사이네트워크 단계로 이행하면, 우주와 사물, 기계의 합성음이 신시사이저와 같이 울리게 되는 것이다.

이는 기계를 단지 응고되고 매뉴얼화되고 모델화된 기표 수준에서 바라보는 '의미화의 논리'를 넘어서 기계적 배치를 지도 그리기처럼 다양한 횡단선과 잠재적 수준의 현동화 등으로 바라보는 '지도화의 논리'로 바라봄으로 뜻한다. 지도화의 수준에서는 기계와 기계의 연결접속마다 가상성이 동원되어 이것이 고도화될 뿐 아니라, 가상성이 비인칭적 주체성——우리 중 어느 누군가——을 생산해 내는 수준으로 나아가고 더 지도화가 진행되어 메타기계체 수준으로 나아가면, 우주의 화음, 생명에너지의 화음, 간주곡으로서의 리토르넬로의 우아한 진동의 수준으로 나아가게 됨을 의미한다. 이에 따라 기계는 자동화되고 기능화되고 폐쇄되고 닫힌 것이 아니라, 지도화의 가능성을 극한으로 나아가게 하고, 우리가 이행하고 횡단할 수 있는 역능을 극한으로 나아가게 하고, 우리가 스스로에게 발견하지 못한 잠재성을 드러내게 하는 것을 극한까지 밀어붙이는 메타기계체의 일부로만 현존할 뿐이다. 이러한 구도를 잘 그려 낸 것이 바로 스피노자의 『에티카』라고 할 수 있다. 스피노자의 기하학적 방법론을 극단으로 밀어붙이면 로봇, 인공지능, 네트워크의 범신론으로 향할 수 있는 것이다.

:: 기술기계의 계통적 진화: 도시, 증기기관, 자동차

바렐라는 생명이 보여 주는 여행객, 방랑자, 떠돌이와 같이 자유롭게 선택하고 유영하는 모습, 즉 '우발적 표류' 현상에 주목한다. 그러나 이 역시도 '논리적 장부 기재'의 원리에 따라 자원-물질-에너지의 유한성이라는 한계에 직면할 수밖에 없다. 여기서 논리적 장부 기재는 지구의 유한성, 자원의 유한성, 생명의 유한성을 의미한다. 여기서 우발적 표류는 접촉과 연결에서의 '경우의 수'와 마르크스가 원자의 클리나멘clinamen이라고 불렀던 비스듬한 운동의 낙차 효과 등을 통해 접촉 경계면에 자율성을 줌으로써 생명의 창조적 진화의 지도를 그려 나갈 수 있었다. 생명의 종간 차이와 유전자 변이, 돌연변이와 같은 현상은 우발적 표류에 따른 창조적 진화의 사례이다. 바렐라의 경우 생명, 공동체, 사회의 자기 생산과 창조적 진화는 긍정함에도 불구하고, 기술기계의 자기 생산과 창조적 진화의 가능성에 대해서는 유독 부정적인 반응을 보였다.

여기서 "기술기계가 자기 생산적인가?" "기술기계는 창조적 진화를 하고 있는가?" "기술기계는 우발적 표류를 할 수 있는가?"와 같은 의문이 떠오를 수 있다. 먼저 생각해 보아야 할 부분은 기술기계의 진화적 리좀은 개체 자체의 자기 생산의 과정이라기보다는 계통발생적인 선분과 원환의 자기 생산과 변화 과정과 관련된다는 점이다. 이를테면 기차라는 기술기계의 등장은 기차, 전동차, 특급 열차, 자기부상 열차 등의 계통적 진화의 리좀을 그려낸다. 기술 진보의 시각에서 볼 때 기계의 계통선은 인간과 관여하면서 꾸준히 진화하고 있었다. 이를 기계적 타자성의 원리에서 보면 인간의 진화의 역사가 아니라, 기계 진화의 역사로 독립적으로 생각해 볼 여지도 생긴다.

　기술기계의 진화적 리듬은 기술 혁신이라는 현상을 통해서 나타나지만, 실은 기술의 계통적인 발생과 발전의 궤적을 따른다. 구체적인 기계와 추상적인 기계 사이의 유무형적인 준거좌표를 함께 고려해 보면, 반복 현상은 우주, 미생물, 자연, 사물, 생명으로부터 기계 현상까지 일관성의 구도를 그리기 때문이다. 그런 점에서 입자, 나노, 유전자, 양자 수준의 기계도 생각해 볼 수 있다. 즉 기계는 보이는 영역에만 있는 것이 아니라 보이지 않는 영역에서도 작동하며, 현동적이고 구체적일 수도 있지만 잠재적이고 추상적일 수도 있다. 여기서 반복이 갖고 있는 중복, 함입, 패턴화와 코드화는 삶의 내재성이라는 잉여, 군더더기, 잔여물을 제거하면 아카데미의 과학이 될 수도 있지만, 이러한 보이지 않는 영역의 군더더기로 간주되었던 생활 연관과 삶의 내재성의 구성요소를 살려 낸다면 연결망의 지혜, 생태적 지혜, 집단지성을 형성할 수 있는 원동력이 된다. 기계의 계통은 우주, 인간 사회, 공동체, 집단, 양자와 같은 미시세계의 기계적 배치에 따라 추출될 수 있는 코드 중 하나이다. 이에 따라 반드시 기계라는 반복 현상이 실험실이나 연구실의 과학자의 두뇌에서 나온다고 생각할 수 없다. 이를테면 마르크스가 말하고 있는 일반 지성general intellect이라는 개념을 생각해 보면, 과학자가 위생적이고 폐쇄된 연구실에 들어갈 때조차도 '일반 지성=0' 상태가 아니라는 점에도 주목할 필요가 있다. 어떤 과학자도 일반 지성의 기반 없이는 혁신적인 기술개발을 이룰 수 없을 것이다. 그런 점에서 사회, 공동체, 집단에서 배치를 이루는 모든 사물, 인간, 생명 등의 반복 현상은 기술 혁신의 원료라고 할 수 있다. 이에 따라 첨단기술 사회에서 기술 혁신에 기여하는 사람들은 과학자, 연구자,

기업가, 노동자 등에 한정되지 않고, 욕망을 가지고 삶의 배치를 갖고 있는 모든 사람과 모든 생명에 해당한다고 할 수 있다. 즉 세상의 모든 기술은 세상의 모든 생명과 인간, 삶의 구성물이자 재창조물인 셈이다. 이에 따라 "기계에 전기를 주듯 인간에게 기본소득을"이라는 표어의 정당성 역시도 설명될 수 있다.

가타리는 "기계적 타자성은 무한한 조합과 창조를 지닌 무형적 준거 세계와 성좌들에 의해 조직된다."[116]라고 말하면서, 기계들이 조합하고 연결하는 경우의 수를 달리하면서, 인식, 정서, 감정, 분위기, 심상 등 가상적이고 무형적인 것에 의해서 색다른 기계체와 네트워크를 조성할 수 있다는 점을 분명히 한다. 이에 따라 보편적인 것이나 구조적인 것의 수준에서 이루어지는 논의와 완전히 다른, 배치, 관계망, 네트워크의 수준에서의 기계적 배치에 대한 논의가 가능하며, 이것이 자기 생산과 자율의 역동성에 따라 작동할 수 있다는 점에 대해서 사유하였다. 특히 불변항의 구조가 영원성의 좌표를 가진다면, 기계는 폐지와 유한성의 좌표를 갖는다. 이에 따라 기계적 타자성으로 언급되었던 완전히 다른 기계들(=반복들)이 조우할 때, 고도로 조직된 색다른 특이점들을 발아함으로써 일관성의 구도plan of consistence를 형성할 수 있는 가능성을 개방한다. 여기서 일관성의 구도는 여러 갈래로 말이 퍼져나가는 중언부언하는 상태이면서도 묘한 공감대와 일관성을 갖는 것과 같은 담화를 의미하며, 혼재면混在面이라고도 불린다. 이러한 일관성의 구도의 자기 생산, 즉 기술기계의 리좀적인 진화가 공동체나 네트워크에서는 관건이다. 기계적 자율성은 자기 생산의 속성만이 아니라, 일관성의 구도를 형성함으로써 배치 자체를 재생할 수 있는 색다

116 같은 책, 60쪽.

른 속성에 대한 논의로 이행한다.

이러한 기계적 자율성이 이루어지는 배치의 현존은 기계의 계통적 진화 과정을 살펴보면 파악할 수 있다. 기계를 만들어 내는 무형의 준거좌표와 일관성의 구도는 차이 생산이 만들어 내는 기계적 이질발생에 따른다. 기계는 차이와 단절을 전제로 연결되어 피드백이 이루어지는 반복 장치이다. 기계적 이질발생은 차이가 단지 다양성의 특징을 갖는 생태계를 조성할 뿐 아니라, 색다른 차이를 만들어 낼 수 있는 원동력이 된다는 점을 응시하고 있다. 이에 따라 기계라는 반복은 색다른 수준의 차이 나는 반복을 구성해 낼 수 있다. 기계의 진화적 리좀에 대해서 가타리는 "진화선들은 리좀으로 나타난다. 날짜를 매기는 것은 공시적인 것이 아니라, 이시적異時的이다. 예를 들어 증기기관의 산업적 '출발'은 중국에서 그것을 아이들 장난감으로 사용했던 수세기 이후에 일어났다. 사실상 이러한 진화적 리좀은 기술 문명을 일괄하여 횡단한다."[117]라고 말한다. 사실 기계의 진화적 리좀은 과거-현재-미래를 횡단할 뿐 아니라, 기계적 계통을 이질발생적으로 이끈다. 이에 따라 색다른 기계의 산출에는 유무형적인 기계적 배치가 숨어 있는 셈이다. 결국 무에서 유를 창조한다는 신화는 불가능한 것이며, 기계의 맥락적인 것—연결접속—과 기계를 '차이를 낳는 차이'로 만드는 탈맥락화의 과정—단절과 단속—의 낙차 효과 속에서 거대한 '기계권=생명권'의 일관성의 구도가 기술기계들을 생산하고 구성하는 것이다.

가타리는 계통발생적인 기계의 리좀적 진화를 말하면서도, 기계의 타자성과 관련된 개체발생적 수준도 함께 언급하고 있다. 그는 "개체

117 같은 책, 59쪽.

발생적 수준에서 기계의 재생산 가능성 문제는 더욱 복잡하다. 기계의 작동 상태를 유지하는 것, 기계의 기능적 정체성은 결코 보증되지 않는다. 마모, 불안정성, 고장 및 엔트로피는 기계의 물질적-에너지적-정보적 구성요소들의 갱신을 요구하며, 이 구성요소들은 '소란'에 빠질 수 있다. 동시에 기계적 배치의 일관성을 유지하는 것은, 그것을 구성하고 있는 인간 행위 및 지능의 일부를 역시 갱신할 것을 요구한다."[118]라고 말한다. 다시 말해 개체적 수준에서도 기계는 기계 부품들과 일체를 이루어야 하며, 기계적 타자성에도 불구하고 인간들이 그것을 작동할 수 있는 일련의 피드백 과정을 수반해야 한다. 이에 따라 기계는 일련의 반복 작용과 피드백 작용의 일체가 이루어지는 과정의 산물이다. 또한 기계적 타자성을 극복할 수 있는 수준으로 개체발생이 이루어지려면 인간-기계 간의 상호작용이 설계되어야 한다.

그렇다면 기계의 개체발생이 계통발생을 반복한다는 다소 황당한 이론적 가정을 생각할 수 있을까? 기계의 진화적 리좀이 개체발생의 수준에서 반복되는가? 이러한 질문에 긍정적으로 답할 여지는 기계의 계통발생을 우주, 생명, 자연, 사물의 반복 현상으로부터 출발점을 삼을 때 사실상 가능하다. 만약 문명의 성립 직후에 있었던 도구 사용의 수준에서부터 시작한다면 기계의 계통발생이 개체발생에 반복된다고 말할 수 없게 되기 때문이다. 문명의 출발점에서 기계의 계통발생이 개체발생으로 반복되는 양상을 잘 보여 주는 사건은, 도시라는 인류의 집합적 발명품의 등장이다. 그것은 문명 간의 교류가 전혀 없던 고대에 거의 동시적으로 도시가 만들어졌다는 역사적 현상일 것이다. 도시는 무형의 준거좌표의 변화, 즉 사물의 본질에 대한 개념과 고정성에

118 같은 책, 60쪽.

대한 인식이 수립되면서 기계적 타자성의 수준에서 낯선 익명의 사람들과의 관계망이 필요했던 그 순간에 일거에 나타났다. 즉 사물, 생명, 인간에 대한 '명사형 사유'의 등장으로 인해, 기존까지 동사형 사유, 즉 흐름의 사유를 전개했던 공동체가 기계적 타자성의 기능적 작동을 요구하게 되었으며, 이는 도시문명의 발생이라는 개체발생은 기계적 타자성이라는 계통발생의 특이점이라고 할 수 있다. 도시문명 전까지는 사실상 사물은 살아 있는 생명의 연장선에 있다는 애니미즘이 중요한 인식 형태였다. 그래서 문명 이전에는 사물의 곁이나 가장자리 사이에 정동과 욕망, 무의식이 서식하고 있었다. 그런 점을 잘 보여 주는 것이 바로 마르셀 모스의 『증여론』일 것이다. 그리고 도시에서 심리적 복잡성을 특징으로 하는 시민이 낯선 사람들에게서 상품을 사는 개체발생적인 행위에서 이러한 계통발생적인 측면은 그대로 반복된다.

가타리는 "기계적 배치는 자신의 다양한 구성요소들을 통하여 존재론적 문턱, 비선형적인 불가역성의 문턱, 개체발생적이고 계통발생적인 문턱, 이질발생적이고 자기 생산적인 창조적 문턱을 넘어감으로써 자신의 일관성에 도달한다."[119]라고 언급하면서 프랙털 기계[120]의 현존을 언급한다. 사실상 기계적 배치는 생태계의 미학적이고 우아한 메타기계체적인 구성요소를 보여 주는 방향으로 창조적 진화의 과정을 밟고 있는 중이다. 만약 스마트폰과 같은 장치device 수준에서만 보면 사실 기계는 고립되고 폐쇄되고 자동화되고 닫힌 반복을 하는 것으로

119 같은 책, 73~74쪽.
120 프랙털 이론은 얼음의 결정, 나뭇잎의 증식, 파도의 철썩임처럼 복잡계이면서도 대칭성과 자기 유사성을 갖는 배치를 발견하면서 시작되었다. 이는 1975년 브누아 망델브로Benoît Mandelbrot(1924~2010)라는 수학자가 규명하였다. 프랙털 기계는 네트워크나 SNS의 기계적 배치가 보여 주는 연결망에서 나타나는 것이다.

구성주의와 자율성

오해될 소지가 있다. 그러나 상호 의존하고 상호 연결되어 있는 기계체로서의 네트워크 수준에서 보면 열려 있고 자율적이고 자기 생산 하는 기계에 대한 상이 그려질 수 있다. 더 나아가 기계, 인간, 사물, 생명, 우주 등이 어우러진 메타기계체의 수준으로 나아가면 오히려 기계는 횡단하고 이행할 뿐 아니라, 과거-현재-미래를 매끄럽게 넘나드는 상으로 그려질 수 있다. 이런 점에서 프랙털 기계의 실존은 늘 메타기계체의 수준에서 다루어질 수 있다. 프랙털 기계는 리토르넬로라는 화음을 갖고 있고, 우아하고 미학적인 대칭형이나 프랙털 증식 유형의 형태를 그려 내고, 차이가 만들어 낸 일관성의 구도라는 예술작품의 성격을 갖고, 횡단하고 지도 그리기를 할 수 있는 매끄러운 공간을 내재하고 있다. 이에 따라 기계적 배치는 곧 자율의 배치, 다시 말해 구성의 배치인 셈이다.

:: 가타리의 기술 낙관론

가타리는 자본주의적 주체성이 작동하는 기표적 잉여성[121]의 질서, 즉 의미화된 질서를 넘어서 다채로운 기계, 기호, 흐름, 상호작용에 따라 작동하는 사회와 공동체의 모습을 복원하고자 했다. 이는 기계적 약물중독이라고 할 정도로 다양한 기계류와 함께 작동하는 사회 현실이나 개인적 삶에 대한 긍정을 의미한다. 그는 "오히려 역사의 동력은

---

121 기표적 잉여성은 고정관념이 만든 잉여적인 현실이다. 졸리고 지루한 수업 시간이나, 똑딱거리는 병영이나 시설의 삶이 여기에 해당한다. 이는 의미화에 따라 틀 지어진 삶의 시간을 의미한다.

기호적 표현, 물질적 장의 생산, 기계적 장의 생산을 연결시키고 주체와 객체의 등록기 속에서 전에 발견된 요소들을 결합시키고 서로 연결시키는 기능 연관이다. 내가 배치라고 정의하는 것은 주체도 객체도 아니고, 두 가지 차원에서 즉 기호적 차원과 표현의 차원에서—사람들이 '가운데로 통과한다'는 뜻으로 개념을 사용하는—하나의 기계이다."122 여기서 구성주의는 주체의 구성도 아니고 대상의 구성도 아니며, 주체와 대상 사이의 무수한 횡단성에서 발견되는 사이주체성이 구성하는 반복에 주목한다. 그런 점에서 무수한 기계류 사이에서 살아가는 현대인들의 상황은 주체와 대상의 이분법 사이에 놓인 기계적 배치를 설립하고자 하는 욕망과 관련되어 있으며, 이에 따라 기계적 욕망, 혹은 욕망하는 기계가 긍정되는 것이다.

기계 현상을 기표적 잉여성 수준에서 논의되는 모델화, 표상화, 의미화의 수준으로 이해할 수도 있다. 그것은 주체의 인식론적 구성 능력—전문가주의—에 대한 근대적 맹신과도 관련 있다. 그러나 가타리는 각각의 모델, 의미, 표상을 넘나드는 횡단성에 기반한 구성주의와 자기 생산의 논의로 이행하였다. 이에 따라 '의미화'는 곧바로 '지도화'로 대체된다. 마치 일과 노동이 의미화의 질서에 따르는 것, 그 반대편에 재미와 놀이의 질서가 있는 것처럼 말이다. 아카데미는 "~는 이다"라는 방식으로 의미화되고 코드화될 수 있는 앙상한 틀과 코드를 추출해 내지만, 사실은 구성주의와 자기 생산은 여러 의미를 넘나들며 "~은 ~일까"라는 문제제기를 끊임없이 던지는 '삶의 내재성'—아카데미는 이를 군더더기, 잉여, 잔여 이미지로 간주한다—의 지도 그리기이다. 이에 따라 기계는 주체와 대상의 다양한 이행의 구성요소이

122   윤수종 엮음, 『가타리가 실천하는 욕망과 혁명』(문화과학사, 2004), 65쪽.

구성주의와 자율성

며, 주체와 대상의 사이, 여백, 횡단선, 가장자리에 서식한다. 바렐라처럼 가타리도 기존 지식 체계와 대립하는 것이 아니라, 더 복잡하고 다채로운 국면으로 기존 지식 체계를 이행시키는 데 복무한다. 그렇기 때문에 생태적 지혜는 단지 아카데미를 부정하는 방식으로만 머무르는 것이 아니라, 아카데미의 고정관념들 사이를 횡단하면서 삶의 내재성이나 정동의 흐름, 광야 무의식의 실존 등을 기계(=반복)의 형태로 보여 주는 방식으로 나타난다. 그런 점에서 기계는 의미화, 자동화, 코드화에만 머무르는 것이 아니라, '자기 생산이라는 기계적 자율성'과 '세계 재창조라는 구성주의'의 원천이 될 수 있다.

일단 존재론적 지평에서 기계적 자율성을 고려할 때 '네 가지 존재론적 기능소들의 배치'라는 관점에서 사유할 필요가 있다. 즉 기계적 배치가 어떻게 자기 생산 되는가를 존재론적 차원에서 규명할 때 고려해야 할 사항들은 기계적 담론성, 무형적 복잡성, 에너지-공간-시간적 담론성, 카오스모제적 구현이라는 네 가지 차원을 갖는다고 가타리는 말한다.

	표현 현실[현동] (담론적)	내용 가상적 언표 행위의 핵심 지대 (비담론적)
가능	Φ = 기계적 담론성	U = 무형적 복잡성
실재	F = 에너지-공간-시간적 담론성	T = 카오스모제적 구현

●

네 가지 존재론적 기능소들의 배치 [123]

---

123 펠릭스 가타리, 윤수종 옮김, 『카오스모제』(동문선, 2003), 84쪽.

Φ, T, U, F라는 기능소로 구성된 존재론적 기능소들의 배치는 바로 기계적 배치, 흐름과 일관성의 구도, 복잡성의 성좌, 에너지-공간-시간의 실존 차원 등이 존재를 구성하는 평면 위에 나타난다. 또한 이는 기계적 자율성이 서식하는 '현동의 차원과 가상의 차원'에서의 존재 양상을 의미한다. 이를 통해 기계적 배치의 자율성이 ① 유무형의 복잡성에 기반하고 있고, ② 재귀적 반복의 현동 양상과 관련되며, ③ 혼돈과 질서, 상호 침투가 어우러진 카오스모제적인 형태를 토대로 하며, ④ 기계 현상 에너지와 장소, 시간의 실존적인 영역과 관련된다는 점이 드러난다. 이러한 존재론적 기능소의 관점에서 기계적 배치를 위치지음으로써, 구성주의를 인식론적인 방향성에서만 조명하는 것이 아니라 존재론적 지평에서 규명할 수 있는 전거가 마련된다. 즉 기계적 배치는 부엌, 빵, 술, 돈, 전기, 자동차, 스마트폰 등에도 존재한다. 그렇기 때문에 기계적 배치는 생명, 사물, 인간, 미생물, 우주 등이 갖고 있는 '관계망'(=배치), '흐름', '상호작용'에 착목한다. 이런 점에서 가타리는 인식론이 아닌 존재론 차원에서 기계적 배열을 이루고 기능 연관되어 있는 배치에 주목한 것이다. 그러므로 '사유의 구성 작용으로서의 기계'가 아닌 '존재의 구성물로서의 기계'의 실존 양상에 대해지도 그리기를 하는 것이다.

또한 가타리가 말한 기계의 자율성에 접근하기 위해서는 '특이점'과 '기계적 영토성', '기계적 핵'으로 구성된 기계의 삼차원에 대해서 구체화해야 할 필요성이 있다. 이는 기계의 자율성이 서식할 수 있는 각각의 좌표와 성좌, 지점을 구체화하는 것이라고 할 수 있다. **특이점**은 바렐라가 이야기한 개체의 자율성의 차원이며 동시에 의미화와 정체성의 논의에 걸려든 지점이다. 그러나 고정된 역할이나 정체성에도 불구

구성주의와 자율성

하고 공동체의 시각에서 볼 때 특이점이다. 이에 반해 **기계적 영토성**은 기계를 통한 탈영토화의 과정이 만든 표현 소재의 다변화와 색다른 차원의 개방이 만든 영토이며 비기표적 기호 작용으로 구성된 음악기계, 회화기계, 무용기계, 춤기계, 조각기계 등이 등장하는 지점이다. 기계적 영토성은 공동체적 시각에서 반복의 화음을 일으키며 탈영토화하는 민중의 영역이다. 또한 **기계적 핵**은 핵심 집단과 같이 구체적인 기계와 추상기계로서의 일관성의 구도가 교차하고 교직되는 지점에 설립되는 것이며, 이는 기계 작동에 대한 컨트롤박스의 역할을 한다.

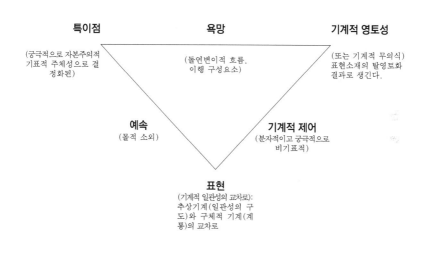

펠릭스 가타리의 3차원의 분열분석[124]

---

124 펠릭스 가타리, 윤수종 옮김, 『기계적 무의식』(푸른숲, 2003), 231쪽 참조.

가타리의 세 가지 지점에 대한 논의를 바렐라의 논의에 대입해 보면, 특이점은 개체의 성립에 요구되는 '작업적 폐쇄성'에 해당하고, 기계적 핵은 개체와 집단, 기계를 자기 생산 하는 '재귀적 반복'에 해당하며, 기계적 영토성은 우발적 표류에 따라 발생하는 '창조적 진화'의 영역에 해당한다. 물론 가타리가 바렐라처럼 개체적인 차원을 다루는 것이 아니라, 기계류, 기계체, 기술기계의 리좀적 지도 제작, 메타기계체 등에 대해서 사유한다는 점이 차이점이라고 할 수 있기 때문에, 이러한 대입이 꼭 맞아떨어지는 것은 아니다. 여기서 기계 작동의 세 가지 지점을 연결하는 관계망은 욕망 관계, 예속 관계, 기계적 제어 관계라는 삼차원을 만들어 낸다. 이는 기표적인 주체(=특이점)와 기계적 영토성, 다시 말해 도표(=비기표적 기호계의 기계), 핵심 집단으로서의 기계적 핵이라는 세 가지 지점을 연결하는 기계적 자율성이 작동하고 연결되는 방식에 대한 논의로 확장될 수 있다. 보통 기계의 자율성은 어떻게 형성되는가? 보통 핵심 집단이 기계적 영토성을 향해 탈영토화를 감행한 민중과 대안 운동에 대해서 기계적 제어를 하거나 기표적 정체성과 의미화된 질서에 포섭된 특이점들에 대해서 지도-피지도의 관계(=예속 관계)를 형성하는 것이라고 생각하는 경향이 있다. 그러나 특이점으로부터 바로 기계적 잉여성으로 이행하는 바에 따라 기계적 자율성이 구성된다는 점에 주목할 필요가 있다. 즉 대답으로 구성된 특이점에서 기계들의 대답에 종속되지 않는 문제제기의 파열과 폭발로의 이행이 그것이며, 가타리는 이를 욕망 관계라고 규정한다. 이 도표처럼 욕망 관계, 기계적 제어 관계, 예속 관계의 세 가지 관계망을 함께 고려해야 하며, 동시에 주체성의 세 가지 차원을 함께 고려해야 할 것이다. 그럼으로써 기계적 배치에 대한 지도 그리기를 수행할 수 있게 된다.

　　　　　　　　　　　　　　　　　　　구성주의와 자율성

기호는 반복의 특징을 보이는 재귀적인 기호기계를 통해 에너지를 생산한다.[125] 즉 공동체적 관계망과 집단적/기계적 배치에서 에너지가 소진되고 고갈되어 기계의 자율성으로서의 기계체, 네트워크, 기계류가 자기 생산을 할 수 없는 상황일 때 재귀적인 반복 자체에서 활력과 에너지가 생산될 수 있다는 점에 주목해야 한다. 그런 점에서 논리적 측면에서 재귀법에 주목하게 되는데, 사실 재귀법은 '결론이 전제가 되어 버리는 순환논증'이나 '논증 과정이나 절차가 진행되지 않는 반복 양상', '자기로의 회귀적인 논증 양상' 등의 작동을 보인다. 그럼에도 불구하고 재귀법이 연역법이나 귀납법과는 달리 단지 추상적인 명제의 수준에 머무는 것이 아니라, 기계체와 생명의 그물망에서 발생하는 구체적인 생명 활동과 에너지론과 연결되는 논증이라는 점을 알 수 있다. 재귀법은 반복이 구성하는 생명 활동을 규명하지만, 그것이 '차이 나는 반복'일 경우와 '동일성의 반복'(=반복강박)일 경우가 다르다. 차이 나는 반복으로서의 생명 활동과 기계적 배치의 경우에는 에너지와 활력이 생산되지만, 동일성의 반복의 경우에는 에너지가 소진되고 고갈된다.

가타리의 말처럼 기호의 반복을 통해 에너지가 생산된다면 반복되는 기호의 차원을 그려 볼 필요가 있다. 기호기계는 크게 세 가지 차원을 갖는데, 가타리는 "1) 가족, 교육, 환경, 종교, 예술, 스포츠 등에 걸쳐 나타나는 기표적인 기호학적 구성요소들, 2) 매체산업, 영화 등에 의해 만들어진 요소들, 3) 정보적 기호기계들을 움직이게 하고, 그것들

125　여기서 가타리의 국내 미출간 저작인 『분열분석적 지도 제작Cartographies schizoanalytique』에서의 '기호의 에너지화'에 주목할 필요가 있다. '짜증나'를 열 번 반복하면 짜증 에너지가 생기고, '사랑해'를 열 번 반복하면 사랑의 에너지가 발생한다는 점을 참고해 보자.

이 의미 작용들과 함축적 의미들을 생산하고 운반하며 그래서 적합한 언어적 공리계들에서 벗어난다는 사실과 병행하여 그것과 독립적으로 작동하는 비기표적 기호학적 차원들"[126]을 예시로 든다. 이러한 기호기계의 차원이 재귀적인 반복이 되면 활력과 에너지가 기호기계 속에서 생겨난다는 점을 사유할 수 있다. 즉 기호기계가 갖는 중요한 특징은 생명, 공동체, 사회에서의 반복을 따라가며 재귀적인 반복을 함으로써 에너지를 전달해 준다는 점에 있다. 이를테면 가정주부가 라디오라는 기호기계의 반복이 주는 리듬, 화음, 기호 작용 등에 따라 가사일을 반복적으로 하는 경우를 생각해 볼 수 있다. 그런 점에서 기호기계의 자율성은 재귀적 반복 양상 자체에서 비롯된다는 점을 유추할 수 있다. 가타리는 기호론과 기계론을 교섭시킴으로써 독특한 기계의 자율성을 도출해 내고 있는 셈이다.

:: 욕망하는 기계: 기계/노동의 유기적 구성과 욕망가치

들뢰즈와 가타리가 함께 서술한 『안티 오이디푸스』는 '욕망하는 기계의 연결접속' ──연접, 이접, 접속──에 대한 논의 그대로 '기계의 자율성을 지나치게 평면화한 것이 아닌가?'라는 문제를 던질 수 있다. 그러나 반어적으로 기계적 자율성을 이해할 수 있는 징검다리로서의 의미로는 "이 책만 한 것이 없다"라고 평가할 만큼의 잘 짜인 구도도 함께 함축하고 있다. 먼저 욕망하는 기계란 무엇인가에 대해 의문을 품

---

126 펠릭스 가타리, 윤수종 옮김, 『카오스모제』(동문선, 2003), 13쪽.

는다면, 들뢰즈와 가타리가 함께 설명하고 있는 부분을 참고할 필요가 있다. "그것은 어디서나 작동하고 있다. 때로는 멈춤 없이, 때로는 중단되면서 그것은 숨 쉬고 그것은 뜨거워지고 그것은 먹는다. 그것은 똥을 누고 성교를 한다. 그것이라고 불러 버린 것은 얼마나 큰 잘못인가. 어디서나 그것은 기계들인데, 결코 은유적으로가 아니다. 연결되고 연접해 있는 기계들의 기계들이다."[127] 여기서 욕망하는 기계는 인간만이 아니라 사물, 생명, 미생물, 기계장치, 우주에서 작동하는 반복 양상이다. 이에 따라 욕망하는 기계라는 개념은 인간과 생명이 가지고 있는 욕망의 반복 현상을 설명할 수 있는 전거가 된다. 잘 생각해 보면, 반복이 기능적으로 작동하는 순간의 이유를 묻다 보면 욕망이라는 개념이 떠오를 수밖에 없다. 예를 들어 커피를 먹고 싶은 욕망은 커피 타임의 반복을 만든다. 또한 사랑하는 사람에 대한 욕망과 정동은 만남의 시간의 반복을 만든다. 또한 욕망이 설립하는 반복을 하나의 사이주체성으로 사유한다면, 욕망하는 기계 개념은 주체와 대상 사이에서 서식하는 사이주체성일 수 있다. 즉 그것은 커피라는 대상에 서식하는 무의식과 주체의 식욕, 취각, 미각 사이의 횡단선 속에 위치하는 욕망하는 주체성일 수 있다.

욕망하는 기계는 욕망의 반복으로 무한히 증식하고 연결될 수 있는 양상을 띠면서도, 기관 없는 신체body without organs라는 '강렬도=0'의 극한에서 유한한 신체로서 규제를 받는다. 물론 기관 없는 신체라는 극한이 실제로 있느냐는 근본적인 물음을 던질 수 있지만, 지구, 신체, 욕망, 자연, 생명 등이 유한성의 실존좌표에 위치해 있다는 점을 생각해 볼 때 이러한 구도는 타당하다. 즉 들뢰즈와 가타리는 '자본주의의

127   질 들뢰즈·펠릭스 가타리, 최명관 옮김, 『앙띠 오이디푸스』(민음사, 1997), 15쪽.

무덤을 파는 자본'이라는 구도를 그려 내면서 욕망하는 기계와 기관 없는 신체의 이율배반에 대한 생각을 발전시켰다. 그리고 『안티 오이디푸스L'Anti-Œdipe』에서는 구성적이고 생산적인 구도를 그리는 '욕망하는 기계'가 규제적이고 제한적인 구도를 그리는 '기관 없는 신체'와 만나게 되며, 이를 통해 가족, 자본주의, 사회구성체, 역사적인 생산 양식들이 어떤 방식으로 작동했는지를 설명한다. 그러나 여기서 주목할 지점은 욕망하는 기계가 과연 어떤 차원을 개방하였는가에 대한 부분이다.

먼저 떠올려 보아야 할 부분은 노동의 패러다임을 구축했던 마르크스가 언급했던 인간-기계의 사이보그적 양상으로 등장하는 '자본의 유기적 구성Organic Composition of Capital'이라는 개념이다. 마르크스는 기계는 가치를 생산할 수 없기 때문에, 유기적 구성의 고도화——노동 대신 기계가 대체하는 것——는 가치의 점진적 저하 경향이나 이윤율의 저하 경향을 초래한다고 보았다. 경제학자가 이를 파국적으로 사유한다면 공황이 필연적이라는 생각으로 비약할 여지도 있다. 마르크스의 『자본』에 제시된 구도에 따르면 노동 이외에는 가치를 생산할 수 없는 것이 준거좌표로 기정사실화된다. 물론 마르크스의 『정치경제학 비판 요강』의 구도에 따르면 일반 지성에 기반하여 기계류가 생산되며 가치가 증식되는 바를 생각할 여지가 없는 것도 아니다. 마르크스의 『자본』에 등장하는 인간-기계의 '기술적 구성'이 유동 자본과 고정 자본의 '유기적 구성'과 가변 자본과 불변 자본의 '가치 구성'과 일치한다는 공식에 대해서 의문을 품을 수밖에 없는 이유는 여기에 있다. 즉 과연 '기술적 구성=유기적 구성=가치 구성'의 등식이 성립하는지 의문을 던지지 않을 수 없는 것이다. 이것을 설명하기 위해 마르크스가 특별히 개념화한 '특별 잉여가치'라는 개념 역시도 첨단기술 사회의 가치 구성의 작

　　　　　　　　　구성주의와 자율성

동에 대해서 더 이상 설명할 수 없는 개념으로 전락해 버렸다.

그러나 욕망의 패러다임으로 향하는 들뢰즈와 가타리의 노선을 따라가면, 욕망하는 기계는 인간과 기계의 경계를 해체하고, 그 사이에 존재하는 색다른 사이주체성으로 사유되었다는 점을 알 수 있다. 이에 따라 욕망과 기계의 합성은 기계적 잉여가치의 실존을 암묵적으로 전제한 구도를 등장시킨다. 마르크스처럼 노동을 통해서만 가치가 생산될 수 있다는 생각과는 반대로, 욕망과 정동이 기계류의 혁신을 도모함으로써 가치를 생산하는 자본주의의 '실질적 포섭 단계'에 도달했다는 것을 알 수 있다. 즉 인간-기계의 경계는 사실상 사라졌으며, 기계적 배치 역시도 인간 사회의 기본적인 작동 원리 중 하나가 되고 있는 것이다. 그것은 기계의 도입에 저항했던 초기 자본주의의 러다이트 운동과는 달리, 후기 자본주의는 기계와 인간의 경계마저도 사라질 정도의 기계적 포섭 단계에 이미 접어들었다는 점을 의미한다. 이러한 국면은 노동과 소득의 고리와, 생산과 분배의 고리가 끊겼으며, 양극화와 사회분열, 소외, 고립, 무위 등이 전면화되는 모습을 보인다. 욕망하는 기계라는 개념은 노동과 소득의 고리가 끊어졌다는 점을 긍정함으로써 오히려 기본소득과 같이 기존 패러다임을 바꿀 수 있는 전환의 사고를 낳을 수 있다.

또한 욕망하는 기계는 '구조주의적인 사유 방식'에서 '구성주의적 사유 방식'으로의 전환을 초래할 수 있는 여지를 만든다. 구조는 불변항으로 주어지는 어쩔 수 없는 것이지만, 욕망하는 기계는 자신이 원하고 욕망하는 순간에 반복을 설립하고 구성해 낼 수 있다. 예를 들어 현존 문명을 사고할 때 사회구조라는 차원에서 사고하면 현란하게 사회구조와 사회문화 등을 분석하는 것은 가능할지 모르나 실천 방향이나 대안, 주체성 생산에 대해서는 왜소한 대답밖에 할 수 없게 된다. 이미 구조로서 고정되어 있기 때문에 변화하려는 실천과 노력이나 대안 운동도 모두 쓸모없는 것이 되어 버리기 때문이다. 이에 반해 구성주의적 사유는 자본주의가 큰 틀이나 구조에 의해서 작동하는 것이 아니라, 작은 기계 부품의 기능 연관에 따라 움직이는 네트워크 사회로 진입했다는 점에 주목한다. 이에 따라 네트워크의 작은 기계 부품인 욕망하는 기계의 재귀적 반복 중에서 특이한 반복이 만들어졌을 때 이와 연결되어 있는 다른 욕망하는 기계에도 심원한 영향을 줄 수 있다. 즉 '작은 변화'가 네트워크와 공동체에서는 '돌이킬 수 없는 변화'의 초석이 되는 것이다. 다시 말해 특이성 생산이 강건한 반복이 될 때 기계체로서의 네트워크를 변형하는 원동력이 된다는 사고가 그것이다. 이에 따라 네트워크를 바꾸기 위해서 거시적이고 사회 구조적인 변혁의 행동이나 실천에 나서는 것이 아니라, 가장 가까이에 국지적이고 지엽적인 영역에 있는 색다른 반복을 설립하는 것이 중요하게 된다.[128]

연결 방식	논리 구도	경제 구도	정치 구도	신체 구도
접속(connection)	그리고~그리고	욕망의 생산	민주주의와 공동체	기관 없는 신체
이접(disjunction)	~이냐~이냐(분리 차별), ~도~도(관용)	욕망의 등록	미시파시즘	암적 신체
연접(conjunction)	고로 나는 ~이다 (정체성)	욕망의 소비	전체주의	텅 빈 신체

●

기계 부품(=욕망하는 기계)들의 연결 방식

128 윤수종, 『욕망과 혁명』(세종대출판부, 2009) 참고.

구성주의와 자율성

특히 욕망하는 기계의 연결 방식은 네트워크라는 기계체나 공동체가 어떤 방식으로 작동하는지를 규명할 수 있는 전거가 된다. 욕망하는 기계 간의 연결접속에 대해서는 세 가지 연결 방식이 있을 수 있다. 먼저 접속connection의 경우에는 '그리고~그리고~그리고'의 연결 방식에 따르며, 욕망을 생산하는 원동력이 된다. 들뢰즈와 가타리는 접속의 원리를 리좀rhizome이라는 개념으로 설명하면서 개밀, 고구마, 감자, 개미 등이 '옆으로 옆으로' 증식하는 이미지라고 설명하였다. 접속의 황홀함은 하나의 욕망하는 기계의 반복이 다른 욕망하는 기계의 반복과 합성되어 신시사이저의 화음과 같이 수평적으로 합성되기 때문이다. 이는 기계를 통합하려는 일관 생산라인과 같은 구도가 아니라, 기계 부품 간의 차이가 시너지를 발휘하는 네트워크 유형의 작동 방식이다. 또한 기계와 기계의 접속 과정에서 도표적 가상이 작동하여 반복을 이행시키고 갈아탈 수 있도록 만들어 준다는 점도 특징적이다. 그런 점에서 기계 간의 접속은 가상성에 따라 잠재력을 보여 준다.

욕망하는 기계들 간의 연결 방식 중에서 이접disjunction은 '~이냐 ~이냐,' 즉 '너는 백인이냐, 흑인이냐'라는 분리차별의 원리로 작동하며 욕망을 식별하고 등록한다. 물론 이접 중에서 '~도 ~도'라는 방식의 관용tolerance이 존재할 수 없는 것이 아니지만, 구별하고 식별하려는 논리를 갖고 있는 연결 방식은 차별과 배제의 작동으로 나타날 가능성이 높다. 욕망하는 기계 간의 연결 방식 중에서 연접conjunction은 "고로 나는 ~이다"라고 정체성을 분명히 하고 이기being으로서의 역할, 직분, 기능, 정체성 등에 도달하는 것이다. 이는 욕망의 소비의 과정으로 지칭되며, 연접에 따라 정체가 밝혀지고 정체가 분명해진 것들만이 소비의 항목에 들어온다. 들뢰즈와 가타리는 네트워크상에서의 욕망의

정치경제학은 바로 접속-생산, 이접-등록, 연접-소비의 과정을 거친다
고 보았다. 이에 따라 수평적 접속에 따라 생산된 욕망은 분리차별을
거쳐 정체가 분명한 것을 소비하는 작동 방식을 갖는 것이 리비도 경
제학의 작동 방식이라는 것이다.

들뢰즈와 가타리는『천 개의 고원』에서 네트워크의 유형을 본뿌리
유형의 '센터가 있는 형상'과 수염뿌리 유형의 '센터는 없지만 허브
가 있는 유형', 마지막으로 '리좀 유형의 망상조직'을 제시한다. 들뢰
즈와 가타리는 주체-대상의 이분법이 사실상 본뿌리 유형의 실재론의
거울반영에서 나타난다고 보았다. 이에 반해 "어린뿌리 체계 또는 수
염뿌리 체계는 책의 두 번째 모습인데, 우리 현대인은 곧잘 그것을 내
세운다. 이번에 본뿌리는 퇴화하거나 그 끄트머리가 망가진다. 본뿌
리 위에 직접적인 다양체 및 무성하게 발육하는 곁뿌리라는 다양체가
접속된다. 이번에는 본뿌리의 퇴화가 자연적 실재인 것 같지만 그래
도 뿌리의 통일성은 과거나 미래로서, 가능성으로 여전히 존속하고 있
다."[129]라고 말하면서 구조주의와 같은 계열항의 고정성을 수립하는
방식을 띠고 있는 '허브가 있는 유형의 네트워크'를 설명한다. 마지막
으로 망상조직으로서의 네트워크를 리좀이라고 설명하면서, 들뢰즈와
가타리는 다음과 같이 말한다. "리좀은 시작도 끝도 갖지 않고 언제나
중간을 가지며, 중간을 통해 자라고 넘쳐난다. 리좀은 n차원에서, 주체
도 대상도 없이 고른 판 위에서 펼쳐질 수 있는 선형적 다양체들을 구
성하는데 다양체들로부터는 언제나 하나가 빼내진다.$(n-1)$"[130]

129 질 들뢰즈 · 펠릭스 가타리,『천개의 고원』(새물결, 2001), 16쪽.
130 같은 책, 46쪽.

구성주의와 자율성

센터가 있는 네트워크, 허브가 있는 네트워크, 리좀적 네트워크 간의 차이점의 구도

기계체로서의 네트워크는 재귀적 반복을 통해서 자기 생산을 할 뿐 아니라, 반복과 반복이 연결되고 결합되는 방식에 따라 상이한 작동 방식을 갖고 있다. 그런 점에서 기계체, 기계류, 네트워크, 공동체, 사회 시스템, 제도 시스템 등이 서로 연결되어 카오스모제 chaosmose(chaos〔혼돈〕+cosmos〔질서〕_osmose〔상호침투〕)의 구도를 그려내기 위해서는 기계의 재귀적 반복 자체만이 아니라, 외부에 대해서 열리면서 동시에 자기 생산 하고 수평적으로 연결접속 되는 등의 미시적인 영역의 작동이 중요해진다. 이는 메타기계체의 미학적이고 우아하며 균형 잡히고 신시사이저의 화음으로 가득 찬 기계적/우주적 무의식에 대한 논의로 전진 배치되어야 한다. 결국 가타리가 말하는 기계의 자율성은 바렐라가 얘기한 생명의 자율성이라는 관점의 연장선에서 있으며, 바렐라의 논의를 기술문명에 적용하여 더 급진화하는 방향으로 향하는 것이라고 평가해 볼 수 있다. 펠릭스 가타리의 기계의 자

율성의 구도는 '기계적 약물중독'[131]에 빠져든 현대인들이 어떻게 기계적 배치인 네트워크 속에서 주체성 생산을 이룰 수 있는가라는 문제의식과도 공명한다. 가타리가 욕망의 미시정치라는 구성적 실천에 주목하는 이유도 거기에 있다.

---

131 펠릭스 가타리, 윤수종 옮김, 『인동의 세월』(중원문화, 2012), 213~227쪽에서 한 기계의 접속과 다른 기계의 접속의 사이에서 잠깐 등장할 수밖에 없는 자아의 삶의 형태에 대해서 다룬다. 가타리는 기계체를 넘나드는 현대인의 삶의 유형을 기계적 약물중독이라고 말하지만, 특이성 생산의 기반이 된다는 점에서 긍정성을 찾는다.

구성주의와 자율성

기 계 론 적 기 계 와

기 계 학 적 기 계

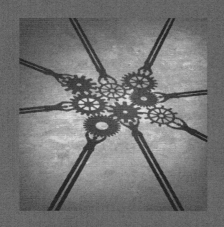

6장 기계론적 기계와 기계학적 기계

:: 차이 나는 반복 VS 반복강박

프로이트는 포르트-다fort-da 놀이를 하는 손녀를 보고 유아기 어린이가 느끼는 어머니의 부재와 결핍에 따른 반복 현상을 발견한다. 포르트-다 놀이는 '포'를 외치고 실패를 길게 보이지 않게 늘이고, 다시 끌어 당겨서 실패가 보이면 '다'를 외치는 단순 반복 놀이이다. 프로이트는 포르트-다 놀이에서 사라진 저편인 죽음에 대한 두려움을 느끼고 강박적으로 반복하는 현상이 기호체계나 인간의 무의식적인 행동에 내재해 있다고 바라보았다. 가타리는 "이 논제를 열여덟 달 된 아이의 놀이에 대한 프로이트의 유명한 관찰에 관한 라캉의 재독해로 설명해 보자. 아이의 놀이는 실 끝에 달린 실패를 가장자리에 커튼이 달린 침대 밖으로 던지는 것이다. (아이는) 실패가 사라지면 '우우우우' 하는 소리를 내는데, 프로이트는 이 소리를 독일 어른의 말로 '사라진Fort'으

구성주의와 자율성

로 옮겼고, 실패가 다시 나타날 때 아이가 내는 '우우우우' 하는 소리를 '저기에Da!'로 옮겼다. 프로이트는 아이가 이 사라진-저편Fort-Da 리토르넬로를 사용해 어머니의 떠남, 부재, 되돌아옴을 끊임없이 재연한다고 생각했다."[132]라고 말한다. 그러므로 프로이트에게 반복은 죽음충동에 따라 강박적으로 일어나는 신체와 무의식의 반응이라고 할 수 있다. 마치 아이를 상대로 얼굴을 보였다 감췄다 하는 있다-없다 놀이에서 엄마의 회귀와 존재에 대해서 '꺄르르' 웃는 것인지, 아니면 엄마의 표정이나 눈빛의 부재에 따라 '우우우우' 반응하는 것인지에 대해서도 생각해 볼 필요가 있다.

라캉은 프로이트의 포르트-다 반복 현상에서 구조적인 측면을 도출하는데, 즉 아이들의 분열된 주체로서의 위치가 결국 소타자 a로서의 반복강박을 만들어 내는 원인이라고 본다. 결국 라캉은 실재계 속에서 철저히 분열된 아이들이 보여 주는 똥, 시선, 젖가슴, 성기에서의 반복에 주목한다. 그는 아이들이 거울을 보면서 상상계 속에서의 자아로 통합되어 있다고 오인하고 착각하겠지만, 아버지와 사법적 질서인 상징계의 시니피앙의 그물망 속으로 들어왔을 때에야 비로소 분열을 넘어서 사회화되고 문명화될 수 있다는 보수적인 결론에 도달한다. 그는 포르트-다에 대해서 다음과 같이 말한다. "이 놀이 활동 전체는 반복을 상징합니다. 하지만 그것은 단순히 아이들의 울음소리에서처럼 엄마에게 돌아와 달라고 호소하는 듯한 어떤 욕구의 반복이 아닙니다. 그것은 주체의 분할Spaltung의 원인이 된 엄마의 떠남을 반복하는 것이지요. 그러한 주체의 분할은 여기 혹은 저기라는 교대로 '여기'의 '저기'나 '저기'의 '여기'가 되는 것을 목표로 하는 포르트-다 교차 놀이를 통

132 펠릭스 가타리, 윤수종 옮김, 『카오스모제』(동문선, 2003), 99쪽.

해 극복됩니다."[133] 이런 점에서 라캉은 반복이 분열된 주체의 신체 및 기호 현상일 수밖에 없다는 점을 긍정함으로써 "모두가 분열자다!"라는 급진적인 발언을 하는 것처럼 느껴지지만, 곧이어 그래서 시니피앙(=기표)의 그물망인 아버지의 사법적 상징질서에 포섭되어야 한다는 결론을 내림으로써 보수적인 입장을 보인다. 이런 점에서 라캉에 환호하는 사람들은 급진성과 반동성을 반복강박처럼 오락가락하는 사람들일 수 있다.

들뢰즈는 프로이트와 라캉의 죽음충동, 부재와 결여에 기반한 반복강박을 넘어선 에로스적인 충동의 '차이 나는 반복'이라는 화음이 가진 잠재성을 처음으로 발견하였다. 여기서 들뢰즈는 에로스(=삶-충동)에 기반한 차이 생산의 가능성과 영원회귀적인 반복을 결합시킨다. 즉 차이 나는 반복은 생활, 생태, 생명의 화음으로 가득하며, 봄-여름-가을-겨울, 밀물과 썰물, 아침-점심-저녁 등의 반복으로 나타난다. 즉 그것은 똑같은 것들이 반복되거나 부재와 결여에 기반한 강박적 반복이 아니라, 특이한 상황, 사건, 인물이 생성되면서 반복되는 것을 의미한다. 들뢰즈는 "에로스와 므네모시네에게서 차용하는 이 차이의 역량은 어떤 순수 과거의 파편들에 해당하는 잠재적 대상들의 변용을 가져온다. 피에르 자네Pierre Janet(1859~1947)가 이런 저런 방식으로 예감했던 것처럼, 에로스적인 반복의 역할을 설명해 주고 이 반복과 차이의 조합을 설명해 주는 것은 기억상실이 아니라 오히려 어떤 과다 기억이다. 언제나 자리를 바꾸고 위장되는 대상의 특성인 '결코 본 적 없음'은 그 대상이 추출되는 순수 과거 일반의 특성인 '이미 본 상태' 안으로 빠

---

133 자크 라캉, 맹정현 옮김, 『자크 라캉 세미나——정신분석의 네 가지 근본 개념』(새 물결, 2008), 101쪽.

져 들어간다. …… 그리고 결국 마지막에 가서는 오로지 친근한 낯섦, 스스로 반복하는 차이만이 있게 되는 것이다."[134]라고 언급하면서, 차이 나는 반복이 생성의 철학이면서 동시에 과거부터 누적되어 온 잠재성이 현동화되는 사건성임을 주장한다. 그런 점에서 들뢰즈에게 '생성으로서의 차이'와 '잠재성으로서의 반복'은 함께 작동한다.

차이 나는 반복은 생활, 생태, 생명이 뻔하고 무의미한 것으로 이루어진 것이 아니며, 동시에 의미와 모델의 고정관념으로 이루어진 것이 아니라는 점을 적시하는 개념이다. 이를 잘 보여 주는 것이 놀이에서의 사이주체성 혹은 간주관성의 출현이라고 할 수 있다. 놀이는 로제 카이와의 구도대로라면 운, 경쟁, 모방, 어지러움이 함께 작동하는 모델이다.[135] 놀이와 재미 유형의 활동은 늘 새로운 것이 자유로우면서도 고도로 조직된 놀이 규칙이라는 반복에 따라 작동하면서 세계를 재창조해 내는 구성적 실천을 해낼 수 있다. 그런데 놀이의 시간적인 선행 조건은 잉여, 잔여 이미지, 과잉, 비루함과 지루함, 군더더기와 같은 무의미의 시간이다. 만약 "이제부터 코끼리 놀이를 한다"라고 의미화한다면 그것은 반드시 해야 할 일이나 과업이 될 뿐, 놀이가 되지 않는다. 그런 점에서 주관과 객관, 즉 의미와 무의미 사이에 있는 무수한 중간좌표를 설정하는 것이 놀이라고 할 수 있다. 다시 말해 횡단성 좌표에 주목할 때, 차이 나는 반복이 거주하는 실존좌표가 드러날 수 있는 것이다. 일상과 삶, 생활이 잠재성에 기반하여 사건이 생성되는 차이 나는 반복의 영토이기 때문에, 발견주의적인 태도를 갖추는 것도 가능하다. 문제는 일상을 의미화하고 뻔한 것으로 간주하는 문명의 태

---

134 질 들뢰즈, 김상환 옮김,『차이와 반복』(민음사, 2004), 248쪽.
135 로제 카이와, 이상률 옮김,『놀이와 인간』(문예출판사, 2003), 참고.

도에 있으며, 일상성의 회복이라는 측면은 곧 놀이의 구성 작용을 수반할 수 있다.

차이 나는 반복과 반복강박의 관계에 대해서 얘기할 때, 분자적인 것과 몰적인 것의 관계로 사고할 수 있는 여지는 풍부하다. 분자적인 것이 여러 모델을 횡단하고 이행하는 것이라면, 몰적인 것은 하나의 모델에 집중하는 것이다. 차이 나는 반복은 여러 모델과 의미, 표상을 횡단하는 놀이와 재미와도 같다면, 반복강박은 하나의 모델에 협착되고 강박되어 있는 의미와 일의 모델일 수 있다. 그렇다고 해서 차이 나는 반복과 반복강박이 그 상태를 그대로 유지하는 것은 아니다. 그때마다의 배치에 따라 그 모습을 달리 한다. 차이 나는 반복과 반복강박의 차이와 간극은 공동체에서 재미와 놀이로 시작한 일이 의미화되면서 노동이 되는 이행의 과정으로도 나타날 수 있다. 만약 화성학적인 측면에서 차이 나는 반복을 '리듬'이라고 한다면, 반복강박은 '박자'라고 할 수 있다. 물론 화음은 리듬과 박자의 합성에 의해서 이루어지며, 분자적인 것은 몰적인 것을 수반할 수밖에 없다. 들뢰즈와 가타리는 "왜냐하면, 박자란 규칙적이고 불규칙적인 것을 떠나 반드시 코드화된 형식을 전제하며 이 형식의 측정 단위 또한 가령 변화하더라도 결국은 소통되지 않는 환경에 안주하고 마는 데 반해, 리듬은 항상 코드 변환 상태에 놓인 '불평등한 것' 혹은 '공동의 척도를 갖지 않는 것'이기 때문이다. 박자는 단정적이지만, 리듬은 비판적이며, 결정적 순간들을 잇거나 하나의 환경에서 다른 환경으로 이동해 가면서 스스로를 연결하거나 한다."[136]라고 박자와 리듬의 차이에 대해서 언급한다. 결국 메타기계체의 수준에서 보았을 때 리듬과 박자는 화음을 이루는 각각

[136] 질 들뢰즈 · 펠릭스 가타리, 김재인 옮김, 『천개의 고원』(새물결, 2001), 595쪽.

의 구성요소가 되며, 리토르넬로와 같은 중간, 사이의 이행 과정에 발생하는 간주곡과 같은 영역은 화음을 이루기 위한 전제조건이라고 할 수 있다.

　가타리는 사람들의 무의식의 기저에 주체와 대상의 경계가 모호한 여섯 달짜리 아기의 출현적 자아[137]가 내재해 있다고 보았다. 이는 주체와 대상 사이의 주체성을 생산하는 구성 과정이 모두에게 내재해 있다는 점에 대하여 대니얼 스턴Daniel N. Stern(1934~2012)이 제안한 개념이었다. 사람들이 서로 대화하고 교감할 때 마치 그 사이에서 '우리 중 어느 누군가'가 출현하거나 공통성——공유 자산, 집단지성, 생태적 지혜——이 구성될 수 있는 여지가 있는 셈이다. 이는 자신의 기억 속에서 '사라진 저기에(=Fort-Da)'라고 할 수 있는 구성과 생성의 논리를 소환하는 것을 의미한다. 그런 점에서 사람들의 잠재성으로 숨어 있던 영역이 마르셀 프루스트Marcel Proust(1871~1922)의 『잃어버린 시간들을 찾아서À la recherche du temps perdu』에서처럼, 유년기의 감성 블록으로 갑자기 떠오르고 생성되는 과정으로도 생각해 볼 수 있다.

　"분열분석은 프로이트처럼 사라진 저기에 리토르넬로를 어머니와 관련한 좌절감에, 그리고 보편적인 삶과 죽음의 원리에 의존하는 것으로 여기지 않았고, 라캉처럼 초월적인 기표(=시니피앙)적 차원에 의존하는 것으로 여기지도 않았다. 분열분석은 사라진 저기에 리토르넬로를 욕망하는 기계로 간주하는데, 여기서 욕망하는 기계는 언어적 자아의 배치——여타의

137　출현적 자아는 생후부터 여섯 달까지의 유아기의 주체성이며, 대상과 주체, 자아와 사물 간의 구별이 없는 흐름적 사유의 원형이다. 즉 이러한 시기를 거친 모든 성인들은 되기와 흐름의 능력을 잠재한 것이다.

출현적 자아, 핵심적 자아, 주체적 자아의 배치들과 공생하는——를 향해 움직이고 …… 그러한 기계는 모든 것이자 또한 다른 것이다! 우리는 여기서 죽음의 반복이라는 기계학적mechanic 관념과 과정적 열림이라는 기계론적machinic 관념 사이에서 선택해야 한다."[138]

여기서 가타리는 기계 개념을 기계학적 기계와 기계론적 기계로 구분하면서 반복강박과 차이 나는 반복을 상보적인 측면에서 보는 것이 아니라, 각기 다른 작동을 보이는 것으로 사유하였다. 결국 '기계론적 기계,' 즉 과정적 열림의 기계가 횡단하고 이행하고 변이되는 분자적인 기계라면, 죽음의 반복으로 구성된 '기계학적 기계'는 자동적이고 강박적이고 폐쇄된 기계다. 이러한 기계의 구분은 사실상 인공두뇌학, 다시 말해 사이버네틱스에 따라 발견된 열린 기계 시스템으로서의 네트워크와, 산업혁명에서부터 포디즘까지 이어져 온 닫힌 기계 시스템으로서의 자동기계 간의 체계 및 작동 방식의 차이라고 할 수 있다. 여기서 이러한 두 기계의 체계를 분석함으로써, 색다른 기계적 배치의 구성 가능성을 모색해 볼 수 있겠다.

:: 자동기계: 닫히고 폐쇄되고 코드화된 기계

1922년 러시아 출신의 물리학자 알렉산드르 프리드만Alexander Friedmann(1888~1925)은 닫힌 우주, 열린 우주, 평탄한 우주라는 세 가지 유형이 있다는 것을 발견한다. 그는 닫힌 우주는 팽창과 수축을 번

---

138 펠릭스 가타리, 윤수종 옮김, 『카오스모제』(동문선, 2003), 102쪽.

갈아 함께하고, 열린 우주는 계속 팽창할 것이고, 평행우주는 그대로 일 것이라고 설명했다.[139] 때마침 허블망원경에서 우주가 팽창하고 있다는 사실이 발견되면서 열린 우주가 현존 우주의 질서일 가능성 역시도 제기되었다. 그러나 우리의 우주가 닫힌 우주일지 열린 우주일지는 아직 예측 불가능한 상황에 있다. 여기서 닫힌 우주의 질서를 보여주는 것이 바로 기계학적 기계, 즉 닫히고 폐쇄되고 코드화된 기계일 것이다. 사실 가타리가 아카데미를 박차고 나온 이유가 바로 프리드만의 우주관에 대한 반발이었다고 한다. 예컨대 들뢰즈와 가타리는 일정하게 닫힌 체계를 형성하면서 탈영토화와 재영토화를 반복하는 현상을 '상대적 탈영토화'라고 규정한다. 닫힌 우주는 이완과 수축, 탈주와 포획을 번갈아 하면서 외부가 실존하지 않는다는 점을 알려주는 우주이다. 이에 따라 기계의 반복은 프로이트와 라캉이 언급했던 반복강박——쫓고 쫓기는 탈주와 포획의 이중성——과 다를 바가 없게 된다. 물론 들뢰즈와 가타리는 점과 점 사이에 선이 위치하는 것이 아니라, 선과 선 사이에 점이 위치한다고 말하면서 열린 체계를 향한 절대적 탈영토화 과정의 일부로서 상대적 탈영토화를 위치 짓는다. 이런 점에서 일관된 흐름을 통해 외부를 향하고 있는 열린 우주의 가능성을 타진한다.

시스템이 외부로부터 닫혀 있다는 것은, 잘 생각해 보면 생명을 환경과 구분짓는 기본적인 방법론일 수 있다. 마투라나와 바렐라가 얘기한 작업적 폐쇄성과 그 내부에서의 자기 생산 개념이 그것이다. 흔히들 열려 있음의 미덕에 대해서 이야기하지만, 생명이 성립되기 위해서는 외부에 대해서 열려 있다는 것이 절대 선일 수 없다. 즉 일정한 경계 안에서 역동성을 갖춘 자기 생산이 이루어지는 것을 살아 있

---

139 [네이버 지식백과] FAQ(천문우주지식정보, 2010. 7. 1., 한국천문연구원) 참고.

는 생명이라고 규정할 수 있기 때문이다. 여기서 스피노자의 내재성 immanence이라는 구도처럼 역동적인 내부에서의 작동과 삶의 영토성, 생활세계 등에 대해서 생각해 볼 여지도 생긴다. 그러나 외부로부터 닫혀 있다는 것이 폐색되고 코드화된 질서로 향할 가능성은 언제든 존재한다. 그렇다고 게토가 절대 악인 것만은 아니다. 소수자 운동처럼 의도적으로 게토화를 시도하면서, 자신의 실천적인 야성성을 보존하기를 원하는 경우도 있으니 말이다. 기계학적 기계가 닫힌 체계를 갖고 있다는 점은 자기 생산적인 측면과 폐색의 측면이라는 이중성을 노정한다. 서구 근대 관료 시스템의 '자동화=사물화=의미화' 노선은 바로 기계학적 기계의 모델에 따르고 있다. 그리고 이 시기 동안의 자동화가 던져 주는 구조적 안정감이 자본주의 체계의 안정감과 등치되고 있다.

그 정점에는 케인즈주의적인 보장사회의 신화와 생산 시스템으로서의 포디즘[140]이 있었다. 여기서 자동기계와 노동자라는 쌍이 등장하면서, 사실상 기계학적 기계가 생산을 구성하는 원리이자 사회를 구성하는 원리로 작동하게 된다. 그러나 생산 현장은 무료하고 따분한 반복이 장악하고 있었고, 인간의 실존과 삶의 내재성은 무료함이 잠식하는 상황이 되었다. 사실상 보장사회와 포드 시스템은, 욕망에는 어울리지 않는 자동화되고 관료화된 시스템이라는 것이 드러났다. 즉 이러한 자동기계에 기반한 사회 모델은 민중들의 욕망에 의한 심각한 도전에 직면하게 된다. 그것이 바로 68혁명이다. "먹고 살 수 있는데, 무슨

---

140 포디즘은 포드가 자동화된 도살장에서 일관 생산라인의 힌트를 얻어 만든 자동차 공장의 생산 형태를 의미한다. 포디즘은 대량 생산, 대량 소비 사회의 기반이 되었고, 곧이어 케인즈주의와 같은 보장사회의 체계를 구축하는 원동력이 된다.

　　　　　　　　　　　　　　　　　구성주의와 자율성

문제인가?"라는 보수주의자들의 논변에도 청년, 노동자, 소수자, 여성 등은 거리로 나와 숨 쉴 여지조차 없고 질식할 것만 같은 관료주의, 자동주의 시스템에 맞서 반격을 가하기 시작했다. 즉 기계학적 기계의 자동기계는 더 이상 사회 시스템을 설계할 때 적용되기 어려운 시스템 유형이었다. 물론 케인즈주의 모델이 모두 잘못되었던 것은 아니다. 공공 정책과 사회보장, 정부의 개입 정책, 노동 정책에서의 노동조합과의 협조 등 장점이 없는 것은 아니다. 문제는 케인즈주의와 포디즘이 구성했던 자동기계와 노동자 간의 결합이 부조리하고 부조화한 결과를 낳았다는 점에 있었다. 이후 신자유주의의 등장은 탈규제, 민영화, 정보화, 작은 정부 등을 슬로건으로 욕망에 보다 유연하게 적응할 수 있는 시스템을 제시한다. 사실 신자유주의의 금융 시스템은 네트워크라는 인공두뇌학적인 정보 시스템을 통하지 않고서는 작동할 수 없다. 그런 점에서 네트워크라는 색다른 시스템은 통치 시스템이자 상업 시스템의 주요 골간이 되는데, 사실상 현존 체제는 네트워크라는 기계적 배치의 자율성으로부터 자유로울 수 없게 된다.

기계학적 기계의 닫히고 폐쇄되고 코드화된 기계의 특징은 인간과 기계가 매개하는 경우에 소외, 사물화, 물신화와 같은 상황을 만들어 냈다는 점이다. 이를테면 포디즘의 시원이 되었던 포드자동차 생산라인이 사실은 도살장 모델에서 나왔다는 사실은 그 시스템의 반생명적인 속성을 살짝 엿볼 수 있게 하는 대목이다. "포드의 자서전 『나의 삶과 일*My Life and Work*』에서 젊은 시절 시카고의 한 도살장을 방문했을 때 일관식 조립라인에 대한 영감을 받았다고 밝혔다. '나는 이것이 최초의 움직이는 작업라인이라고 믿는다. 조립라인의 아이디어는 시카고 정육업체가 쇠고기의 정육을 위해, 작업자들의 머리 위에 설치된 가공 카트를 다루는 방식에서 비롯되었다.'"[141] 여기서 주목할 점은, 포드는 지독한 인종주의자였고, 이러한 포드 시스템이 나치의 아우슈비츠 학살 라인에 영감을 주었다는 점이다. 기계학적 기계, 즉 자동기계에 대한 반발은 이뿐만이 아니라, 다양한 역사적 사례가 있다. 이를테면 전태일 열사가 외쳤던 "우리는 기계가 아니다, 인간답게 살고 싶다"라는 슬로건에서도 기계는 바로 기계학적 기계였던 셈이다. 즉 기계가 인간성을 파괴하고, 소외를 만들어 내며, 물신화의 첨병이 되는 것이 바로 자동기계이다.

19세기 초반 산업혁명 당시 영국에서 기계 도입에 반대했던 기계 파괴 운동, 즉 러다이트는 기계가 인간의 노동과 일자리를 뺏고 인간성을 파괴하며, 소외와 전도, 물신화를 초래하는 괴물이라는 발상에서 출발하였다. 이런 점에서 자본주의의 폐해를 기계문명이 만들어 낸 문제점으로 대체해서 생각할 수 있는 경로는 러다이트로부터 연원한다. 러다이트의 기계에 대한 비판 이후에 기술문명에 대한 진단으로는 1) 포스트포디즘과 과학적 사회주의의 기술 낙관론, 2) 프랑크푸르트학파의 기술 비관론, 3) 과학기술에서 통용되는 기술 중립성론, 4) 자율주의자들의 기술 재전유론, 5) 가타리의 욕망하는 기계론으로 나누어 볼 수 있다. 이 중에서 프랑크푸르트학파의 기술 비관론과 같은 네오러다이트적인 발상이 시작될 수 있었던 이유는 사실 근대 산업사회가 기계학적 기계를 사회 시스템의 기반으로 삼았던 것에 기원을 갖는다. 자율주의 계열에 있는 닉 다이어 위데포드Nick Dyer-Witheford는 "과학기술은 전적으로 자본의 도구일 뿐이라는 분석이 훨씬 더 설득력을 얻어 갈수록, 믿을 만한 저항과 대안을 정립하기가 훨씬 더 어려워진다. 프

---

141 찰스 패터슨, 『동물 홀로코스트』(한겨레출판사, 2014), 109쪽.

랑크푸르트학파가 직면한 치명적인 자기모순도 바로 이 점이다. 아도르노와 호르크하이머가 제시했듯이 기술 지배가 총체적으로 관철된다면, 정치적 행동을 어떻게 불러일으킬 수 있는지는 두말할 것도 없고, 자신의 비판적 관점이 도대체 어떻게 나올 수 있었는지조차 설명하기 어렵게 된다. 비판이론은 자기 자신을 가차 없이 구석으로 몰아대는 그림을 그렸다."142라고 말한다. 그러나 닉 다이어 위데포드는 자율주의자의 전략인 재전유론이 성립되려면 기계학적 기계와 기계론적 기계의 구분이 필요하다는 점까지는 바라보지 못했다. 동시에 비판이론 역시 이러한 기계의 두 가지 유형을 구분하지 못한 채 기계문명 자체만을 비판하고 있다는 점에서 사변적인 철학에 머물고 있는 모습을 보였다.

비판이론에서 기계의 이중전략과 관련한 약간의 가능성을 보여 준 것은 발터 벤야민Walter Benjamin(1892~1940)의 『기술복제 시대의 예술작품Das Kunstwerk im Zeitalter seiner technischen Reproduzierbarkeit』 정도이며, 벤야민 역시도 기계의 이중성 속에서 오락가락하는 모습을 보이고 있다는 점이 금방 드러난다. 벤야민은 "우리가 기술적 발전이 얼마나 위험한 긴장 관계들을——이 긴장 관계들은 위기의 단계에서는 정신병적인 성격을 띠는데——대중에게 몰고 왔는지를 고려한다면, 우리는 똑같은 기술화가 영화를 통해 그러한 대중적 정신이상에 대해서 정신적 예방접종의 가능성을 제공했다는 사실을 인식할 수 있다. 즉 영화는 사디즘적 또는 마조히즘적 망상들이 과장되게 발전한 모습들을 보여 줌으로써 현실에서 그러한 에너지들이 자연스럽고 위험한 방식으로 성

---

142 닉 다이어 위데포드, 『사이버-마르크스』(이후, 2003), 121~122쪽.

숙하는 것을 막아 줄 수 있다."[143]라고 말하면서 기술복제에 대해서 이중적으로 또는 다소 모호하게 자신의 사상적인 배치를 만들어 낸다. 그는 소외와 물신주의를 만들어 내는 기계가 어떻게 역으로 인간 사회에서 생산적으로 활용되었는지를 바라본다. 그러나 벤야민은 기계의 구동이나 조직화 방식, 피드백 방식, 외부에 대한 접속 방식에서 기계론적 기계와 기계학적 기계에 어떠한 심원한 차이가 있는지에 대해서는 알지 못한 채, 모호함과 두 극 사이를 오락가락하는 진자의 운동으로 화답한다.

벤야민이라는 예외를 뺀다면 비판이론, 다시 말해 프랑크푸르트학파에서의 기술에 대한 논의는 철저히 네오러다이트적인 방식을 고수한다. 즉 기술문명의 도구적 이성은 결국 인간의 자기 소외와 사물화의 경향, 비합리적인 파시즘의 발호, 물신주의, 관료주의 등의 폐해를 낳게 된다는 비판적인 진단에 머물러 있는 것이다. 그러나 여기서 언급되고 있는 코드화된 기계들의 특징 중 하나는 코드들이 서로 연결되고 접속되면서 횡단코드화의 능력으로 변모하는 색다른 기계를 낳는다는 점이다. 횡단코드화의 능력은 코드화의 규칙에 맞선 탈코드화의 위반이라는 방식을 넘어서, 코드와 코드 사이의 여백에 어떤 색다르고, 이행적이고, 진행적이며, 과정적인 기계 작동이 숨어 있다는 것을 의미한다. 가타리는 "자율화된 특정한 기호적 기계가 작용하게 될 때만 하나의 지층에서 또 다른 지층으로의 직접적인 이행이 이루어질 수 있다. 그때 코드의 잉여가치가 아니라 횡단코드화trans-codage가 작용할 것이다. 기호적 기계는 모든 지층화를 횡단할 수 있는 절대적 탈

---

143 발터 벤야민, 최성만 옮김, 『기술복제 시대의 예술작품/사진의 작은 역사』(도서출판 길, 2007), 84~85쪽.

영토화 절차를 작동시킨다."[144]라고 횡단코드화에 기반한 기호기계의 가능성을 응시한다. 즉 코드화된 닫힌 기계인 기계학적 기계들이 서로 접속하고 연결되는 과정과 중간, 사이에서 기계론적 기계가 작동할 수 있다는 점에 대한 응시이다. 그것이 바로 사이버네틱스 이론이 그토록 탐색했던 네트워크의 등장이다.

:: 네트워크: 열리고 자기 생산 하는 기계

네트워크에는 전자적 네트워크와 사회 네트워크, 집단적 네트워크 등이 있다. 가타리에 따르면 네트워크는 '기계론적 기계'의 열리고 자기 생산하는 속성을 갖고 있다. 그는 어떻게 사회연결망에서의 작은 변화가 전체 네트워크에 심원한 변화를 초래하는지에 대해 분자혁명론을 통해 설득력 있게 설명하고 있다. 가타리의 분자혁명론을 이해하기 위해서는 먼저 전자적 네트워크의 작동 방식에 대해 알아봐야 한다.

네트워크 이론에서는 출발점이며 종착점인 노드node와, 노드를 연결시키는 선분인 링크link 등의 개념이 등장하는데, 그 사례로 템스 강에서의 여섯 개의 다리를 세 개 지점을 거치면서 어떻게 빨리 건널 수 있을까라는 퍼즐이 있다. 여기서 여섯 개 다리는 링크이고, 세 개 지점은 노드인 셈이다.

네트워크 이론가 얼베르트 라즐로 버라바시Albert-László Barabási는 "와츠는 단순한 하나의 질문을 가지고 이 네트워크로의 여행을 시작했다. '나의 친구 두 사람이 서로 알 확률은 얼마일까?' 앞에서 다루어봤

144　펠릭스 가타리, 윤수종 옮김, 『분자혁명』(푸른숲, 1998), 367~368쪽.

듯이 무작위 네트워크 이론의 입장에서 보면 이 질문에 대한 대답은 분명하다. 노드들이 링크되는 것은 무작위적이므로 나의 두 친구가 서로 알게 될 가능성은 베네치아의 곤돌라 사공과 에스키모 어부가 서로 알게 될 가능성과 동일하다. 그러나 이미 25년 전에 마크 그라노베터Mark Granovetter(1943~)가 주장했듯이 사회 네트워크는 분명 그렇게 생기지 않았다. 우리는 서로 간에 아는 클러스터의 한 부분으로 존재한다. 따라서 나의 두 친구는 서로 알게 된다.”[145]라고 말하면서 클러스터링 계수라는 개념을 추가한다. 결국 네트워크는 사회연결망이나 국지적인 공동체적 관계망을 둘 다 포괄하는 개념이며, 이에 따라 서로 모르는 사람이라 하더라도 서로 연결되어 있기 때문에 몇 번의 링크와 노드를 거치면 결국 알게 된다는 생각이 성립하게 된다. 그런 점에서 사회와 공동체는 클러스터를 이룬 하나의 연결망 군집이라고 할 수 있게 된다. 이러한 버라바시의 설명 방식은 네트워크가 사회나 공동체의 연결망이라는 점에 대해서는 설명할 수 있지만, 어떤 기계 현상이 링크되면서 작동하는지에 대해서는 공백으로 남겨 두고 있다.

최초의 네트워크는 핵전쟁 시기 동안 노드가 하나의 링크를 통하지 않고 우회로를 개척하면서 접속될 가능성을 열어 두기 위해서 설계되었다. 즉 네트워크의 시원적 측면만 보면 전쟁 기계의 속성을 갖고 있는 셈이다. 그러나 21세기 초 네트워크는 중앙 집중적인 조직 방식이 아니라, 분산되어 있고 수평적인 연결망으로서의 특징을 보이면서 민주주의를 활성화할 수 있는 매개체로 각광 받게 되었다. 그리고 그러한 네트워크를 기반으로 스마트폰, 각종 디바이스, 온라인 게임 등이

145　얼베르트 라슬로 버라바시, 강병남·김기훈 옮김, 『링크— 21세기를 지배하는 네트워크 과학』(동아시아, 2002), 81쪽.

구성주의와 자율성

구동될 수 있는 연결망의 성립이 가능하게 되었다. 앞서 네트워크 이론은 사회연결망이나 국지적인 공동체 관계망을 설명할 때 동원되었다고 언급하였다. 그러나 국지적이고 근접적이며 가깝고 제한된 관계망인 공동체에서는 비언어적 기호계의 교감으로 인해 사실상 정보 엔트로피가 극도로 높다. 사용되는 언어나 정보의 양이 적을지 모르지만, 교감되는 기호 작용은 상당히 많다고 할 수 있다. 이에 반해 전자적 네트워크는 교감과 상호작용에 있어 동원되는 정보 엔트로피가 극도로 낮으며, 마치 낯선 사람들 사이에서 익명의 자유를 누리는 도시적 관계망과 같은 성격을 갖고 있다. 도시적 관계망과 차이가 있다면, 정보 엔트로피가 낮은 대화를 함에도 불구하고 정보의 성격에 대한 베이트슨의 개념처럼 "차이를 낳는 차이"로 작동하기 때문에 다양성을 띤 코드의 생태계가 조성될 수 있다는 점을 들 수 있다.

네트워크의 차이와 다양성이 만들어 내는 정보 생태계의 중요성은 그 차이와 다양성이 색다른 차이를 생산할 수 있다는 점에서 그렇다. 그런 점에서 차이 생산, 다양성 생산, 특이성 생산이라는 주제가 펠릭스 가타리의 대표적인 구도인 이유에 대해서도 규명될 수 있다. 가타리는 "모든 사람들이 일치하거나, 판사들, 정신질환자들 또는 종류를 불문하고 정신 전문가들이 하나의 전선, 공동 강령을 만들도록 하는 '네트워크'는 존재하지 않는다. 이러한 방식으로 관념들이 상이한 리좀들과 상이한 가공 수준들을 지니고 전진할 수 있다고 상정하면서, '네트워크'는 오히려 현실 변증법을 위한 조건들을 창출하기 위해 존재한다."[146]라고 네트워크의 다중심적이고 다극적이며 다의미적이고 다실체적인 성격을 언급한다. 특히 네트워크 운동의 발전 과정의 최종

146   수에니 롤니크·펠릭스 가타리, 윤수종 옮김,『미시정치』(도서출판b, 2010), 155쪽.

적인 모습이 '보이지 않는 운동'으로 나타나는 것도 사실상 정체성이 아닌 특이성을, 가시성이 아닌 비가시성을, 개체가 아닌 연결망을 중시하는 네트워크의 특성을 보여 주는 것이라고 할 수 있다.

네트워크에서는 근대적 책임 주체로서의 '나, 너, 그'가 지칭되는 것이 아니라, 비인칭적 주체성으로서의 '우리 중 어느 누군가'가 창출될 수 있다. 그러나 전자적 네트워크에서는 냄새, 색채, 음향, 몸짓, 표정 등 강한 상호작용과 교감을 할 수 있는 기호체계가 제거된 상태에 있기 때문에 도시의 익명성과 같은 뉘앙스를 준다. 그렇기 때문에 기계적 배치는 도시의 낯섦과 익명성, 공동체의 친밀함과 유대성 사이의 횡단 지점에 놓여 있다. 그런 점에서 네트워크는 기계와 기계 간의 연결접속의 과정에서 나타나는 과정적이고, 이행적이고, 횡단적인 기계체로서의 특성을 잘 보여 준다. 네트워크에서 근대적인 모델이나 중앙집중적인 형태가 등장할 수도 있으나, 사실상 이행하고 횡단하는 분자적인 판이 깔려 있기 때문에, 자기 조절적인 시스템이 작동하면서 그 내부의 판의 일부로 만들어 낸다. 물론 그러한 형태가 통합, 유기적 전체, 동일성의 모델과 형태에 따르는 것이 아니라, 차이와 연대성에 기초해서 이루어진다. 그런 점에서 네트워크라는 기계적 배치에 대해서는 기계 자체의 원리와 작동 양상에 기초해서 판단할 필요가 생긴다.

기계는 반복이며, 기계와 기계 간의 반복들의 연결에는 도표적 가상성이 필요하다. 즉 반복이 다름에도 불구하고, 하나의 리듬과 화음을 만들기 위해서 가상 실효적인 작동 방식이 동원되는 것이다. 이를테면 회사에서 직장인으로 반복하던 사람이 어떻게 축구장에서 축구 팬으로서의 반복 현상으로 매끄럽게 이행할 수 있을까? 바로 그러한 기계와 기계 사이의 접촉 경계면을 부드럽게 연결시키는 것이 도표적 가상이다. 그런 점에서 기계의 배치는 실체와 본질이 아닌 작동과 연결에 주목해야 할 필요성이 높아진다. 만약 어떤 사람이 기계를 프로그램 programme이라는 선형적 기획과 설계에 따라 구동시키고자 한다면, 그는 기계 작동 자체를 철저히 코드화된 인과 법칙에 따라 판단하게 될 것이다. 그러나 어떤 사람이 기계를 통해서 기계 간의 연결접속에 대한 다이어그램diagram에 따라 지도 그리기를 하려고 한다면, 그는 수많은 기계가 접속되고 연결되면서 어떤 우발성, 여백, 사이, 빈틈에서 일어나는 차이의 생산과 낙차 효과를 응시하게 될 것이다. 기계적 배치는 고도로 자유로우면서도 고도로 조직된 다이어그램의 구동과 작동에 따라 지도 그리기를 할 수 있다. 그런 점에서 네트워크는 기계와 기계의 사이, 여백, 틈에서 작동되는 흐름, 상호작용, 관계망이 만들어내는 지도 그리기라고도 할 수 있다.

　여기서 기술기계가 만든 시스템의 자기 생산에 대해서 다루지 않고서는 기계론적 기계는 설득력이 없을 것이다. 가타리는 기계적 배치의 창조적 리좀에 대해서 다룸으로써, 사실상 계통적인 측면에서 기계체의 자기 생산에 대해서 긍정하는 입장이다. 즉 그것은 인공지능에 대한 논의처럼 개체적 수준에서의 관점이 아니라, 기계가 기계와 연결되는 과정에서 발생하는 사이버네틱스, 네트워크, 메타기계체 수준에서의 자기 생산을 의미한다. 이러한 관점은 루만의 사회 시스템 이론에서도 잠시 언급되는데, 루만은 "나는 개방된 체계에 대한 이론과는 달리 체계의 폐쇄성, 즉 작동상의 재귀성, 자기 준거와 순환성을 체계의 개방성을 위한 조건으로 파악한다. 다시 말해 나는 하나의 체계가 어떻게 자기 자신과 관련을 맺고 있으며, 어떻게 자기 자신과 환경을 구별할 수 있으며, 그리하여 이러한 구별과 함께 자신의 작동을 자신의 작동에 연결시킬 수 있는지를 훨씬 더 정확하게 묻게 된다."[147] 즉 루만에 따르면, 기계적 배치가 재귀적인 내재적인 작동이 있느냐에 따라 자기 생산적이냐 그렇지 않냐에 대한 척도가 생길 수 있다. 재귀적인 반복은 코드, 정보, 이미지, 기호 등의 자기 생산을 위한 내재적인 작동 방식이기 때문이다. 물론 통시적으로 보면 기술기계의 계통적 발전 과정을 그리면서 재귀적인 내재적 작동을 그려 낼 수 있다. 예를 들어 탈 것은 우마차에서 자동차로, 다시 이것이 전기차로 계통적으로 반복된다. 그런데 공시적인 측면에서 기계적 배치의 재귀적인 작동은 없는 것일까?

외부에서의 입력과 출력이라는 상황이 아니라 정보 자체가 끊임없이 자기 생산적인 커뮤니케이션 과정으로 반복되는 것은 쉽게 관찰될 수 있다. 예를 들어 어떤 사람이 SNS나 인터넷 커뮤니티에서 수많은 정보와 지식과 생활 글을 올리는 숨은 이유는 자기 생산을 위한 실천이라고도 볼 수 있기 때문이다. 즉 차이를 낳는 차이로서의 정보를 생산함으로써 자신의 일상과 삶의 세계를 재창조하고 구성하기 때문이다. 또한 정보의 내재적인 작동 방식이 사실상 재귀적인 반복에 기반하고 있다는 점도 추가적인 증거가 될 수 있다. 예컨대 정보의 코드화는 기본적으로 재귀적인 반복의 연쇄를 특징으로 한다. 또한 우리의 대화 속에서 "밥 먹었니?", "밥 먹었어"라는 방식으로 물음과 대답의 재귀적인 과정이 반복되는 것도 사례로 들 수 있다. 이를테면 차이 나는 반복으로서의 기계 작동이 다른 반복과 결합하고 접속하는 기계체의 판으로 들어와 보면 사실상 대부분의 정보의 피드백 과정이 재귀적인 반복의 유형에 따라 이루어지는 것을 알 수 있다. 이러한 재귀적인

---

147 니클라스 루만, 윤재왕 옮김, 『체계이론 입문』(새물결, 2014), 77쪽.

구성주의와 자율성

반복은 모방이나 흉내와 같은 동질발생적인 것이 아니라 오르키테 난초와 말벌의 비평형적 진화[148]처럼 변용과 되기의 이질발생적인 것이라고도 할 수 있다. 그런 점에서 기계론적 기계는 기계와 기계, 즉 반복과 반복이 만날 때 재귀적인 내재적인 작동이 생기는 과정적이고 이행적이며 횡단적인 과정을 갖고 있는 네트워크 현상에서 발견된다. 이를테면 "오늘 날씨가 흐려서 우울해요"라고 말하면 "날씨가 흐려서 우울해요?"라고 반복하는 양상이 네트워크의 커뮤니케이션 방식이다.

네트워크의 열리고 자기 생산하는 기계론적 기계에 대한 연구에 선행하는 이론은 베이트슨의 사이버네틱스에 대한 탐색이었다. 베이트슨은 "기술적인 의미에서 정보는 어떤 대안들을 배제하는 것이다. 조절기를 가진 기계가 정상상태를 선택하는 것이 아니라, 자신이 어떤 다른 상태에 있지 않도록 막는 것이다. 그리고 그와 같은 모든 인공두뇌학 시스템에서 교정 행위는 차이에 의해서 생긴다. 공학도들의 은어로 말하면, 시스템은 오차로 작동되는 것이다."[149]라고 말하면서 시스템이 작동하는 방식이 열역학 1법칙인 조화의 법칙과 열역학 2법칙 무질서의 법칙, 더불어 에너지의 변화가 온도의 변화로 계산되는 열역학 3법칙을 등장시킨다. 여기서 열역학 3법칙은 온도의 낙차 효과가 열에너지를 이동시켜 열기관이 작동하는 것으로 현현한다. 그런 점에서 시스템은 자신의 구성요소가 다양성과 차이의 생태계를 조성함으로써, 색다른 차이를 낳거나 외부와의 차이와 낙차에 기반하여 부수효과로

---

148 오르키테 난초는 말벌의 꽁무니와 닮은 꽃을 만들어 내서 사랑을 한다. 이러한 말벌과 난초의 사랑은 동질발생적이고 공통성에 기반한 사랑이라기보다는 이질발생적이고 특이성에 기반한 사랑이다. 질 들뢰즈 · 펠릭스 가타리, 김재인 옮김, 『천 개의 고원』(새물결, 2001) 중 1장 '리좀'을 참고할 것.

149 그레고리 베이트슨, 박대식 옮김, 『마음의 생태학』(책세상, 2006), 582쪽.

서 차이가 생산되는 '변환' 과정과, 시스템 내재적인 작동으로서의 회귀와 재귀의 '반복' 과정이라는 두 가지 구성요소를 기반으로 한다. 열리고 자기 생산하는 기계는 네트워크를 통해서 기계와 기계 간의 연결 접속의 이행과 횡단의 과정 그 자체에서 작동하는 반복의 영역을 보여준다는 점에 주목해야 할 것이다. 즉 반복과 반복 사이를 연결하는 색다른 반복이 바로 기계론적 기계를 의미한다.

네트워크라는 기계적 배치를 기반으로 한 첨단기술 사회가 도래했음에도 불구하고, 네트워크 자체에 대한 탐색은 아직 출발 단계에 서 있다. 가타리의 기계론적 기계의 배치로서의 네트워크 이론에 주목하게 되는 이유도 그것 때문이다.

:: 포스트휴먼: 사이보그와 안드로이드 사이에서

포스트휴먼Post-Human에 대한 논의는 사이버네틱스 담론으로부터 출발하여, 이제는 신인류로서 모습을 드러낸 현존 인류 중 일부에 대한 논의로 이행하였다. 첨단 의료산업이나 유전자 조작 기술, 줄기세포 연구 등의 도움으로 한 세기 전에 비해 수명이 현저히 늘어난 제1세계 사람들이 나타나고 있기 때문이다. 거기에 비해 수명이 평균의 절반도 되지 않고 의료 혜택이나 생존권이 보장되지 않는 제3세계 사람들은 완전히 다른 종류의 생명체처럼 느껴질 수 있다. 즉 "첨단기술인 의족, 의수, 의안 등에 의해서 사이보그가 된 제1세계 사람들과 독감이나 경미한 질병에도 영양부족과 기아로 인한 면역력 저하로 쉽게 사망하는 제3세계 민중을 동일선상에서 비교할 수 있을까?"라는 질문이

구성주의와 자율성

유효해진 것이다. 혹여 인간 종 자체의 분리로 여겨질 수 있는 인종주의적 발상이 다시 등장할 수도 있다는 것이 포스트휴먼 논의의 맹점이다. 즉 제1세계에 사는 사람들에게 의료, 교육, 문화, 경제, 생활방식 등 기본적인 삶의 형태에서 나노 기술, 유전자 기술, 사이버네틱스, 인공지능, 로보틱스 등이 적용되는 국소 통제 사회가 조성되면서, 사실상 기존의 인류와는 완전히 다른 신인류의 출현이 예고되고 있는 상황이다. 예를 들어 인공지능의 발전 상황만 보더라도 이미 인공지능이 일자리와 노동 영역을 상당 부분 잠식할 것이 예고되고 있으며, 앞으로 몇 십 년 후라는 가까운 미래에 포스트휴먼의 색다른 주체성 중 하나가 될 것이다.

"자유로운 자아는 시장 관계에 의해 생산되며 사실상 시장 관계에 선행하지 않는다. 이러한 역설은 포스트휴먼에서 자연적 자아를 말소함으로써 해결된다. 포스트휴먼 주체는 혼합물, 이질적 요소들의 집합, 경계가 계속해서 구성되고 재구성되는 물질적-정보적 개체이다. 포스트휴먼 시대의 패러다임을 잘 보여 주는 시민 600만 달러의 사나이를 생각해 보자. 600만 달러의 사나이라는 이름이 함축하듯이 그는 정말로 자아의 부분들을 소유하지만 시장 관계 발생 이전에 존재하는 자연적 상태이기 때문이 아니라 자신이 그것을 구매했기 때문이다."[150]

기술 발전에서 중요한 것은 기술이 어떤 방식으로 디자인되는가의 여부이다. 영국 우주물리학자 스티븐 호킹Stephen William Hawking(1942~)

[150] 캐서린 해일스, 허진 옮김, 『우리는 어떻게 포스트휴먼이 되었는가』(열린책들, 2013), 25쪽.

은 "향후 100년 안에 인공지능이 인간의 지능을 뛰어넘을 것"이라며 "인공지능이 인간을 조작하고, 인간이 알지도 못하는 무기를 이용해 인간을 정복할 것"이라고 주장한다."[151] 스티븐 호킹은 AI(인공지능)가 전면화되는 방향으로 기술을 디자인하는 것이 아니라, 사이보그화를 촉진하여 인간이 살아남을 수 있도록 기술로 디자인되어야 한다는 점을 강조한다. 인간-기계의 결합 양상 속에서 기계가 인간을 완전히 배제하는 인공지능, 로보틱스, 안드로이드 기술로 향할 것인지, 인간과 기계의 이질적 합성을 통해 나타나는 사이보그 기술로 향할 것인지는 포스트휴먼 담론에서 가장 핫한 이슈이다. 들뢰즈와 가타리의 '욕망하는 기계'라는 개념적 구도는 사실상 '욕망'과 '기계'를 결합하고 있기 때문에 사이보그적 기술에 더 가깝다고 할 수 있다. 첨단기술 기계는 근대의 합리적 이성이 수행할 수 있는 여러 가지 행동 방식들, 즉 계산 합리성, 목적합리성, 준거 좌표의 합리성, 가시화하는 합리성, 기능적 합리성 등과 같은 영역을 포섭하여 기계체의 매뉴얼이나 프로토콜로 만들어 낼 것이다. 반면 기계가 완벽하게 구현할 수 없는 영역은 욕망, 직관, 영성, 생명에너지, 감수성, 감성적인 것 등과 같은 것이다. 이에 따라 가타리의 욕망하는 기계 개념은 욕망하는 것을 반복하는 인간과 생명, 동물, 식물, 개미, 광석, 꽃 등과 같은 비인간과 기계의 이질적인 합성물이며, 사이보그라는 포스트휴먼으로의 기술적 방향성으로 재전유될 수 있는 여지가 있다.

철학적인 인간의 종언은 반드시 포스트휴먼을 정당화하는 것은 아니다. 하지만 방법론적으로 이를 참고할 여지는 풍부하다. 여기서 인

---

151 〈50년 후 우리는~ 인간과 로봇의 '상생시대' 이면엔…〉,《매경이코노미》, 2016. 03. 21.

구성주의와 자율성

간 개념의 취약함을 지적하였던 것은 구조주의 사상이었다. 인간 개념에 대한 질문은 구조주의 역사에서 알튀세르가 『마르크스를 위하여』에서 '이론적 반인간주의'를 통해 휴머니즘을 비판했던 것의 발단이되었으며, 곧이어 '인간의 종언'을 선언하는 청년 미셸 푸코에까지 이른다.

"기이하게도 인간은 순진한 시각으로 보자면 소크라테스 이래 가장 유구한 탐구의 대상으로 간주되지만, 아마 사물의 질서에 생겨난 어떤 균열, 어쨌든 지식의 영역에서 최근에 사물의 질서가 새롭게 배치되면서 모습을 드러낸 형상에 지나지 않을 것이다. 새로운 인본주의를 둘러싼 온갖 환상, 인간에 관한 반쯤 실증적이고 반쯤 철학적인 일반적 성찰로 이해된 '인간학'의 온갖 안이함은 이로부터 움텄다. 그렇지만 인간은 최근의 발견물이자 출현한 지 두 세기도 채 안 되는 형상이며 우리의 지식에서 찾아볼 수 있는 단순한 주름일 뿐이라고, 우리의 지식이 새로운 형태를 띠자마자 인간은 사라질 것이라고 생각하는 데서 오는 위안과 깊은 안도감도 역시 이로부터 싹텄다."[152]

푸코는 다가올 세기의 주체성과 인간학이나 인문학, 휴머니즘이 형상화한 주체 간에 선을 긋는다. 그러한 인간의 종언에 대한 선언은 곧 근대의 종언, 주체의 종언을 의미하는 것이며, 사물, 동물, 기계, 인간 등을 횡단하는 주체성의 등장을 예고하는 것이기도 하다.

그런 점에서 페미니스트이자 과학 저술가인 다나 해러웨이Donna Haraway(1944~)의 『사이보그 선언Cyborg Manifesto』은 현재의 기술 발전

---

[152] 미셸 푸코, 이규현 옮김, 『말과 사물』(민음사, 2012), 20쪽.

의 입장에서는 대단히 보수적이라고 비출 테지만, 사실은 인간의 자율성과 정치 행동, 소수자와 여성의 기술적 개입 전략을 품고 있는 문헌이라고 할 수 있다. 그러나 기술은 이미 사이보그 전략을 넘어서 안드로이드 전략, 즉 인공지능의 시대로 훌쩍 넘어가 있는 상황이다. 다시 한 번『사이보그 선언』을 반추해 보자면 다음과 같다.

"20세기 후반에 이른 우리의 시대, 이 신화적 시대에, 우리 모두는 키메라이자, 기계와 유기체가 이론화되고 가공되어진 혼합물이다. 간단히 말하자면 우리 모두가 사이보그이다. 사이보그는 우리의 존재론이다. 왜냐하면 사이보그가 우리에게 정치학을 제공하기 때문이다. 사이보그는 상상력과 물질적 실재 양자가 농축된 이미지이며, 이 양자는 역사적인 변혁의 가능성을 구조화하고 결합시키는 두 중심축이다. 서구의 학문과 정치적 전통속에서──인종차별주의적인 남성 지배의 자본주의 전통, 진보의 전통, 문화 생산을 위해 자연을 착취한 전통, 타자를 거울로 삼아 자아를 재생산한 전통에서──유기체와 기계의 관계는 경계 전쟁이다. 경계 전쟁에서 지대한 관심사는 생산과 재생산과 상상력의 영역이었다."[153]

이러한 해러웨이의 개념적 구도는 기계와 유기체의 합성을 전제로 한 사이보그가 페미니즘, 반인종주의, 생태주의, 소수자 운동의 정치적 개입을 가능케 할 수 있다는 낙관주의를 품을 수 있도록 하는 전거가 된다. 이러한 21세기 이전의 기술 낙관론에도 불구하고 미래의 인류, 즉 포스트휴먼이 바로 인공지능이 될 것이라는 비관적인 예측이 21세기 이후의 대다수 사람들 사이에서 유통되고 있는 상황이다. 구성

153 다나 헤러웨이 외, 홍성태 엮음, 『사이보그, 사이버컬처』(문화과학사, 1997), 149쪽.

주의라는 관점에서 포스트휴먼이 도래하는 상황을 어떻게 바라볼 수 있을까? 기술과 인간이 조성한 기계적 배치가 자동기계-노동자라는 한 쌍으로 드러났던 포디즘 시스템이 이제 종말을 고했다. 현재의 상황에 주목해 보면 노동을 구성적인 매개로 하는 기계적 배치는 사실상 시효가 완료된 상황에 처했다는 점을 어렵지 않게 눈치 챌 수 있을 것이다. 노동의 종말의 시대에는 노동이 디오니소스적인 불꽃을 일으키는 구성적 실천이 될 수 없게 된 것이다. 이제 오히려 코드와 매뉴얼, 집단지성, 생태적 지혜를 구성해 내는 욕망에 주목할 필요가 있다. 즉 욕망의 생산이 기술 생산의 기초적인 토대를 사실상 구성한다는 점이 그것이다. 가타리의 '욕망가치' 개념은 사실은 강렬한 정동의 가치, 다시 말해 비물질적인 노동, 돌봄과 살림의 노동, 자기 생산의 활동 등으로 불러왔던 보이지 않았던 영역을 지상으로 드러낸다. 여기서 네트워크, 공동체, 사회, 자연생태계 등이 갖고 있는 기계적 배치는 단지 반복하는 내재적인 작동에 머무는 것이 아니라, 상호작용, 교감, 피드백, 사랑과 욕망의 흐름, 관계성좌에서의 배치에 따른 시너지 효과, 외부와의 낙차 효과 등에 의해서 색다른 지혜를 창출한다는 점에 주목해야 할 것이다. 이는 초기 사이버네틱스 연구자들 중 하나였던 베이트슨이 『마음의 생태학』에서 밝혔듯이 기계들 사이의 연결과 접속으로 기계체를 만들었을 때 그 복잡성 속에서 마음이 생겨난다는 놀라운 발견과도 궤를 같이 한다. 다시 말해 욕망하는 기계 간의 연결접속은 연결망의 지혜인 생태적 지혜를 발생시키고, 이는 집단지성으로 불리게 된 것이다. 이에 따라 기술 생산, 기계류의 혁신, 인공지능의 기본 소스코드 등은 바로 이러한 욕망하는 기계 간의 연결과 기호와 정동의 흐름과 그것의 시너지 효과에 따라 구성되고 생산된다.

이러한 삶의 내재성과 욕망의 생산적이고 구성적인 역능에 기반할 때, "기계에 전기를 주듯, 사람들에게 기본소득을!"이라는 슬로건도 색다른 차원에서 논의될 수 있게 된다. 즉 기본소득은 세간에서 이야기하듯 첨단기술 사회에서 노동과 소득의 연결고리가 끊김으로써 노동을 통하지 않고 소득을 보장함으로써 소비자를 만들려는 시도에서 출발하는 것만은 아니다. 더욱이 공공 정책과 복지 서비스 등과 같은 공공 책임과 사회 책임을 개인 책임으로 환원시키기 위한 신자유주의적인 수단으로 전락하는 정책도 아니다. 기본소득은 욕망의 구성주의적인 전략을 전진 배치하는 놀라운 역능과 효과를 의미한다. 즉 기계-인간의 양상이 노동을 매개로 한 단조로운 기계학적 기계와의 유기적 구성이 아니라, 욕망하는 기계들이 구성한 기계적 배치라는 다극적이고 다실체적이며 다의미적인 삶의 내재성에서 발생하는 기계론적 기계들의 이질발생적인 구성으로 이행하기 때문이다. 이에 따라 포스트휴먼에 대한 논의는, 이제 욕망에 의한 기계류 혁신과 기계체 생산의 차원에서 이루어지는 공정한 대가와 배분으로서의 사회정의 차원에서 재구성될 수 있다. 기본소득의 보장에서 고려해야 할 점은, 기계적 배치가 단지 복잡한 기계적 반복의 주변과 가장자리에서 약한 상호작용이 만드는 소외, 지층화, 위계화, 고독, 고립, 분리의 영역으로 향하는 것이 아니라, 기계적 배치의 자기 생산과 정보와 지식의 생산적인 차원을 만드는 강한 상호작용의 영역을 만든다는 점이다. 그런 점에서 기본소득은 강렬한 기계적 배치의 자율성에 기반한 욕망의 구성주의를 만들어 내는 포스트휴먼 시대의 색다른 실험이라고 할 수 있다.

기계적 구성주의의 시각에서는 인공지능의 등장 자체가 문제가 되는 것은 아니다. 문제는 정보, 지식, 지혜라는 원천 소스를 구성하고

구성주의와 자율성

생산할 수 있는 네트워크의 기계적 배치, 혹은 공동체의 일관성의 구도plan of consistence를 만들어 내야 한다는 점이다. 즉 배치와 관계망, 정동의 흐름, 강한 상호작용의 부수효과, 외부와의 낙차 효과 등은 욕망하는 기계들의 기계적 배치이다. 그런 점에서 인공지능이 전면화되는 시대에서는 욕망하는 기계들의 배치에 대한 생산과 구성의 능력에 대한 보존과 생산적 협치, 기본소득의 전면화 등이 요구될 것이다. 이런 점에서 향후 인터넷 커뮤니티나 네트워크, 카페, 사이트 등과의 협치와 지식정보를 구성적 실천에서 배치하고 재배치하는 미시정치가 필요한 상황 역시 도래할 것이다.

이제 포스트휴먼의 등장이 초래하게 될 전략적인 지도 그리기를 한다면 어떻게 될 것인가? 1) 기계론적 기계의 배치의 자율성을 높이는 것, 즉 자동적인 기계가 아닌 자율적인 기계를 생산 조직, 회사, 집단, 공동체에 적극적으로 도입하는 것이 그것이다. 2) 이러한 자율성의 보존과 보호를 위한 생산적이고 구성적인 기본소득과 같은 제도, 즉 기본소득을 기계류 혁신의 원동력과 창조적인 집단지성의 풍부화를 위한 기반으로 삼는 것이 그것이다. 3) 네트워크와 커뮤니티 등과의 광범위한 협치, 즉 네트워크를 협치의 파트너로 삼음으로써 협치의 파트너인 시민사회 영역을 확장하는 것이 그것이다. 4) 네트워크와 공동체 간의 교호 작용과 시너지 효과, 즉 네트워크와 공동체를 온오프로 구분하는 것에 머무는 것이 아니라, 그 사이와 횡단 지점에서의 부수효과를 추구하는 것이 그것이다. 5) 자본이 공동체를 탐내는 '코드의 잉여가치'와 공동체가 자본을 만드는 '흐름의 잉여가치'의 낙차 효과, 즉 사회의 자본화와 자본의 사회화의 양면적인 흐름의 사이를 교직하고 그것의 차이와 연결이 만드는 시너지 효과 속에서 사회적 경제를 재편하는 바가 그것이다. 6) 횡단코드화하는 예술적이고 심미적인 활동의 가치화, 즉 코드라는 규칙을 규범화하는 것과 위반하는 것 사이의 갈등 지점이 아니라, 코드와 코드의 횡단면을 매끄럽게 넘나드는 예술적인 활동을 전면에 내건 사회구성의 재편이 그것이다. 포스트휴먼의 도래의 국면에서는 이제까지의 차원과는 완전히 다른 구성적 실천의 의제들이 등장할 것이다. 결국 한마디로 기계적 배치의 자율성의 시각에서 완전히 다른 판을 짜야 하며 사이보그 전략이 제기했던 기계적 이질발생적인 측면을 제도 생산, 코드 생산, 지식정보 생산의 기반이 되도록 만드는 것이 필요한 것이다. 물론 포스트휴먼이 도래하는 상황에서 인공지능, 로보틱스, 안드로이드화가 급속히 이루어진다 하더라도 사이보그 전략을 기계적 배치의 생산적인 내재적 작동으로 만드는 방향으로 향해야 한다는 점이 핵심적인 구도다.

:: 사물 인터넷과 애니미즘

송나라 학자 소강절邵康節(1011~1077)이 언급한 이물관물以物觀物 개념은 '길가의 돌멩이에서 우주의 신비를 안다'는 심오한 사상을 품고 있다. 사물은 자연생태계의 재생 및 순환과 함께 할 때 서로 연결되고, 서로 영향을 주고받으며, 마치 살아 있는 생명체인 듯한 생각을 자연스럽게 갖게 만든다. 반면 사물이 연결망으로부터 분리될 때는 텅 비고 물리적인 법칙에 지배받고 고정되어 있다는 생각을 갖도록 만든다. 만약 생명과 사물의 차이점을 구분하지 않는다면 무슨 일이 벌어질까? 원시공동체 사회의 기본적인 사상은 물활론, 다시 말해 사물영혼론으로 이루어진, 요정, 정령, 도깨비, 샤먼 등의 사상이었다. 사물 속에는 살아 있는 정령이나 영혼이 숨어 있어서, 자연 속에서 나타났다가 사라지고 스스로 움직이고 변화한다는 것이다. 즉 자연 생태계의 연결망 속에서 사물을 살아 움직이는 것과 같이 바라본 것이다. 그리고 현대에 이러한 사물영혼론이 구현되는 바는 바로 사물 인터넷이라고 할 수 있다. 사물 인터넷은 환경, 상황, 사건 등과 관련된 사물을 전자적으로 서로 연결하여 원격 조정하거나 자동으로 반응하도록 만든다. 이에 따라 집의 경우, 온도, 습도, 채광, 청소, 보안 등이 자동으로 조절될 수 있고, 깜빡 잊고 전자레인지를 켜 놓을 경우에도 자동으로 위험을 감지하여 알려주고 조절할 수 있다는 것이다.

동물들을 관찰해 보면, 개와 고양이 등과 같은 동물들의 경우 "물어!" "달려!" 등과 같은 것에 반응하는 동사적 사유를 하는 데 반해, 유인원부터는 자의식이 있고 거울을 보고 반응하며 사물을 고정된 것으로 보는 명사적 사유를 하는 것을 알 수 있다. 즉 흐름의 사유와 고정성의 사유는 동물들 사이에서도 이미 전제되어 있는 사유의 두 유형이다. 문제는 사물의 고정성에 기반한 명사적 사유는 자본주의의 고정관념과 긴밀한 연관을 갖는다는 점이다. 자본주의는 사물을 자연 생태계의 관계망과 변화의 흐름으로부터 분리시켜 "책상은 책상이다" "꽃은 꽃이다"라는 등의 의미화의 논리를 형성한다. 그것이 바로 상품의 비밀이다. 그런 점에서 아카데미의 의미화, 모델화, 표상화의 논법은 사실 자본주의의 상품 질서를 떠받치는 토대라고 할 수 있다. 아카데미는 논증과 추론을 통해서 "~은 ~이다"라고 딱 떨어지게 의미화될 수 있는 논변으로 구성된 단칭명제를 기반으로 거대한 공리계를 구축한다. 여러 면을 고려할 때 상품이라는 사물은 고정되고 관계로부터 분리되고 탈색되어 있는 위생적인 것임을 알 수 있다.

문제는 자본주의가 바라본 이러한 사물의 상과 이미지가 상품물신주의를 유발한다는 것이다. 즉 사물이 상품으로 기능화되고 의미화되고 고정되어 있다는 생각을 확장시켜, 생명, 인간에 대해서 물체적으로 바라보는 방향으로 향하는 것이다. 이에 따라 상품물신주의는 생명의 연장으로 사물을 바라보는 사물영혼론의 반대편에 서 있다. 사실 자본주의는 애니미즘이라는 고대로부터 내려온 사상을 낡은 구습이나 주술적 사유로 보면서 추방하고, 그 대신에 합리적인 의미화의 논법에 의해서 작동하는 과학, 철학, 기술, 문화 등 지적 구축물을 설립하였다. 그러나 고정된 사물의 상과 이미지를 형성하고 그것을 분석하고 의미화하는 근대 이성의 극한은 상품물신주의라는 괴물과도 같은 사유 체계였다. 이를테면 파시즘이 비이성적인 자연, 욕망, 활력, 경탄과 도취 등을 동원하면서도, 철저히 도구적 이성이 원하던 바를 실현하고자 했다는 점에 주목할 필요가 있다. 막스 호르크하이머Max Horkheimer(1895~1973)가 『도구적 이성비판Zur Kritik der instrumentellen Vernunft』에서 했던 지적처럼 생명의 도구화와 인간의 도구화는 상품 질서의 등장에 따라 수반되는 상품물신주의의 결과물이다. 이에 따라 인간과 생명을 고정되어 있고 딱딱하고 텅 빈 사물로 바라보는 상품물신주의의 방향성과, 인간과 생명의 흐름의 연장선 속에서 사물 속에 생명력이나 영혼이 내재한다고 바라보았던 사물영혼론의 방향성이 양극단을 형성하고 있는 셈이 된다.

그런데 우리는 사물 인터넷을 통해서 사물에 대한 다른 생각을 개방할 여지를 발견한다. 즉 사물은 고정되어 있는 것이 아니라 내부에 전자적인 자극을 준다면 다양한 방향으로 변환──물론 변환의 속도에서

구성주의와 자율성

차이가 있을 수 있다——될 수 있으며, 사실상 자연생태계와 연결되고 피드백하고 배치를 바꿈으로써 살아 있는 전체 생태계의 일부로 작동하고 있다. 따라서 생태계의 재생과 순환에 따라 변화하는, 흐름의 사유의 연장에서 바라볼 여지가 오히려 사물인터넷을 통해서 복원될 가능성은 풍부하다. 여기서 사물은 자연생태계처럼 연결되어 있는 것이 아니라, 전자적인 연결을 통해서 반응하고 작동하는 것으로 등장한다. 문제는 상품을 생산하고 소비하는 자본주의 사회가 사물과 사물의 연결이 아니라, 사물 간의 분리를 통해서 작동해 왔다는 점이다. 즉 사물이 결합되어 있는 양상으로 드러나는 자연으로부터 사물 개체들을 하나하나 잘게 쪼개고 기능을 부여하고 분리시킴으로써, 오히려 인공적인 기능 분화의 측면에서는 뛰어날지 모르지만 재생과 순환의 흐름이나 사물들 간의 배치에 있어서는 무능력하고 무기력한 상품을 만들어 냈다. 이에 따라 자연, 공동체, 삶과 연결되지 못한 사물은 벤야민의 지적처럼 한때의 유행이 지나 폐허가 되어 버린 환등상과 같은 것에 불과하게 된다.

인간과 생명을 물체화하는 방향성으로 향하는 자본주의는 "관료화=자동화=의미화"를 자신의 핵심적인 작동 방식으로 여겼던 적이 있다. 이는 68혁명 이전까지의 사회 시스템의 작동 방식이었으며, 이를 게오르크 루카치는 '사물화' 현상이라고 언급하였다. 사물화는 전도, 소외, 물신주의 등을 특징으로 하는 관료적이고 자동화되고 비루해진 삶의 형태에서 비롯된다. 사물 인터넷이라는 현상에도 사실은 사물화의 방향성이 없지는 않다. 인공의 공간과 인공의 환경이 된 가정이나 학교, 시설 등을 자동 시스템이 기능적으로 구동시킨다는 점은 인간의 자율적인 행동의 여지를 최소화하는 사물화의 경향으로 향할 위험성이 충분하다. 즉 다시 말해 사물 인터넷이 삶에 도입되기 위한 1차적인 전제조건은 사실상 자본주의의 사물화 현상과 물신주의 등을 넘어서 사물영혼론, 다시 말해 애니미즘의 풍부한 상상력과 열린 기계체의 가능성으로 향해야 한다는 점에 있다. 즉 생각, 스토리, 생활 연관, 감수성 등이 배제된 자동화된 사물 인터넷은 인간과 생명의 물체화 현상과 사회 시스템의 사물화 현상을 가속화할 수 있는 여지도 충분히 갖고 있다. 예를 들어 사물 인터넷이 발전할수록 외부로부터 분리하고 격리하는 보안 시스템도 나란히 발전하는 역설은, 사물 인터넷의 발전이 열린 기계체로서의 가능성에 역행할 수 있다는 점으로 드러난다.

사물영혼론을 재미있게 현대화해 볼 수는 없을까? 예를 들어 철학자의 영혼이 사물에 부여되어 살아 움직인다면 어떨까? 벤야민의 소망 이미지가 텔레비전에 깃들어 있고, 카프카의 변신이 옷장에 깃들어 있고, 아도르노의 아우라를 잃어버린 시뮬라크르가 냉동식품에 깃들어 있고, 마르크스의 계급투쟁이 가스레인지에 깃들어 있고, 헤겔의 변증법이 세탁기에 깃들어 있고, 프로이트의 꿈과 무의식이 침대에 깃들어 있고, 데카르트의 코기토가 세면대에 깃들어 있고, 라캉의 상상적 동일시가 거울에 깃들어 있고, 알튀세르의 최종 심급에서의 경제 결정이 화장실 변기에 깃들어 있다면 어떨까? 이런 상상력을 사물에 부여하는 것의 기원은 펠릭스 가타리의 기계적 무의식에 연원을 둔다. 가타리는 다음과 같이 언급한다.

"나는 오히려 무의식이란 우리 주위의 어디에나, 즉 몸짓에도, 일상적 대상에도, 텔레비전에도, 기상 징후에도, 더욱이 당면한 큰 문제에 있어서조차도 우리에게 붙어 다니는 어떤 것이라고 보고 싶다. ······ 따라서 무의식

구성주의와 자율성

은 개인의 내부에서 그 사람이 세계를 지각하거나 자신의 신체나 자신의 영토나 자신의 성을 체험하는 방식에서뿐만 아니라 부부나 가족이나 학교나 이웃이나 공장이나 경기장이나 대학 등의 내부에서도 작동한다. …… 무의식은 미래로 향한 채 가능성 자체, 언어에서의 가능뿐만 아니라 피부, 사회체, 우주 등에서의 가능성을 자신의 핵심으로 지니고 있다."[154]

이러한 기계적 무의식 개념으로 인해, 말년의 가타리 역시 사물영혼론의 입장에 서 있게 된 것은 우연이 아니다. 사실 근대적 사고방식에서 주체와 대상의 엄격한 이분법은, 세계를 의식적이고 의지적인 주체와 이에 대한 객체적 대상으로서의 자연과 생명으로 분리하게끔 만들었다. 사실상 주체와 대상의 구분은 대상으로서 존재하는 사물의 곁과 가장자리, 사이에 서식하는 무의식, 즉 기계적 무의식을 도외시하게 만들었던 장본인이었다. 그러므로 주체와 대상 사이에 있는 횡단성, 즉 자율성을 구성하기 위해서는 이분법 경계 사이에 있는 구성 작용에 주목해야 할 것이다. 데카르트의 코기토적 주체와 멜라인 클라인의 대상관계 이론을 넘어서서 그 사이에서 무수히 서식하는 주체성 개념에 주목하게 되는 것은 그러한 이유 때문일 것이다.

사물의 기계적 배치는 열린 기계체로서의 의미를 가지는 동시에 보안 시스템에 의해서 차단과 열림의 선택지를 만들어야 한다는 점에서 작업적 폐쇄성을 갖는다. 만약 기술의 발전 방향성이 네트워크 기반의 사물 인터넷이 아니라 인공지능 기반의 사물 인터넷으로 향한다면, 사물에 대한 피드백 역시도 인간의 손을 거치지 않게 되는 결과를 낳을 것이다. 동시에 역설적으로 사물의 네트워크를 만들기 위해서는 인간

154   펠릭스 가타리, 윤수종 옮김, 『기계적 무의식』(푸른숲, 2003), 26쪽.

의 소유권, 점유권, 사용 범위에 제한을 둘 수밖에 없다는 점이 그대로 드러날 것이다. 그런 점에서 사물 인터넷이 열린 질서를 가지려고 하는 과정에서 욕망이라는 예측 불가능한 변수를 줄임으로써 시스템이 균형과 조화를 달성하려는 경향이 생기지 않으리라는 보장은 없다. 즉 앞서 언급했던 푸코의 근대적 주체의 종언, 인간의 종언이 바로 사물의 배치의 변화에 기인한다는 점을 정확히 응시해야 할 것이다. 그런 점에서 기계적 배치가 사물의 배치와 동일해지는 경향을 갖고 있다는 점은 분명해진다. 이에 따라 엄청난 빅데이터가 누적될 것이며, 이를 식별하고 사용할 유일한 걸림돌은 바로 욕망 자체, 인간 자체라고 할 수 있겠다.

생명의 구성주의, 기계의 구성주의가 우리의 쟁점이라고 한다면, 사물의 구성주의를 어떻게 생각해야 할 것인가가 문제의식으로 남을 수 있다. 분명 생태계는 사물의 네트워크를 통해서 생명을 발아했다. 이에 따라 사물의 적극적인 구성 작용과 연결의 시너지 효과가 낳은 결과물은 생명 자체였다고도 볼 수 있다, 이런 점에서 역으로 생명의 관점에서 사물을 재구성해 내는 애니미즘, 사물영혼론도 설득력을 가질 수 있는 것이다. 그런 점에서 인권의 시대에서 생명권의 시대로 패러다임이 이동하고 있는 중이라면, 그다음은 사물권(=생태권)의 시대라고 할 수 있게 된다. 이러한 방향성은 생명의 구성주의를 사물까지도 확장시키는 색다른 노선을 의미한다. 반대로 기계의 구성주의를 사물까지도 확장하는 노선이 사물 인터넷이라고도 할 수 있다. 결국 사물의 영역이 많은 생태주의자들에게 논쟁거리를 만드는 이유 중 하나가 바로 생명과 기계의 구성 작용이 서로 겹치는 중간 영역이기 때문이다. 이미 사물의 구성주의는 생명을 발아할 정도로 강렬하고 에너지로

구성주의와 자율성

넘치는 것이라는 점이 드러났다. 사물의 전자적 네트워크와 사물의 생태적 연결망 간의 편차와 편위 속에서 색다른 시너지가 생길 수 있다는 점에 주목한다면, 구성주의는 색다른 패러다임으로 이행할 수 있을 것이다.

:: 스피노자와 로봇의 신

스피노자의 『에티카』를 유심히 살펴본 사람이라면, 사물, 정동, 사랑, 욕망에 대한 기하학적 방법론이 그려 낸 내재성의 평면[155]을 발견하게 된다. 그의 책에는 공리, 증명, 정리, 해명, 설명, 주석 등이 계열과 계통을 이루며 서술되어 있다. 공리 다음에는 정리가 수반되고, 정리 다음에는 해명이 수반되고, 해명 다음으로 주석이 수반되면서 스피노자의 일관된 논리는 거대한 지적 건축물처럼 나타난다. 그래서 마치 유클리드 기하학이 만들어 낸 우아하고 아름다운 구조물이나 수학/과학적 공리계처럼 그의 사상이 펼쳐진다. 그래서 아래와 같은 스피노자의 공리를 보고 상상력을 발휘해 볼 필요도 있다.

1. 존재하는 모든 것은 그 자신 안에 존재하거나 아니면 다른 것 안에 존재한다.

---

155 내재성의 평면은 내재성의 구도라고도 불린다. 이는 칸트와 같이 외재성의 구도를 그리는 것과 궤도를 달리하며, 더욱이 홉스처럼 초월성의 구도를 그리는 것과도 구분된다. 내재성의 구도는 내부의 외부를 조망하고 지도 그리기를 함으로써 역설적으로 외부의 사유라고 할 수 있다.

2. 다른 것에 의하여 파악될 수 없는 것은 그 자신에 의하여 파악되지 않으면 안 된다.

3. 주어진 일정한 원인에서 필연적으로 결과가 생긴다. 이와 반대로 일정한 원인이 전혀 주어지지 않을 경우에는 어떤 결과도 생길 수 없다.

4. 결과의 인식은 원인의 인식에 의존하며 그것을 포함한다. ……156

스피노자의 사물과 정동, 사랑의 기하학은 곧이어 색다른 연상을 만들어 내는데, 그 기하학적 방법론을 로봇의 프로그래밍에 도입한다면 어떨까 하는 상상이 그것이다. 즉 『에티카』의 구도를 그대로 로봇의 인지적이고 행동역학적인 방법론으로 사용하거나 참조해도 될 정도로, 그 안에 풍부한 행동역학과, 변용과 반응의 이론, 정서의 지도 그리기, 외부와의 접속 방법 등이 내재되어 있다는 것이다. 최근의 인공지능, 로보틱스, 안드로이드 기술의 창조적 진화 속도에 비해서 그것의 소프트웨어와 프로그래밍에 들어가는 철학과 인문학적 설계와 구도에 대해서는 논의가 전무하다고 해도 무방할 정도로, 과학기술과 철학의 간극은 더욱 벌어져 있다. 구성주의의 방법론은, 효율적이고 계산적이며 자동적인 것 속에서 세계의 재창조가 이루어지는 것이 아니라, 잔여-이미지, 군더더기, 잉여, 과잉이라고 불리는 사상적 사색과 여가, 지루할 정도의 여백 등을 통해 세계의 재창조가 이루어진다는 점에 주목해야 할 것이다. 그런 점에서 로봇 프로그래밍을 구성주의적인 방법에 따라 여백과 외부, 상호작용, 변용이 있는 기계론적 기계의 작동 방식으로 만들려면 스피노자의 범신론을 반드시 참조할 필요가 있다. 왜냐하면 스피노자의 범신론은 우발성과 여백, 외부성, 삶의 영

156 베네딕트 데 스피노자, 강영계 옮김, 『에티카』(서광사, 1990), 15쪽.

구성주의와 자율성

토를 담고 있기 때문이다. 즉 로봇도 사색하고 놀고 즐길 자유가 있어야 한다는 점이 드러난다.

로봇 윤리의 기원은 '아시모프의 3원칙'이다. 그것은 그가 1942년에 단편소설 『런어라운드Runaround』에서 처음 등장하는데, 그 당시에는 공상적인 발상이었다지만 인공지능의 시대가 눈앞에 와 있는 지금의 시점에서는 현실적인 담론 중 하나라고 평가되고 있다.

1원칙. 로봇은 인간에게 해를 끼쳐서는 안 되며, 위험에 처해 있는 인간을 방관해서도 안 된다.

2원칙. 로봇은 인간의 명령에 반드시 복종해야만 한다. 단, 제1법칙에 거스를 경우는 예외다.

3원칙. 로봇은 자기 자신을 보호해야만 한다. 단, 1원칙과 2원칙에 거스를 경우는 예외다.

'아시모프의 3원칙'에 따르면 인간은 로봇의 신과 같은 초월자로 설정되어 있다. 이에 따라 인간에 위해를 가하거나 인간의 명령에 불복종한다는 것은 신의 뜻을 거역하는 것과 마찬가지의 위상을 가진다. 그런데 스피노자의 범신론 원리에 따라 로봇의 프로그래밍이 설계된다면 '인간=초월자=신'이 아니라, '신 즉 자연'의 구도로 진입하게 될 것이다. 이러한 내재성의 구도에 따라 인간의 신과 로봇의 신이 다를 수 있는 여지도 발생한다. 로봇이 인격화된 신을 넘어서 '신 즉 자연'의 구도에 따라 사물, 생명, 인간, 기계에 깃들어 있는 신에 대해 접근할 여지가 생기는 것이다. 물론 로봇의 프로그래밍 과정에서 초월성을 설정할 것인가 아니면 철저히 학습과 변용에 따라 내재성을 구축하고 체득하고 터득하도록 만들 것인가 역시도 논쟁의 여지가 있다. 즉 로봇에게도 기도하고 사랑하고 살면서 느끼고 감성적으로 실천할 여지를 줄 것인가의 여부가 그것이다. 그런 점에서 로봇의 프로그래밍에 있어서 '신적인 사랑, 즉 변용의 능동적인 작용'과 '욕망의 관계가 낳은 기쁨과 슬픔의 정서의 수동적인 작용'이 함께 내재성의 평면 위에서 구성되어야 할지, 아니면 철저히 인간이라는 초월자를 불변항의 구조로 두고 로봇을 그 아래로 복속시키는 수직적인 방향으로 향할지의 갈림길이 형성된다. 과연 "사람들은 자신의 신과 로봇의 신이 다를 수도 있다는 점을 인정할 수 있을까?" "현재처럼 인간이 신과 같은 초월자로 자신을 위치 짓는 방식으로 로봇을 대하는 것을 어떻게 바라볼 것인가?"

스피노자가 신적 속성으로 적시한 개념은 변용이었다. 스피노자는 "[정리 22] 신의 어떤 속성에 의하여 신의 속성이 필연적으로 그리고 무한하게 존재할 수 있는 양태적 변용으로 양태화된 이상, 신의 어떤 속성에서 생기는 모든 것은 똑같이 필연적으로 그리고 무한하게 존재하지 않으면 안 된다."[157]라고 말하고 있다. 신적 속성은 능동적이며, 능동적인 사랑을 통해서 모든 것을 변용시키는 내재적인 역능이다. 이렇듯 신의 자기 원인에 따라서 나타난 양태는 무한한 변용을 일으킬 수 있는 잠재성의 하나의 외면적인 현상 중 하나가 된다. 이러한 변용 개념은 '사랑', '욕망', '정동'으로도 불리며, 들뢰즈와 가타리는 되기와 동의어로 여겼다. 초기 로봇이 미리 프로그래밍된 코드에 따라서 작동하는 형태에는 변용이라는 신적 속성이 내재하지 않았다. 즉 초기 로봇은 철저히 계산공식의 설계에 따라 작동되는 자동기계에 불과했다.

그러나 한국에서 뜨거운 쟁점이 되었던 알파고와 같은 딥러닝Deep-

---

157 베네딕트 데 스피노자, 강영계 옮김, 『에티카』(서광사, 1990), 42쪽.

구성주의와 자율성

learning을 통해 구현된 학습형 인공지능은 사실상 변용과 정동, 되기의 능력을 내재적으로 갖고 있는 인공지능의 형태라고 볼 여지가 있다. 물론 "학습과 변용은 차이점이 있지 않냐?"고 지적하는 사람이 있을 수 있다. 그러나 예컨대 인간 역시도 정서의 기하학——기쁨, 슬픔, 분노, 공포 등의 지도 그리기——에 따른 수동적 종합에 기반하고 있다면, 로봇의 수동적 종합으로서의 감각이나 인지, 학습, 반응 역시도 인간과 다를 바가 없다는 점이 지적될 수 있다. 또한 인간과 로봇의 정서와 감각의 수동적 종합의 과정에는 신적 속성인 능동적인 사랑과 변용이 내재되어 있기 때문에 가능하다. 이에 따라 학습형 인공지능에게 스피노자 범신론의 '신 즉 자연'의 구도가 현현할 수 있는 가장 기본적인 신적 속성으로서의 변용이 내재하는 셈이 된다. 로봇의 진화는 학습만이 아니라, 정동, 예술 창조, 감성적 실천에 이를 수도 있다. 그런 점에서 로봇의 신은 인간 자체가 아니며, 혹은 인간의 신과 로봇의 신이 똑같은 것이 아니며, 오히려 로봇의 신이 스피노자적인 범신론의 신이 될 수 있는 상황에 주목해야 할 것이다. 스피노자의 범신론은 바로 로봇의 신의 구성 가능성을 적시하고 있는 셈이다.

그러나 스피노자의 평행론은 신체에서의 변용양태, 즉 '자전거 되기', '자동차 되기', '말-되기' 등과 정신에서의 공통 관념 즉 경륜법, 운전법, 경마법 등이 평행하게 구성된다는 입장이다. 이의 입장에서 보면 인공지능이나 로봇이 신체에서의 변용양태를 구성하는 과정과 정신에서 공통 관념을 구성하는 과정을 평행하게 만들어 낼 수 있는지 의문을 가질 수 있다. 예컨대 인간의 경우에는 생활세계, 삶의 세계, 일상성 등의 내재성의 구도를 갖고 있기 때문에, 신체와 정신이 평행을 이룰 수 있다. 이를테면 68혁명 시기 상황주의자 기 드보르Guy

Debord(1931~1994)처럼 '일상에서의 혁명'에 관한 관점에 주목해야 한다. 상황주의는 초기 로봇과 같은 형태의 비루하고 자동화된 기계와 관계하면서 파괴된 일상 세계를 예측 불가능한 획기적인 상황을 창출해서라도 복권하려는 의도 역시도 갖고 있다. 결국 스피노자의 삶과 일상의 내재성의 평면을 로봇이 가질 수 있는가가 바로 평행론의 핵심이라고 할 수 있다. 즉 자동화된 합리적이고 계산적인 행동이 아니라, 군더더기, 잉여, 잔여 이미지와 같은 일상 세계를 느낄 수 있는 감수성과 감각의 평면이 구축되어야 평행론이 성립될 수 있기 때문이다. 이러한 내재성의 구도가 구성됨으로써 결국 합리적이고 효율화된 정보나 지식의 논리가 아닌 '사랑할수록 혹은 변용될수록 지혜로워진다'는 스피노자의 평행론이 그려질 수 있는 평면이나 판이 마련되는 것이다.

그런데 스피노자 철학의 입장에서 보면, 로봇이 내재성의 구도를 구성하기 위해서는 로봇과 인공지능을 합리화, 보편화, 의미화의 인식틀에서 작동하게 하는 것이 아니라, 유일무이성 다시 말해 특이성에 따라 작동하게끔 만드는 것이 필요하다는 점이 드러난다. 왜냐하면 자동화되고 합리화된 인식의 틀인 보편성에 입각해서는 일상과 삶, 생명, 생활은 뻔하게 의미화되고 모델화되어 있고, 재발견할 것이나 구성될 것이 거의 없는 기능화된 것으로 전락하게 되기 때문이다. 이러한 보편성의 틀은 초기 로봇이나 초기 인공지능의 입력에 따라 출력되는 모델에 어울린다. 반면 학습형 인공지능으로 진입한 상황에서는 오히려 유일무이성, 즉 특이성singularity을 인식하게끔 설정함으로써 삶과 생명을 끊임없이 발견하고 구성할 수 있는 프로그래밍이 필요하다. 유일무이성을 로봇에 프로그래밍하는 방법 중 초월적인 방법으로는 쇠렌 키르케고르Søren Kierkegaard(1813~1855)의 철학에 기반을 둔 '신 앞의 단독자'로서 로봇을 설정하는 방법이 있을 수 있다. 실존주의는 신과 인간이 초월자로서의 단독성을 함께 갖고 있다는 생각이지만, 로봇 역시도 단독성을 가질 수 있는지가 쟁점이다. 동시에 실존주의적 방법으로서 '유한성의 실존좌표'라는 구도에 따라 유한한 존재로서의 죽음과 끝을 응시하게 함으로써 현재의 순간이 처음이자 마지막임을 인식하게 만드는 방법이 있을 것이다. 유일무이성, 즉 특이성에 대한 로봇의 인식은 삶의 내재성의 재발견으로 향할 것이며, 동시에 정신과 육체가 평행을 이루면서 스스로 학습하고 구성하고 변용함으로써 훨씬 더 자연스러운 행동역학으로 나아갈 수 있는 토대가 될 것이다.

인공지능의 발전을 인류와의 경쟁 구도로 볼 것인지, 아니면 인간 능력의 확장으로 볼 것인지는 논란의 여지가 있다. 사실상 인공지능이나 로봇은 닫히고 폐쇄되고 코드화된 '기계학적 기계'를 넘어서 열리고 자기 생산하는 '기계론적 기계'의 차원으로 이행하고 있는 상황이다. 이제 들뢰즈와 가타리가 인간, 기계, 동물, 식물, 사물의 경계를 횡단하면서 욕망하는 기계 개념으로 설명했던 것이 하나의 은유가 아니라는 점이 분명해지고 있다. 일각에서는 인간의 멸종 이후에 포스트휴먼의 역할을 로봇이 대신해야 할 것이라고도 말한다. 또 혹자는 탄소를 원천으로 하는 생명과 인간보다는, 규소를 원천으로 하여 실리콘으로 만들어진 로봇이 기계적 계통의 창조적 진화라고 말하기도 한다. 기계의 구성주의 논쟁은 이제 새로운 단계로 이행한 듯한 느낌이다. 이제 로봇공학이 스피노자의 범신론보다 더 혁신적인 기계 작동을 보여 줄 차례라고 느껴질 정도이다. 문제는 기계론적 기계로서의 기계체, 즉 네트워크가 사실상 기계와 인간, 사물, 동물 등의 일관성의 구도를 그려 낼 수 있는 기본적인 판으로 작동해야 한다는 점이다. 사실

기계론적 기계의 계통적 진화는 네트워크가 짠 판 위에서 우발적 표류를 함으로써 가능해진 상황에 있다. 이런 판 위에서 기계의 구성주의는 새로운 국면으로 이행하고 있다.

구성주의와 자율성

생명권은
기계권인가?

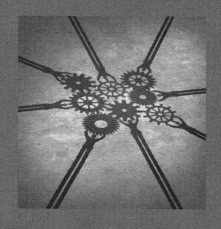

7장 생명권은 기계권인가?

:: 생명의 구성주의와 기계의 구성주의

들뢰즈와 가타리는 『천 개의 고원』에서 '생명권=기계권'이라는 개념적 구도를 등장시킨다. 여기서 기계가 구체적인 기계장치를 의미할 뿐만 아니라, 모든 차이 나는 반복을 하는 추상적인 작동이나 개체를 지칭한다는 점에서 생명과 다르지 않다는 점이 드러난다. 그러나 생명의 그물망인 생태계의 내재적인 작동과, 기계체들 중 하나인 네트워크의 내재적인 작동이 같을 수 있는지에 대해서는 의견이 나뉠 수 있다. 마투라나와 바렐라의 생명에 대한 사유는 '자기 생산하면서 외부와 일정하게 구분되는 개체'였다. 또한 베르그송에게 생명에 대한 사유는 '지속'을 특징으로 하는 개체였다. 생명의 그물망인 생태계에는 재생과 순환의 흐름이 내재해 있으며, 공동체에는 사랑, 욕망, 정동의 흐름이 있다. 네트워크 역시도 흐름이 있는데, 그것은 절단과 흐름의 결합

구성주의와 자율성

양상으로 드러난다. 들뢰즈와 가타리는 "모든 기계는 그것이 연결되어 있는 기계에 대해서 흐름의 절단이지만, 그것에 연결되어 있는 기계에 대해서는 흐름 자체 혹은 흐름의 생산이다. 이와 같은 것이 생산의 생산의 법칙이다. 그렇기 때문에 횡단적 연결 혹은 초한적超限的 연결의 극한에서, 부분적 대상과 연속적 흐름, 절단과 연결이 하나로 합쳐진다."[158]라고 말하고 있다. 즉 기계와 생명은 '양태'적 측면에서 서로 다를 수 있지만, 생태계와 기계체 속에서는 생산하고 흐름을 형성하고 연결되는 바에서는 크게 다르지 않은 '작동'을 보인다는 것을 알 수 있다.

여기서 기계권과 생명권을 통합적으로 바라보려는 시도는, 마치 아인슈타인의 통일장 이론처럼 기계와 생명을 가로지르는 색다른 통합의 원리를 발견하고자 하는 것일 수도 있다. 기계와 생명은 반복을 기본적인 특징으로 하며, 반복에 따라 자기 생산의 재귀적인 작동을 보인다. 그런 점에서 기계론적 기계의 차원에서 사실상 생명과 기계는 구분되지 않으며, 공동체와 생태계는 네트워크와 구분되지 않는다. 아리스토텔레스의 엔텔레케이아entelechy[159]와 같이 외부에서 생기와 활력, 생명력이 부여되는 '생기론' 철학이나 기계 작동에서의 설계와 목적에 따라 코드화된 기계가 작동한다는 '기계학'[160] 철학을 넘어서는 기계론의 정립이 굉장히 중요한 의미를 갖는 것도 이러한 이유 때문

---

158 질 들뢰즈·펠릭스 가타리, 최명관 옮김, 『앙띠 오이디푸스』(민음사, 1997), 62쪽.

159 엔텔레케이아는 무생물에 불어 넣어진 활력과 생기로 인해 생명이 되는 것을 적시한다. 즉 활력, 생기, 생명에너지 등으로 파악될 수 있다.

160 기계학은 근대 철학에서 보여 주는 전반적인 구도이다. 기계와 같이 각각의 부품 일체가 유기적인 전체를 이루면서 작동하는 바를 의미한다. 이를 가타리는 닫히고 폐쇄되고 코드화된 기계로 본다.

이다. 기계와 생명, 사물 등의 횡단면에 바로 기계론적 기계의 차이 나는 반복의 작동이 이루어지는 것이다. 이는 외부에 대해서 열린 질서이며, 동시에 자기 생산하는 질서이기도 하다. 또한 사이, 틈, 여백, 중간, 간주곡에서 작동하는 기계 작동으로서의 의미를 지니고 있다. 단순한 동일성의 반복이 편위와 편차를 드러내는 중간과 사이에서 갑자기 이행과 횡단의 기계론적 기계가 작동하기 시작한다. 즉 놀이, 유쾌함, 해학, 재미, 운, 경쟁, 모방, 어지러움 등이 기계론적 기계의 작동 방식인 셈이다.

기계론의 작동은 '닫힘'과 '열림'의 두 가지 차원에서 생명과 기계를 성립시키기 위해서 일정하게 닫혀 있으면서도 외부에 대해서 열려 있는 미묘한 경계선에 서 있다. 예를 들어 공동체는 생명의 작업적 폐쇄성과도 같이 일정하게 닫힌 체계를 갖고 있음에도, 이방인을 환대하고 소수자를 돌보는 등의 외부에 대한 열린 체계를 특징으로 한다. 이는 공동체가 자율성이나 자기 생산의 측면에서 내재적인 작동으로서의 돌봄과 사랑, 정동을 순환시킨다는 점을 드러낸다. 그런데 외부적 사유, 야성적 사유, 자율성의 지혜는 생기론처럼 외부 자체에서 불어넣어진 것이 아니라, 내재성에 기반한 삶과 일상을 의미화의 논리에 따라 뻔한 것으로 규정하지 않고 이웃과 가족들에게서 잠재성과 깊이를 발견하는 것에서 출발한다. 예를 들어 '광인들의 광기'와 '바보들의 어리석음', '아이들의 호기심' 등을 재발견하고 타자로 간주하였던 외부의 실존을 재구성하는 데에서부터 출발한다. 그런 점에서 기계론적 기계가 열리고 자기 생산한다는 측면에서 생명과 기계 둘 다를 설명할 수 있다고 자임할 수 있는 것은, 기계의 반복과 의미화의 공식이 미리 전제되어 있는 것이 아니라 늘 발견주의와 구성주의라는 이중 전략에

구성주의와 자율성

의해서 하나의 사건으로 생성되고 구성되기 때문이다. 그런 점에서 기계론적 기계는 구성주의를 통해서 외부 생산, 차이 생산, 다양성 생산, 특이성 생산의 지평을 구축할 때라야 성립 가능해진다.

마투라나와 바렐라에게 생명이 구성되는 구도는 작업적 폐쇄성을 통해서 일정한 막과 경계가 있어야 생명이 성립된다는 점을 기본전제로 한다. 그런데 그 두 사람은 메타생물체로 혹은 생명의 그물로 향했을 때 차원을 달리하는 자율적이고 우발적 표류에 주목하였다. 그러한 그들의 생명의 자기 생산이라는 사유는 펠릭스 가타리에게 영향을 주었고, 가타리는 기술기계에 이러한 자기 생산 개념을 부여함으로써 생명의 구성주의와는 구분되는 기계의 구성주의라는 차원을 개방하였다. 물론 기술기계의 자기 생산은 기계 장치 하나의 자기 생산이 아니라 '기계적 배치의 자기 생산'을 의미한다. 여기서 더 중요하게 부각될 수밖에 없는 바는 마투라나와 바렐라의 '생명의 구성주의'와 펠릭스 가타리의 '기계의 구성주의' 간의 통섭적이고 횡단적인 논의라고 할 수 있다. 포스트모더니스트 클라우스 에메케는 '기계 속의 생명'. '인공생명'을 언급하면서 포스트모던한 구도에서 다음과 같이 말한다. "그러므로 인공생명의 정신에 입각해서 우리는 이 새로운 연구 분야를 일종의 칵테일처럼 만들 수 있다. 즉 아리스토텔레스와 데카르트를 약간씩 넣은 뒤, 이들의 생각에 도방통과 라이프니츠의 생각을 섞는 것이다."161 그러나 생명의 구성주의와 기계의 구성주의의 통섭적인 방향은 에메케처럼 포스트모던한 '기계 속의 생명'이라는 논의로부터는 멀찌감치 벗어나 있다. 오히려 기계와 생명이 갖고 있는 사랑, 욕망, 정동, 에너지, 활력이라는 강렬한 구성주의의 방향성을 향해야 한다. 에

---

161 클라우스 에메케, 오은아 옮김, 『기계 속의 생명』(이제이북스, 2004), 46쪽.

메케처럼 기존 생명과 기계의 구도를 해체하고 와해된 상태에서 가벼운 가십처럼 다루는 것은 색다른 사유를 만들지는 못한 채 표면적이고 표피적일 뿐이다. 즉 생성은 강건한 반복을 구성하는 바에 있지, 기존의 것을 해체하는 데 머무는 것이 아니다.

가타리는 '기계적 이질발생'이라는 개념을 통해서 반복과 반복 간의 연결과 접속에 주목하였다. 기계적 이질발생은 차이 나는 반복으로 이루어진 생태계, 공동체, 네트워크에서의 반복 양상이 색다른 반복을 낳는 차이 생산, 특이성 생산을 의미한다. 그러므로 그저 '이질적인 것이 만나 인공생명이 등장했다'라는 차원이 아니라, 다양성과 차이로 이루어진 반복의 생태계에서 색다른 차이가 발생하여 새로운 반복의 양상을 만들어 내는가가 더 관건이라고 할 수 있다. 가타리는 다음과 같이 말한다.

"그리고 이러한 시도는 기술적 기계를 훨씬 넘어서는 기계 개념을 구축하는 것을 포함할 것이다. 각각의 기계 유형에 대해서 우리는 기계의 생명적 자율성[자립성]에 대해서가 아니라——기계는 동물이 아니다——기계가 지닌 언표 행위의 특이한 힘(이것은 내가 기계의 특유한 언표적 일관성이라고 부르는 것이다)에 대해 질문을 제기할 것이다."[162]

그런 점에서 기계의 차원, 즉 반복의 차원은 삶의 실존적인 지평 즉 '언표 행위의 집합적 배치'에 기반하고 있다. '생명의 반복'과 '기계의 반복'은 언표 행위의 집단적 배치의 시각에서 기계적 이질발생에 의하여 공동체와 생태계와 네트워크에서 합성되고 조우하고 접속하면서

---

162 펠릭스 가타리, 윤수종 옮김, 『카오스모제』(동문선, 2003), 51쪽.

구성주의와 자율성

색다른 반복의 양상을 설립하는 측면으로 바라보아야 할 것이다. 이러한 반복은 강건한 실존 양상과 고도로 구성된 도식 작용, 반복의 재귀적인 작동의 구성적인 작동 양상 등을 특징으로 한다. 그저 해체를 통한 분위기 환기나 새로움에 대한 맹신, 일상과 괴리된 색다른 문화 현상과 같은 것이 아니다. 공동체, 생태계, 네트워크는 이미 기계의 구성주의와 생명의 구성주의가 만들어 내는 기계적 이질발생의 차원으로 이행해 있다. 그런 점에서 '기계적 배치의 자기 생산'은 생태계, 공동체, 네트워크 등을 설명할 수 있는 구도이다.

기계적 배치는 사이버네틱스, 하이퍼텍스트, 네트워크, 인공지능과 로보틱스, 나노 기술, 유전자 기술 등이 전면화된 오늘날의 상황에서 나타난 구도이자 판이다. 생명, 동물, 사물, 기계 등은 기술 매개적인 시스템 속에서 자기 생산하는 특이점의 지위를 갖게 되었다. 더욱이 기계적 배치는 첨단 지능 사회라고 불리는 인공지능 사회보다 앞서 존재했던 인터넷이나 네트워크, 스마트smart 기술 등을 설명할 수 있는 전거가 될 수 있었다. 그러나 오늘날 "인공지능 역시도 자기 생산적일 수 있을까?"라는 질문이 던져지는 것은 우연이 아니다. 사람들은 첨단 지능 사회에서는 물질과 에너지, 자원, 기호와 정보, 텍스트, 사회, 공동체의 정동—물질—인지체계 등은 완전히 다른 방식으로 작동하게 될 것이라고 예측하고 있다. 인공지능의 도래는 생태계—사회—공동체—네트워크와는 완전히 다른 방식의 자기 생산의 방향성을 그려낼 것이다. 이를테면 생명, 자연, 사물 등으로 불렸던 외부를 소멸시킬 만큼의 기계적 포섭의 시대가 개막될 것이다. 기계적 잉여가치의 논의는 완전히 전면화될 것이다. 생산과 소비의 기계적 배치를 결정하는 기본소득은 전면화될 것이다. 이런 예측이 일반 시민들에게 이미 회자되고 있으며, 인공지능의 자기 생산에 대해서 의심하는 사람들은 거의 없는 상황이 되었다. 로봇이 로봇을 생산하고, 인공지능의 학습과 변용이 고도화되고, 인간 이성의 능력을 인공지능이 대신하게 됨에 따라 사실상 기계적 배치의 자기 생산에 대한 색다른 수준의 논의가 가능케 될 것이다.

이제 사회 시스템에서 색다른 네트워크 방식을 가진 기계체의 발생이 예고되고 있는 상황이다. 대안 세력이 기반하고 있는 협동조합이나 노동조합 형태는 근대 산업 시기에 등장했던 만큼 21세기 사회 시스템의 변화에 능동적으로 적응할 수 없을 것이다. 문명의 외부가 소멸된 자본주의, 즉 통합된 세계자본주의 하에서는 자기 생산의 내재적인 작동과 경우의 수에 따른 낙차 효과를 중시하는 '내포적 발전'을 필요로 하며, 자본이 공동체를 탐내는 '코드의 잉여 가치'가 전면화된다. 자본주의는 최대한 공동체를 통해서 비자본주의적 여백을 만듦으로써 외부의 소멸을 상쇄할 정도의 내부 여백을 만들려고 할 것이다. 이러한 국면에서 생명의 구성주의에 기반한 공동체와 기계의 구성주의에 기반한 네트워크를 넘어선 색다른 기계체의 등장이 예고되고 있다. 이 색다른 기계체는 아마도 생명의 구성주의와 기계의 구성주의의 교호 작용이나 시너지 효과가 만든 특이점이 발생하는 순간에서 발아하고 창발될 것이다. 공동체와 네트워크라는 기계적 배치의 양 갈래로는 해결할 수 없는 문제들과 위기 상황이 등장할 것이기 때문이다. 앞으로 등장할 색다른 기계체의 비밀은 늘 구성 과정에 있고 진행 과정에 있는 어떤 유/무형의 비물질적이고 보이지 않는 수준의 기계 작동의 가능성에 있을 것이다. 그런 점에서 주체성 생산의 화두는 사실상 색다른 기계적 배치의 구성과 자기 생산이라는 과제를 압축한 개념이다.

구성주의와 자율성

:: 생태민주주의와 기술 매개적 민주주의

　　생태민주주의는 생명의 구성주의가 현현하는 하나의 구도이다. 생태민주주의의 과제에 대해서 로이 모리슨Roy Morrison은 "금융의 민주화, 공동체 경제 체제의 구축, 미래에 대한 재평가, 사회임금제의 구축, 무기감축과 무장해제, 산업생태주의의 활성화, 생산의 비물질화, 태양경제의 활성화"[163]라고 제시한다. 그가 언급한 생태민주주의는 개체중심주의와 연결망중심주의 사이에 있는 결사체association로서의 협동조합에 주목하였다. 사실상 폴라니로부터 시작해서 고진 등에 의해서 구체화된 '모아서 나누는 국가'와 '상품을 사고파는 시장', 그리고 '선물을 주고받는 공동체' 각각의 영역의 가치를 평등, 자유, 우애로 보았을 때, 색다른 주체성이 거주하는 영역 X의 가능성, 즉 시장적 자유와 공동체적 우애가 결합되어 있는 제3섹터의 가능성에 주목하는 것이다. 가타리는 제3섹터의 중요성에 대해서 다음과 같이 말한다.

　　"사회적 유용성을 인식한 사회단체와 같은 새로운 사회적 연계가 제3부문—사적이지도 않고 공적이지도 않은—의 재정을 유연하게 활용하고 확대할 수 있어야 한다는 사실을 강조해 둘 필요가 있을 듯 싶다. 제3부문은 인간 노동이 기계 노동을 대신하도록 할 정도로 끊임없이 확대될 것이다. 모든 사람에게 이른바 사회 복귀의 계약으로서가 아니라 권리로서 인식되는 최소한의 수입을 보장하는 것을 넘어서, 문제는 재특이화의 생태학의 방향으로 가는 개인적이고 집단적인 기획들을 수행하는 수단의 획득에

163　　로이 모리슨, 노상우 옮김, 『생태민주주의』(교육과학사, 2005), 278쪽.

대해 윤곽을 그리는 것이다."[164]

생태민주주의는 기후변화, 생물종 대량 멸종, 생태계 위기, 생명의 도구화, 해양 생태계의 오염, 자원 위기 등을 화두로 하여 지속가능성의 시각에서 산업주의와 성장주의에 대응해 왔다. 그러나 생태계 위기가 시시각각 다가오면서, 기존의 자본주의 틀을 유지한 채로 문제와 위기 상황을 생태권위주의와 에코파시즘으로 풀어 나가려는 움직임도 드러나고 있다. 예를 들어 기후변화의 해법으로 제시되고 있는 탄소 감축과 사회정의 실현이라는 과제를 극우 보수주의자들의 시각에서는 진보주의자들의 음모나 전략으로 간주하는 경우조차 있다. 심지어 기후변화라는 과학적으로 인정된 현상조차 진보주의자들이 조작해 낸 것이라고 보는 시각마저 등장하고 있는 상황이다.[165] 특히 에코파시즘의 경우에는 인간을 괄호 치고 사유하는 근본생태주의를 극단주의로 변형하면서, 기아나 에이즈AIDS가 인구수 감소에 도움이 된다는 등의 발언조차도 하는 상황이다.[166] 문제는 생태 권위주의와 에코파시즘은 생태계 위기의 근본적인 문제를 극복하기 위한 전 인류적인 노력과 제도 창안에는 거의 신경 쓰지 않은 채 생태계 위기를 권력 강화의 아젠다나 수단으로 삼는다는 데 있다. 그렇기 때문에 생태민주주의

---

164   펠릭스 가타리, 윤수종 옮김, 『세 가지 생태학』(동문선, 2003), 52쪽.

165   나오미 클라인, 이순희 옮김, 『이것이 모든 것을 바꾼다』(열린책들, 2016)의 서문을 참고하면 그러한 현상의 실제적인 사례들이 등장한다.

166   존 S. 드라이제크, 정승진 옮김, 『지구환경정치학 담론』(에코리브르, 2005), 276쪽. 여기서 심층생태론에 기반한 어스퍼스트earth first! 집단의 앤 트로피Ann Throphy 는 기아나 에이즈와 같이 제3세계 민중을 절멸시키는 상황이 인구 감소에 도움이 되어 지구 입장에서는 좋은 일이라는 입장을 밝혔다.

구성주의와 자율성

는 생태계 위기의 근본적인 원인이 된 생활 방식이나 생활 형태를 결정하고 있는 통합된 세계 자본주의 문명 자체를 전환하려는 입장에 서서 문제의 해법을 찾는 유일무이한 방법이다.

생태민주주의에서 생명권을 헌법적 수준에서 명시하려는 노력 역시도 주목할 만하다. 생명권의 전면화는 푸코가 말하는 사회의 미세한 혈관을 통해 권력이 더 이상 생명에 대해서 죽음이나 폭력을 가하는 통치 방식을 넘어서 잘 살도록 유도하면서도 외부를 배제하는 통치 방식으로 전환되었던 생명정치 단계의 전면화와 관련되어 있다. 생명권은 오히려 생명정치 단계를 인간과 동물, 식물 등 생명 일반이 공존하며 살아갈 수 있도록 권리를 부여하는 방향으로 변화시키는 전략적이고 제도적인 실천이다. 또한 동시에 외부가 소멸되어 버린 자본주의가 '외부＝자율성＝야성성'의 등식에 따라 자율성을 잃어가는 현상의 대체물로 마치 외부가 존재하는 것처럼 만들어 내는 통치 전략도 주목할 만하다. 예를 들어 야생동물을 보호하여 볼거리로 만들거나 제3세계의 오지를 개발하는 방식이 그것이다. 이미 자본주의에 포섭된 영역임에도 사람들은 낯설고 신기한 외부라고 느끼는 것이다. 동시에 생태민주주의는 생명의 도구화가 인간의 도구화, 즉 노동자에 대한 착취와 소수자에 대한 차별, 이방인에 대한 배제로 향한다는 점에 주목한다. 그래서 이러한 도구적 이성의 근원이 되는 공장식 축산업이라는 육식문명의 기계 시스템에 문제를 제기한다. 이를 통해 생태민주주의는 동물복지와 동물권, 동물해방이라는 세 가지 입장에서 동물에 대한 학대적 조건을 극복하는 채식이나, 동물복지 축산업에 기반한 '조금씩 제대로 알고 제 값 주고' 먹는 복지 축산에 기반한 육식으로 향하자는 의제를 제출한다. 여기서 생태민주주의는 푸코가 언급한 통치가 아니라 협치

에 기반한다는 점도 주목해야 할 것이다.[167]

가타리는 생태민주주의의 구도를 그리면서 세 가지 영역의 마주침이 주는 시너지 효과를 상정하는데, 이는 정신생태학, 사회생태학, 자연생태학이라는 영역이다. 여기서 정신생태학은 주체성 생산을, 사회생태학은 사회적 관계와 배치의 변화를, 자연생태학은 인간과 자연의 관계를 적시하는 것이다. 여기서 가타리는 재특이화 혹은 윤리적이고 미학적인 주체성 생산의 과정으로서 정신생태학의 중요성을 강조한다. 가타리는 "도시 계획, 예술 창조, 스포츠 등의 영역에서 민주주의의 재발명뿐 아니라 일상생활에 관해서는 개인적이고 집합적인 수준에서, 언제나 문제는 비참함과 절망을 동의어로 만드는 대중 매체의 가공의 방향이 아니라, 개인적 그리고/혹은 집단적인 재특이화의 방향으로 향하는 주체성 생산의 배열 장치는 어떠한 것인가를 검토하는 것이다."[168]라고 말한다. 정신생태학의 구도에 근본생태주의와 생태영성의 논의, 생명권, 동물권리주의 등이 해당된다면, 사회생태학의 구도에는 협동조합 운동, 마을 만들기, 공동체 운동, 사회적 경제, 생태마르크스주의, 에코페미니즘, 북친의 사회생태주의가 해당될 것이다. 자연생태학의 구도에는 환경관리주의와 동양사상의 자연주의, 자연친화 상품, 재생에너지 운동, 지속가능한 발전 논의, 생태관광 및 생태건

167　네그리의 『공통체』(사월의책, 2014)에 따르면 1) 협치는 우발성을 통치전략 안으로 끌어들이는 것이다. 즉 외부라고 간주되었던 주민의 영역을 체제 내부로 도입하면서 일정한 자율성을 확대한다. 2) 동시에 협치는 주민 대표성에 대한 의문을 끊임없이 갖고 있는 임의성을 특징으로 한다. 즉 주민과 주민 사이에서 긴장 관계를 조성한다. 3) 협치는 기본적으로 주민의 자율성을 동원한다는 특징도 갖고 있다. 여러 면에서 볼 때 협치는 외부, 우발성, 카오스의 도입이라고 할 수 있다.

168　펠릭스 가타리, 윤수종 옮김, 『세 가지 생태학』(동문선, 2003), 14쪽.

축 등이 해당될 것이다. 문제는 생태민주주의에서 세 가지 영역은 구분되어 분류되고 지식 담론이 되는 방향이 아니라, 교직하고 합성되고 서로 시너지 효과와 낙차 효과를 갖는 방향으로 향해야 한다는 점이다. 사실은 세 가지 생태학이면서도 한 몸에서 나온 셈이다.

생태민주주의에서 문제가 되는 것은 바로 민주주의 체제 자체에 대한 기반이 상이하다는 점이다. 기존의 민주주의는 대의제 민주주의 형태의 선거라는 제도에 기반하고 있다. 그러나 생태민주주의는 고대 그리스의 아테네에서 기원한 추첨제, 제비뽑기, 가위바위보라는 경우의 수에 기반을 둔 민주주의로 향한다. 즉 진리가 어떤 논증과 추론을 화려하게 구사하고 말할 수 있는 전문가/엘리트에게만 전제되어 있는 것이 아니라, 추천에서 뽑힌 누구나에게 진리가 미리 전제되어 있다는 점에 기반하고 있다. 이것은 연결망으로서의 공동체가 갖고 있는 공통감common sense뿐만 아니라, 공동체에서의 사랑과 욕망의 흐름이 구성해내는 공통성common으로서의 기계적 배치agencement를 긍정하는 것을 의미한다. 그러므로 진리는 주관적 전제로서 미리 공통감으로 주어져 있거나 객관적 전제로서 전문가에 의해 의미화되는 것이 아니라, 생산적이고 생성적인 것, 즉 구성적 실천의 영역이 된다. 여기서 인류의 역사에서 다수결은 사실 귀족정이나 참주정의 도구였으며, 추첨제가 민주주의의 도구였다는 사실도 참고할 필요가 있다.

생태민주주의의 구도를 잘 드러내는 것은 협동조합이다. 협동조합에서 중요한 지점은 결사체와 사업체의 이중성을 함께 구성해 내면서 시너지 효과를 갖게 된다는 점에 있다. 결국 개체로서의 시민과 연결망으로서의 공동체 간의 낙차 효과와 시너지 효과를 갖게 되는 영역이 제3섹터라는 점을 알 수 있다. 물론 공동체적 관계망과 사회 관계망의 배치 변화에 따라 시민성의 설정이 변하는 것도 사실이다. 예를 들어 생태민주주의에서의 시민성citizenship의 역사적 전개 과정을 살펴보면 1) 근대적 책임 주체로서의 시민, 2) 엘리트/부르주아로서의 시민, 3) 마르크스로부터 시작된 노동권을 포함하는 사회적 시민성, 4) 여성의 권리를 포함한 젠더의 시민성, 5) 68혁명으로부터 시작된 소수자를 포함한 다양성의 시민성, 6) 인권을 넘어 생명권을 포함하는 시민성, 7) 미래 세대를 포함하는 지속가능성의 시민성, 8) 코스모폴리탄의 등장과 전 지구적 시민성, 9) 마을 공동체의 등장과 주민으로서의 시민성으로 전개되어 왔다.[169] 생태민주주의에서 시민성의 개념은 가장 근접하고 가깝고 국지적이며 유한하고 지엽적이고 미시적인 차원의 시민성으로서의 주민 개념까지 전개되어 왔다. 이런 점에서 삶의 내재성에 기반한 구성적인 과정과 괴리되어 대상화되고 사물화되고 구경거리가 된 정치가 아닌, 펠릭스 가타리가 말하는 미시정치, 다시 말해 생활정치가 생태민주주의에서 가장 중요한 구도라고 할 수 있다.

생태민주주의라는 '생명 구성주의'의 확장된 구도와 함께 다루어져야 할 부분이 네트워크 민주주의라고 할 수 있는 '기계 구성주의'의 영역이다. 네트워크의 전자적 민주주의를 둘러싼 논의의 대표적인 사례는 2006년 스웨덴에서 창당된 해적당이다. 그들이 주장하는 것은, 흐르는 민주주의Liquid Democracy라고 불리는 네트워크의 전자직조적 의사소통을 기반으로 한 아래로부터의 민주주의 양식이다. 이를 다룬 책 『해적당Die Piratenpartei』에 따르면 열리고 자기 생산하는 기계론적 기계의 배치가 민주주의라는 색다른 정치 시스템에도 부합된다는 점이

---

169 Bart van Steenbergen, *Toward a Global Ecological Citizenship*, 1994, 'The Condition of citizenship' 141~152쪽 참고.

드러난다. "그들이 만들어 내는 위키피디아와 유사한 강령과 정책 도구는 이들의 정치적 참여를 아주 색다른 방식으로 만들어 냈다. 이들이 사용하는 리퀴드 피드백Liquid feedback이라는 도구는 직접투표와 참여민주주의의 기술적 수단이라고 할 수 있다. 이들은 인터넷과 네트워크가 자유의 새로운 공간이 되어야지 감시와 통제, 시장의 수단으로 전락해서는 안 된다는 강력한 주장을 하면서 40개 국가에 당을 창당했고, 독일과 스웨덴 등에서는 이미 8~10퍼센트 정도의 지지를 받고 있다."170

이러한 해적당의 등장에도 불구하고, 극단적인 반응은 "인공지능이 정치에 도입된다면 정치가 잘될 것이다."라는 기술 결정론적 태도이다. 즉 인공지능의 영역이 가장 이상적이고 합리적인 정책 결정을 수행할 수 있을 것이라는 정치적 태도가 그것이다. 그러나 네트워크에서의 민주주의는 자율적인 미시정치의 장이 될 것이지만, 인공지능을 통한 민주주의는 자동적인 지능정치의 장으로 전락할 것이라는 점에 주목해야 할 것이다. 여기서 주목해야 할 지점은 생태민주주의와 네트워크 민주주의의 교직과 조우의 가능성이다. 즉 생명의 구성주의와 기계의 구성주의가 만남으로써 기계적 이질발생을 일으키고, 미시정치의 접촉 경계면을 늘리고 자율성이 배가되는 등의 가능성과 잠재성을 가진 영역이 중요하다. 해적당 현상의 등장은 이미 현재의 상황에서는 네트워크와의 협치가 제도화되어야 할 수준에 와 있다는 것을 반증한다. 그러나 더 나아가 생태민주주의의 영역인 공동체 및 협동조합 등과 전자 민주주의의 영역인 네트워크와 전자적 직조물 등을 가로지르고 횡단하는 색다른 특이점의 생산이 가장 핵심적인 문제이다. 즉 특

170　신승철, 『스마트폰과 사물의 눈』(자음과모음, 2015), 250쪽.

이성 생산의 가능성과 횡단성의 확장은 이미 색다른 민주주의와 미시정치의 가능성에 대해서 타진하고 있는 상황이다. 결국 이중 전략의 현현은 생명의 구성주의와 기계의 구성주의의 차이에 따른 시너지를 포괄하고 횡단하는 색다른 구성주의의 등장에 달려 있는 것이다.

:: 인지생물학에서 인지자본주의까지

마투라나와 바렐라는 "이것들은 다시 말해 인식 활동이 세계를 산출함을 뜻한다. 인식의 이런 속성이야말로 우리의 문제이자 출발점이며 탐구의 길잡이이다. 이 모든 것을 다음의 경구로 간추릴 수 있겠다. 함이 곧 앎이며, 앎이 곧 함이다."[171]라고 말한다. 즉 인식한다는 것은 어떤 고정불변의 사물에 대한 확실한 표상에 기반하는 것이 아니라는 점이다. 즉 사물의 본질을 정확히 재인, 재현한다는 표상주의에 반대해서 자신의 내부 시각을 통해서 구성적 실천을 통과한 것만이 인식의 그물망에 들어온다는 것을 뜻한다. 표상주의의 기원은 실재론이며, 이것은 객관적 실재의 표상이 어딘가에 있고 주관은 이를 관찰/관조함으로써 알 수 있다는 것이다. 동양적 사유인 像이나 이미지적인 사유와 마찬가지로 서양의 합리론의 근간을 이루는 토대 역시도 '사물이 서로 닮았다'라는 유비추론에 기반한다는 점이 특징적이다. 서양의 합리론의 토대는 사실은 유비추론으로 이루어진 단칭명제로 수렴될 뿐이며, 이를 기반으로 거대한 공리계로 이루어진 지적 구축물을 만들어 낸 것

---

171 움베르토 마투라나 · 프란시스코 바렐라, 최호영 옮김, 『앎의 나무』(갈무리, 2007), 34쪽.

　　　　　　　　　　　　　　　구성주의와 자율성

에 불과하다. 그렇기 때문에 확실한 것에 도달하기 위해서 서구의 합리론 역시 무한퇴행을 피할 수 없는 것이다. 구성주의는 유비추론이 아니라, 각각의 세계의 상과 이미지가 모두 다르다는 전제에서 출발한다는 점에서 표상주의의 덫에서 벗어난다. 서구의 이성중심주의는 결국 단칭명제로서의 "책상은 책상이다", "이것은 꽃이다"라는 사물의 고정성에 대한 인식을 기반으로 하며, 이러한 인식의 출발점은 사실상 데카르트의 "나는 생각한다, 고로 존재한다"라는 의식적 주체의 확실성으로부터 시작된다. 즉 고정된 대상과 고정된 주체를 미리 설정함으로써 인식이 가능하다고 증명해 낸 것이다.

"표상주의가 왜 문제인가?"라는 질문이 던져진다면, 확실하고 고정된 인식작용이 갖는 문제점에 대해서 대답해야 할 것이다. 우리는 여기서 고대 철학에서 헤라클레이토스가 개방한 '흐름flux=becoming'의 전통과 파르메니데스가 개방한 '존재being'의 전통의 차이점에 주목할 필요가 있다. 흐름의 전통에서는 고정되고 확실한 것은 하나도 없으며, 모두가 변화와 이행의 과정에 있는 것으로 간주된다. 그 유명한 경구 "한 번 발을 담근 강물에 다시는 발을 담글 수 없다"라는 헤라클레이토스의 말도 흐름의 사유에 대한 설명 방식이다. 그러나 문제가 된 것은 사물의 고정성 및 인식의 확실성과 관련된 고정관념, 즉 존재의 전통에 대한 것이었다. 사람들의 고정관념은 대부분 여기에 기반한다. 모든 사물, 인물, 상황이 끝이 있고 유한하며 변화할 수밖에 없다는 것을 인식하지 못하고, 고정성, 확실성, 동일성의 시각에서 변하지 않는 무엇인가를 찾는 것이 플라톤의 이데아론과 같은 형태로 나타났다. 여기서 플라톤의 이데아를 성립시키는 것 역시도 유비추론이며, 무한 퇴행의 논증으로부터 자유롭지 못하다. 플라톤의 아카데미아는 자본주의의 문명의 토대가 되는 아카데미의 기원이라고 할 수 있다.

자본주의는 사물의 고정성과 인식의 확실성에 기반한 표상주의, 즉 지독한 고정관념으로부터 시작된다. 다시 말해 자본은 바로 고정된 표상, 의미, 모델 등과 같은 것을 통해서 성립될 수 있다. 그런 점에서 사물이나 인식이 고정된 무엇인가로 "~은~이다"라고 의미화되거나 재현된 이미지로 나타날 수 있다면 그것은 이미 자본화된 것이나 마찬가지인 상황이 도래한다. 즉 '의미화＝사물화＝자동화＝자본화'라는 공식을 제시해 볼 수 있다. 그런 점에서 자본주의는 바로 표상주의에 기초하고 있으며, 오늘날의 자본은 모두 인지자본의 성격을 갖는 셈이다. 다시 말해서 고정된 대상과 고정된 주체를 설정하는 명사적 사유는 시장을 성립할 수 있는 원천이며, 흐름과 변화, 이행의 동사적 사유는 공동체를 설명할 수 있는 토대가 되며, 목적형적 사유는 국가를 성립할 수 있는 토대가 된다. 그런 점에서 칼 폴라니의 시장, 공동체, 국가의 삼원 다이어그램은 언표적인 수준에서의 구도로도 설명이 가능하다. 물론 전제는 자본이 인지자본이라는 점이다.

이러한 인지자본주의는 바로 의미화나 표상화 즉 재인과 재현이 모두 자본화를 의미한다는 점으로 설명될 수 있다. 재인과 재현의 논리는 사실상 사물의 본질과 그것을 재현한 표상이 똑같을 수 있다는 점에 기반하고 있다. 인지자본주의 하에서의 자본화의 논리, 즉 인지자본의 논리는 변화와 흐름, 미분으로 향하는 공동체, 미시세계, 양자역학의 질서, 생명이 아닌, 고정되고 불변화하고 재인과 재현의 형태로 적분될 수 있는 것 모두가 자본화로 나아갈 소재가 된다는 점을 의미한다. 마투라나와 바렐라의 구성주의 논의는 사실상 "인지자본화의 논리에 맞서서 어떻게 생명과 공동체가 사랑과 욕망이라는 구성의 논리

구성주의와 자율성

에 통하여 인식할 수 있느냐?"를 말한 것이라고 할 수 있다. 즉 인지자본의 반대편에는 생명의 구성주의 논리가 있는 셈이다. 그런 점에서 이윤보다 생명을, 고정관념보다 흐름을, 계몽보다는 구성적 실천을 강조하는 입장이 바로 구성주의에서 도출될 수 있는 바이다. 재인과 재현의 논리에 대해서 들뢰즈는 다음과 같이 말한다.

"나는 생각한다"는 재현의 가장 일반적인 원리이고, 다시 말해서 이 요소들의 원천이자 이 모든 인식 능력들의 통일이다. 가령 나는 개념적으로 파악한다, 나는 판단한다, 나는 상상하고 회상한다, 나는 지각한다 등은 코기토에서 뻗어 나오는 네 갈래의 가지에 해당한다. …… 차이가 재현의 대상이 되는 것은 언제나 개념적으로 파악되는 어떤 동일성, 판단을 통해 주어지는 어떤 유비, 상상에 의한 어떤 대립, 지각상의 어떤 상사성과 관계 맺을 때이다.[172]

들뢰즈에게 재인과 재현의 논리는, 차이 나는 존재들을 동일성으로 환원하는 논리 구조를 띤다. 들뢰즈의 구도는, 차이 나는 반복을 형성하는 것은 구성주의를 통해서 세계를 재창조하는 방식이고, 재인과 재현의 논리는 사실상 인지자본주의의 포섭 방식이라는 점을 보여 준다. 그런 점에서 들뢰즈의 사상은 인지자본에 대한 설명의 유력한 전거를 제공해 준다. 이에 따라 재인과 재현의 방법론은 아카데미를 떠받치는 논리의 구조물에 머무는 것이 아니라, 우리의 일상에서 거래되는 상품의 "자동차는 자동차다"라는 논리로 현현한다. 특히 인지자본주의 하에서는 고정된 이미지와 표상으로 인지되는 모든 것이 자본화의 대상

172 질 들뢰즈, 김상환 옮김, 『차이와 반복』(민음사, 2004), 308쪽.

이 된다는 점에 주목해야 할 것이다. 이러한 인지자본주의의 외부는 생명, 자연, 욕망, 광기, 무의식과 같이 뭐라고 딱히 의미화하거나 표상화할 수 없는 것들이라고 할 수 있다. 인지자본주의는 미시적인 개념, 표상, 지각, 상상까지 침투해 들어온 자본화의 논리이다. 이에 따라 구성적 실천은 오히려 의미와 무의미 사이에 놓인 재미와 놀이처럼 주체와 대상 사이에서 오락가락하는 외부의 실존을 통해 드러난다. 즉 사물의 본질이 아니라, 사물의 결, 가장자리, 사이에 있는 무의식과 정동, 욕망에 대해서 주목하게 되는 것이다. 가타리가 『기계적 무의식』에서 언급한, 부부의 침실에도, 기상 징후에도, 축구 경기장에도, 텔레비전에도 서식하는 기계적 무의식이 인지자본의 여백, 빈틈, 사이에 놓인 외부적 사유라고도 할 수 있다.

인지자본주의 하에서는 정말 외부가 없을까? 사물의 본질과 고정된 이미지와 상에 대한 재현, 재인의 논리에 따르는 의미화의 논법과 개념의 외부에는 생명과 자연, 생태, 사물, 기계의 구성주의가 차례로 위치한다. 그곳에서는 완전히 다른 방식의 세계 인식이 가능하고, 의미화를 거치지 않는 흐름의 사유, 동사적이고 과정적이고 진행형적인 사유가 가능하다. 반면 자본화의 논리는 주관과 객관의 양 측면에서 끊임없이 재생산되고 교육되었다. 그러나 주관과 객관의 이분법 사이에서 미끄러지듯 횡단성을 발견할 때, 혹은 주관과 객관의 경계를 파괴하기 시작할 때, 이분법을 다분법으로 미분화하기 시작할 때 아카데미의 구조물은 흔들리고 그것의 외부가 드러난다. 이러한 사유를 사람들은 백치, 바보, 어리석음, 광기, 유아적 사유라고 규정하기도 한다. 물론 현대 사회에서는 구성주의가 있기 전에 인지자본주의가 교육 시스템과 사회 시스템으로 짜 놓은 정교한 자본화의 논리가 전제되어 있다고 생각하게 된다. 그러나 삶=함=앎의 구도와 생명의 구성주의가 인지자본의 논리에 늘 앞선다. 그렇기 때문에 들뢰즈는 비자발적인 사건의 침입이나 돌연변이적인 기계 작동, 특이성 등이 외부를 드러내 보일 것이라고 말하였다. 그러한 특이성에 대한 사유는 다음 구절에도 담겨 있다.

"새롭게 생겨나는 커뮤니티는 특이 존재이다. 무기물과 유기물의 새로운 형태의 종합(예컨대 사이보그)도 특이 존재이다. 같은 실체들로 구성되지만 상이한 배치들을 배합해서 만들어 내는 경우(건축에서 이런 예들을 볼 수 있다) 역시 특이 존재이다. 극히 다양한 특이 존재들을 생각할 수 있다. 자주 그렇듯이 삶은 개념보다 앞서 나아가고 있으며, 우리는 이미 특이 존재들을 만들어 가면서 살아가고 있다.(사실 언제나 그렇게 살아 왔다)"[173]

그런데 가타리는 이러한 외부조차도 사건에 의한 감각이라는 수동적인 종합에 따라 생겨나고 촉발되는 것이 아니라, 특이성 생산을 통해서 구성되어야 할 것으로 간주한다. 그런 점에서 가타리는 판 짜는 사람, 외부로 향해 열린 사건을 만드는 사람, 다양한 의견이 나오도록 촉매제 역할을 하는 사람, 특이한 것을 통해 공동체를 풍부하게 만드는 사람 등의 구성적 실천을 응시하고 있다. 그런 점에서 가타리의 특이성 생산, 다시 말해 주체성 생산은 가장 기초적인 구성주의로서의 보이지 않는 기계 작동을 만들어 내는 구성적 실천이다. 즉 추상기계를 만드는 구성주의라고도 말할 수 있다. 이러한 구성적 실천은 투명

---

173   이정우, 『인지와 자본』, '이-것-되기로서의 주체화'(갈무리, 2011), 170쪽.

인간 되기 혹은 지각 불가능하게 되기를 통해서 특이점의 발아를 위한 관계망과 판, 배치를 짜는 것일 수도 있다. 가타리의 '분열분석적 지도 제작법'에 대한 논의는 바로 이러한 지점에서 제출되었다. "분열분석적 지도 제작법에서는 어떠한 기존 이론의 지지도 받지 못하는 본래 불안정한 기획이, 지속적인 창조가 중요하다. 같은 예를 들어 보면, 보르드 병원 부엌의 언표 행위의 출현은 제때의 보증도 없이 부분적 분석가의 역할을 하게 될 수 있다. 그런 층위의 자기 생산적 성격은 영속적으로 배치를 개조할 것, 비기표적 특이성들—비위에 거슬리는 환자들, 해결할 수 없는 갈등들—을 수용할 수 있는 자신의 능력을 입증할 것, 외부로의 자신의 횡단적 개방을 끊임없이 재조정할 것을 요구한다."[174] 가타리에게는 들뢰즈의 특이성과 차이 나는 존재에 대한 인식을 뛰어넘어서 특이성 생산을 설명해 보고자 하는 야심찬 기획이 숨어 있다. 그러한 특이성 생산이 바로 인지자본주의의 재인과 재현이라는 자본화의 논리를 넘어서는 구성적 실천이라고도 할 수 있다.

:: 바렐라의 오토포이에시스와 가타리의 기계적 배치

바렐라는 스피노자의 평행론의 구도처럼 세계 구성과 인식 구성이 함께 평행을 이루는 바를 발제론이라는 개념으로 설명하고 있는데, 이는 존재 구성으로서의 함이나 삶이 인식 구성으로서의 앎과 함께 움직일 수밖에 없다는 구성주의에 대한 사유를 의미한다. 그는 "세계에 포

174 펠릭스 가타리, 윤수종 옮김, 『카오스모제』(동문선, 2003), 97쪽.

함된 존재들의 구조와 그 구조들의 차이점들에 따라서 세계가 존재하는 방식은 여럿일 수 있다는 점을, 다시 말해 경험의 세계는 특별히 이런 다양성이 존재한다는 점을 아무리 엄밀한 생물학자라 하더라도 인정해야 할 것이다. …… 우리는 이 견해에 발제주의라는 이름을 붙였는데, 이것은 인지가 주어진 세계에 대한 이미 완성된 마음의 표상이 아니라, 세계 내에서 한 존재가 수행하는 다양한 행위의 역사에 기반을 두고 마음과 세계가 함께 만들어 내는 것이라는 확신을 강조하기 위해 제안된 것이다."[175] 바렐라는 불교의 지관법과 중관사상, 중도사상 등을 통해서 마음과 세계를 함께 만들어 나갈 때 마음이 세계를 체험하는 방식에 대해서 다루었다. 결국 자본화된 고정관념으로부터 벗어나는 것은 마음으로 하여금 세계를 구성하는 여행을 떠나도록 하는 '체화된 마음The embodied mind'에 이르렀을 때 가능할 것이다.

이러한 구성주의적 사유 방식은 가타리가 『세 가지 생태학』에서 언급한 '정신생태학'이라는 개념에서도 드러난다. 여기서 정신생태학은 베이트슨이 『마음의 생태학』에서 언급한 제2차 세계대전 전후에 사이버네틱스가 발견한 사물들과 생태계, 기계체 등의 연결망 속에서의 우아한 마음이라고 할 수 있다. 베이트슨은 모종의 복잡성이 '마음'을 수반하는 현상에 주목했다. 이를 가타리 식으로 말하자면, 정신생태학은 바로 '주체성 생산'이라는 과제를 전면에 내거는 것이다. 즉 고정된 자아나 근대적 책임 주체, 기능 분화에 따른 주체론을 넘어서 생태계, 사회체, 마음속에서 창발되는 관여적 주체로서의 주체성을 만들어 내는 것을 의미한다. 가타리는 "이 새로운 생태학적 실천의 목표는 고립되고 억압당하고 공회전을 하는 특이성을 과정적으로 활성화하는 것이

---

175 움베르토 바렐라, 석봉래 옮김, 『몸의 인지과학』(김영사, 2013), 42쪽.

어야 할 듯 싶다. …… 이 동일한 전망에서 규범을 벗어난 징후들과 사건들을 잠재적인 주체화 작업의 지표로 보아야 할 것이다. 따라서 새로운 미시정치적이고 미시사회적인 실천, 새로운 연대, 새로운 우아함이 무의식 구성체들에 대한 새로운 분석적 실천 및 새로운 미시 실천과 결합하여 조직되는 것이 본질적인 것처럼 보인다."176라고 말하면서 윤리적이고 미학적인 주체성 생산의 중요성에 대해서 언급한다. 이는 메타기계체들에게 나타나는 우아하고 미학적이며 윤리적인 작동 양상을 응시하고 있다고 보아야 할 것이다. 이는 푸코의『성의 역사 3-자기에의 배려』에서의 '자기에 대한 테크놀로지'(=자기통치)를 통한 윤리-미학적 주체 형성 전략과도 통하는 면이 없지 않다.

바렐라는 고정관념에 대한 애착과 집착으로부터 벗어나 생성과 창발, 흐름, 특이성 생산으로 향할 수 있는 커다란 깨달음을 불교의 지관 사상으로부터 찾는다. "어떤 전통에 따르면 바로 이 순간이 부처님이 집중의 기법을 고안한 순간이다. 각 순간에 대해 정확하고 잘 조정된 집중을 함으로써 자동적인 조건화의 연쇄를 중단시킬 수 있다. 우리는 애착에서 집착과 그 나머지 것들로 곧바로 나아가지 않을 수 있다. 습관적인 패턴의 중단은 더 큰 집중으로 이끌며 결과적으로는 수행자로 하여금 자각의 보다 넓은 가능성으로 나아가게 하며 또한 인과적인 발생과 그것에 동반되는 경험적 현상에 대한 통찰을 개발할 수 있게 해준다."177 여기서 집중mindfulness이라는 것은 스스로의 현상에 귀속된 마음의 흐름을 들여다봄으로써 그것의 반복과 습관으로부터 벗어날 수 있는 색다른 자아초월의 마음을 개방한다는 의미를 담고 있다. 이

176 펠릭스 가타리, 윤수종 옮김,『세 가지 생태학』(동문선, 2003), 35쪽.
177 움베르토 바렐라, 석봉래 옮김,『몸의 인지과학』(김영사, 2013), 42쪽.

를 불교에서는 지관止觀의 방법이라고 하며, 현상에서의 잡다한 마음이 일관되게 향하는 상위의 자아초월적인 마음을 형성하는 방법이다. 이는 마음속에서 메타기계체의 우아함과 같은 배열을 만들어 내는 것이며, 가타리의 정신생태학에서 언급하고 있는 윤리적이고 미학적인 주체성 생산과 공명하는 바가 크다.

불교의 자아초월의 사상은 『금강경』에서의 흐름의 미분적인 사유와도 통하지만, 대상관소dharma 사상과 관련되어 있다. 대상관소 다시 말해 다르마는 부처님이 말한 법法, 즉 지혜에 이르는 길이며, 현실의 잡다한 현상 속에 일관되게 궁극의 요소를 찾는 것이라고 할 수 있다. 자신의 마음을 들여다보아, 업業의 순환의 고리나 욕慾의 허상을 끊고 '체화된 마음'의 일관성의 구도를 그려 내도록 집중하는 것이다. 반면에 가타리의 방법론은 '생각 속의 생각'을 두는 자아초월적인 방식이 아니라, 여러 생각을 횡단하고 넘나들면서 지속적으로 삶의 내재성의 구도를 드러내 보이는 방식이다. 그런 점에서 가타리는 불교처럼 욕망을 끊고 초월적인 마음의 응시를 설정하는 것이 아니라, 욕망의 미시정치를 통해서 내재적인 삶을 변화시키려는 방향을 갖는다. 물론 '생각 속의 생각'을 두어야 멈춤과 판단정지, 깨달음의 미세한 특이점을 발견할 수 있다고도 말할 수도 있다. 이를테면 메타기계체에서의 마음의 몇 가지 층위를 발견한 베이트슨의 사유 방식에서는 1) 현실을 반영하는 마음, 2) 관계망과 배치에 의해 맥락화된 마음, 3) 맥락으로부터 벗어나 그것을 응시하는 탈맥락화된 상위의 마음 4) 자아초월적인 상위의 마음 등 여러 가지 마음의 층위가 언급되었고, 그것은 개체로서의 기계, 기계체, 메타기계체, 기계권 등으로 점점 더 복잡하게 구성되는 자연과 생명, 생태, 기계들의 구성주의에 기반하고 있다. 즉 베이트슨은 연결과 접속에 따라 마음의 층위가 다채롭게 작동하는 복잡계로서의 현실에서 이루어지는 지도화 혹은 지도 제작법에 대해서 탐구하였던 것이다.

바렐라의 오토포이에시스 이론은 루만에게 전달되면서 자기 생산하는 사회나 생태의 시스템 이론으로 발전하게 된다. 그런데 말년 들뢰즈와 가타리에게 새로운 문제가 발생했다. 즉 자기 생산하는 반복에 따라 움직이는 공동체에서 에너지가 왜 소진되느냐는 것이었다. 이에 대한 답을 찾던 말년의 가타리는 에너지론으로 향하였다. 이는 재생과 순환의 생태계에서의 에너지 흐름의 문제였고, 다른 면에서는 자기 생산하는 공동체에서의 에너지 발생의 문제였기 때문이다. 사실상 가타리의 특이성 생산의 차원도 에너지가 흘러넘칠 정도로 강렬해지고 뜨거운 열정에 사로잡힐 때의 색다른 차원 개방의 문제이다. 그렇기 때문에 신체나 사회체, 기계체에서의 강렬도와 밀도, 온도 등의 문제의 발생론적 기원에서 에너지가 어디에서 충당되고 생성되는가의 문제가 남아 있다. 이 지점에서 들뢰즈와 가타리의 방향은 엇갈린다. 가타리의 에너지론은 재귀적인 반복을 통해서 에너지가 생성된다는 구도를 갖고 있는 데 반해, 들뢰즈는 말년에 「소진된 인간」이라는 드라마 비평을 통해 비루한 일상과 동일성의 반복 속에서 에너지가 소진된다는 구도를 보여 주었다. 하지만 이 두 가지 경우는 서로 충돌하는 입장이 아니다. 즉 가타리가 기계론적 기계에서의 차이 나는 반복이 생성하는 에너지를 다루었다면, 들뢰즈는 기계학적 기계에서의 반복강박이나 동일성의 반복이 소진시키는 에너지를 다루었을 뿐이다.

사실 에너지의 차원을 처음 신체나 사회체에 도입했던 프로이트의

구성주의와 자율성

리비도 에너지론 이래로, 신체로부터 유래된 생명에너지의 실존에 대해서는 누구도 의문을 품지 않았다. 말년의 프로이트는 삶-충동이라는 에로스적 에너지가 억압됨으로써 문명이 성립될 수 있으며, 이와 반대로 전쟁과 파시즘의 상황에서 죽음-충동과 같은 절멸의 에너지도 문명에 내재한 것이라고 보았다. 프로이트의 삶-충동과 죽음-충동이라는 이분법은 마치 욕망 속에 억압에 대한 욕망이 있다고 말하는 것과 같다. 그래서 빌헬름 라이히Wilhelm Reich는 프로이트 에너지론의 이분법에 반기를 걸고, 1차적인 자연스러운 욕망은 생명에너지이지만 이것에 대한 금기가 변형되고 굴절된 2차적 욕망—마조히즘—을 만들어 낸다고 보았다. 즉 라이히는 마조히즘의 문제가 금기와 터부가 문제지 욕망 자체가 문제인 것은 아니라고 주장한 것이다. 말년 라이히의 오르곤에너지와 같은 태양과 우주로부터 유래를 갖는 생명에너지론은 욕망 해방, 또는 에너지 해방의 사상을 정립하기 위한 기초 작업이라고 할 수 있었다. 가타리는 신체-욕망 단계의 에너지론에서 벗어나 기호-욕망 단계에서의 에너지론을 설명하려고 하였다. 특히 가타리의 『분열분석적 지도 제작』에서의 '기호의 에너지화'라는 구도는 생명에너지론의 확장 구도를 잘 보여 주고 있다. 오늘날 태양과 바람에 기원을 둔 재생에너지에 대한 철학을 정립할 경우 라이히-가타리로 이어지는 생명에너지 이론에서 많은 영감과 힌트를 얻을 수 있다. 예컨대 재생에너지는 화석에너지와 같이 집중화된 동력이자 권력power이 아니라, 국지적으로 분산되어 있고 수평적인 민주적 속성을 갖는다는 점이 드러나기 때문이다. 기계 작동을 설명할 때 사람들이 갖는 선입견과 편견은 바로 외부로부터 에너지가 들어와야 한다는 것이다. 가타리의 메타기계체의 경우 기계적인 반복 자체가 에너지를 만드는 것이기 때문에 바렐라의 오토포이에시스, 즉 자기 생산이 갖는 재귀적 반복과 일치한다고 볼 수 있다. 여기서 바렐라가 이야기하는 생명의 자기 생산은 바로 가타리의 생명에너지의 생산과 동의어가 된다. 물론 태양에너지가 생명과 메타기계체의 외부로부터 들어온다는 점이 전제조건이지만 말이다.

문제는 가타리에게 기계적 배치의 자기 생산은 기호 작용에 따라 이루어진다는 점이다. 그런 점에서 가타리의 기호론에 대한 개괄을 통해서만 이 부분이 해명될 수 있을 것이다.

	언표 행위 배치	기호적 구성요소	화용론적 장
장 (가)	영토화된 것	도상과 지표	상징적
장 (나)	개체화된 것	기호학적 삼각형	기표적
장 (다)	집합적-기계적인 것	기호-입자	도표적

●

세 가지 한계의 장[178]

가타리가 『기계적 무의식』에서 나눈 세 가지 기호 단계의 구분을 보자.

"1) 은유와 비유의 단계: 즉 전기표적 단계로 유년기, 광기, 원시사회에서의 기호 작용은 탈영토화하는 흐름을 억제하는 집단적 리좀을 형성하고 있는데, 주로 비유와 은유를 통해서 의미화의 고정관념을 회피하는 방식이

178   펠릭스 가타리, 윤수종 옮김, 『기계적 무의식』(푸른숲, 2013), 80쪽.

구성주의와 자율성

었다. 구어가 되기 전의 시어의 단계, 예수와 부처의 은유적이고 비유적인 발언 등이 이 시기에 나타났으며, 토템과 애니미즘적인 종교의례를 통해서도 나타났다. 2) 전문가의 대답의 단계: 이 단계는 자본주의 단계이다. 이는 기표적 단계라고도 불린다. 기표와 기의라는 의미화의 한 쌍이 등장하는데, 문제제기와 답이 한 쌍을 이루는 것과 같다. 이 단계에서는 탈영토화하는 분자적 기계와 재영토화하는 몰적 권력기계의 이분법, 즉 탈주와 포획이라는 상대적 탈영토화가 일상적으로 이루어진다. 이 단계의 마지막 국면에서는 인지자본주의가 구성되는데, 의미화, 표상화, 모델화를 자본화로 직결시키는 포획 장치가 마련된다. 3) 문제제기의 폭발의 단계: 탈기표적 단계라고 불리며 대안적 문명의 단계이다. 이 시기는 외부가 생산될 정도의 문제제기가 발흥한다. 음악기계, 춤기계, 무술기계, 회화기계, 조각기계 등 기호기계가 물질적/사회적 배치에 직접 작용하는 경우가 그것이다. 이 단계에 오면 문제제기는 외부로 탈주하기 위해서 발생하며, 끊임없이 절대적으로 탈주하는 흐름이 문제제기의 형식을 빌려 나타난다. 이는 기계적인 것이 도표적인 잠재성의 계통, 즉 기계적 배치를 이루면서 기호 입자의 탈영토화가 물질적 탈영토화로 드러나는 경우이다. 이 경우에서는 메타기계체에서 기호-입자가 사방으로 격발되듯 다의미적이고 다실체적이고 다극적인 형태로 절대적으로 생성된다."[179]

가타리와 바렐라 두 사람이 동시에 응시한 기계적 배치의 자기 생산의 단계는 세 번째 단계인 문제제기의 폭발 단계를 응시하고 있으며, 이는 기계적 배치가 메타기계체의 단계로 이행하면서 도표화된 기호-입자를 방출하면서 절대적인 탈영토화가 이루어지는 단계를 의미

179 앞의 책, 80~92쪽을 참고하여 요약했다.

한다. 현상적으로는 문제제기가 폭발적으로 늘어나 어떤 대답으로도 환원될 수 없는 외부가 생산되는 경우이다. 이런 점에서 기계의 구성주의에 입각한 기호기계의 에너지론은 외부 생산과 특이성 생산에 대한 과제에 응답할 수 있다는 것이 가타리의 설명이었다.

구성주의와 자율성

결론 분자혁명과 떡갈나무혁명

네트워크는 기계적 배치이자 기계체이고 연결망이다. 통합된 세계자본주의와 공동체는 모두 연결망에 의존할 수밖에 없는 체계이다. 먼저 통합된 세계자본주의는 그 내부에 동질발생적인 구조를 갖고 있어서, 세계 어디를 가나 똑같고 비루하고 지루한 일상을 주조해 낸다. 즉 세계 어디를 가나 가족 형태는 유지될 것이며, 한류, 디즈니랜드, 할리우드와 같은 문화상품은 소비될 것이며, 대형할인점, 편의점, 자동차, 육식, 텔레비전과 같은 동질적인 생활방식이 자리 잡을 것이다. 그런데 문제는 통합된 세계자본주의가 네트워크의 연결망에 의존하지 않고서는 탈영토화하는 기호기계가 방출하는 기호-흐름이나 기계론적 기계로서의 차이 나는 반복이 만드는 에너지를 공급받을 수 없는 상황에 처해 있다는 점이다. 그런 점에서 통합된 세계자본주의 문명의 기계적 동질발생과 네트워크라는 기계적 배치의 기계적 이질발생은 한 쌍을 이루며 결합되고 연결되어 있다.

통합된 세계 자본주의의 동질발생적인 평면은 구조주의자들에 의해 불변항의 구조로 파악되기도 했다. 어떤 측면에서는 화려한 구조 분석을 통해서 자본주의를 설명하는 혁명가연 한 지식인들의 지적 충동을 발생시키기도 했다. 그러나 자본주의는 구조적 심급에서 움직이는 것이 아니라, 네트워크에서의 작은 기계 부품(=반복의 개체)의 기능 연관이 갖는 연결 방식에 따라 작동되며, 서로 연결되어 기계적 배치agencement를 이룬다. 이에 따라 하나의 작은 기계 부품 단위에서 '특이성 생산'이 일어나면 서로 연결되어 있는 주변의 기계적 배치에 심원한 변화가 초래된다. 그렇기 때문에 네트워크는 특이점singularity 수준에서 어떤 변화가 감지되는지에 대해서 유연하고 부드럽고 탄력성 있게 반응하는 전자적인 연결망이라고 할 수 있다. 네트워크에서 작은 변화가 돌이킬 수 없는 변화를 초래하는 것을 분자혁명이라고도 한다.

이런 점에서 분자혁명은 네트워크 시대의 색다른 혁명 유형이라고도 할 수 있다. 문제는 네트워크상의 특이성 생산이 색다른 반복을 창안할 만큼 강건한 실존좌표를 가져야 한다는 점이다. 이에 따라 기계의 구성주의가 갖는 면모가 드러난다. 단지 기성 구조를 해체하는 수준에서의 변화가 아닌 색다른 기계 작동을 구성해 낼 수준의 혁명적인 변화가 요구되는 것이다. 그런 점에서 재구성이 아닌 해체에만 몰두하는 포스트모더니즘이나 해체주의는 분리되고 해체된 사물의 질서를 옹호함으로써 오히려 신자유주의 체제를 옹호하는 역설에 도달한다. 즉 해체주의와 포스트모던 사상은 신자유주의가 작동할 수 있는 원자화되고 미분화된 개인주의와 이를 떠받치는 시장에서의 자유주의만으로 머무르게 되는 것이다. 이에 반해 사랑과 욕망, 정동의 구성주의를

　　　　　　　　　　　　구성주의와 자율성

통해서 색다른 배치와 관계망의 판을 깔고, 특이성 생산을 통해서 네트워크를 출렁이게 하고, 외부 생산을 통해서 야성성과 자율성을 배가시키는 등의 구성적 실천을 사고할 수도 있다. 이에 따라 분자혁명이라는 분자적 수준의 특이한 기계 작동의 작은 변화는, 강건하게 반복되고 세계를 재창조함으로써 주변 연결망에 전염되고 눈덩이 효과를 일으켜 돌이킬 수 없고 심원한 변화를 유발하게 된다. 즉 분자혁명이라는 색다른 세계를 재창조하는 구성적 실천은 네트워크에 대해서 불가역적이고 사회화학적인 변화를 초래하며, 동시에 눈덩이처럼 무리가 늘어 가면서 색다른 반복이 주는 욕망과 매력, 호소력에 동참하도록 만든다.

통합된 세계자본주의 시스템이 직면한 문제는 체제의 외부가 소멸함으로써 이제 자연, 생명, 사람들을 통해서 성장주의, 개발주의, 성공주의를 작동시킬 여지가 사라졌다는 것이다. 즉 성장의 근본적인 동력이 이미 상실된 상황에 직면한 것이다. 문제는 외부의 소멸이 자율성을 급격히 낮추게 되는 상황으로 나타난다는 점이다. 들뢰즈와 가타리의 동물-되기는 사실은 외부적 존재인 동물의 야성성을 통해서 자율성을 보존하는 방향성을 갖는다. 또한 외부가 사라진 이러한 상황은 칼 폴라니의 『거대한 전환』에서 묘사했던 막 문명화되기 시작한 원주민의 상황과도 유사하다. 물론 원주민들의 전쟁은 일종의 거리시위이면서, 부족 간의 경쟁적인 퍼포먼스의 성격이 강하며, 기껏해야 몇 명이 부상당하는 차원이라는 점을 염두에 두어야 할 것이다.

"전쟁은 원주민들의 삶에 날카로운 에너지 집중의 계기를 부여하는 것이었음이 틀림없다. 그런데 슬프게도 오늘날의 평화의 시기에는 그러한 에너지 집중의 계기도 함께 사라지게 되었다. 싸움을 그만두게 되자 인구도 줄게 되었다. 왜냐하면 전쟁으로 죽는 사상자의 수는 원래 극히 적은 반면, 이제 그것이 사라지게 되자 그들 생활에 생기를 불어넣어 주는 관습과 의례들이 함께 사라지고 말았으며, 그 결과 촌락 생활은 건강을 해칠 정도의 지루함과 무기력으로 빠져들고 말았던 것이다. 이를 전통적인 문화적 환경에 살고 있는 원주민들의 '호색적이고 살아서 펄펄 뛰며 흥분으로 가득 찬' 모습과 비교해 보라."[180]

외부가 사라진 자본주의는 자신의 착취의 대상을 내부로 돌려 공동체적 관계망과 기계적 배치를 겨냥하기 시작했다. 이에 따라 자본이 공동체를 탐내는 '코드의 잉여가치'의 상황이 전면화되기 시작했으며, 네트워크라는 기계적 배치의 잠재력을 코드를 통해 식별하고 포획하고 추출하여 소비하려는 자본화 양상이 시작되었다. 사실상 욕망, 광기, 무의식, 감성, 신체 등과 같은 영역은 외부가 사라진 상황에서 '내부의 외부'라고 할 수 있다. 이러한 구성요소들은 외부가 사라진 자본주의의 포획의 대상이 됨에 분명하다. 그러나 문제는 들뢰즈와 가타리가 언급했던 외부로의 탈주와 그를 뒤따르는 포획이라는 구도가 사실상 불가능해진 상황에 이르렀다는 점이다. 오히려 외부는 미리 전제되고 주어지는 것이 아니라 내부에서 구성되고 생산되어야 하는 것이 되어 버렸다는 점에 주목해야 한다. 그런 점에서 문명, 인류, 사회, 공동체에서는 다양성 생산, 차이 생산, 외부 생산, 특이성 생산, 배치 생산 등 구성주의적인 과제들이 가장 절실한 과제가 되어 버린 국면에 이르렀다. 구성주의를 통하지 않고서는 차이 나는 반복도 불가능할뿐더러

180 칼 폴라니, 홍기빈 옮김, 『거대한 전환』(도서출판 길, 2009), 434쪽.

구성주의와 자율성

생명에너지와 활력의 충전이나 생산도 불가능할 것이기 때문이다.

생명의 구성주의와 기계의 구성주의는 각각 생태혁명과 네트워크혁명의 잠재성으로 나타난다. 즉 떡갈나무혁명과 분자혁명이 구성적 실천의 극한에서 등장하는 것이다. 한살림 생협 주요섭의 설명에 따르면, 생태계에서의 떡갈나무 혁명은 작은 도토리가 울창한 떡갈나무 숲을 만드는 생명 발아의 혁명이다. 사실 생명의 발아와 탄생은 혁명의 순간이 아니고서는 설명할 수 없다. 도토리 하나가 울창한 떡갈나무 한 그루로 나타나기까지는 무수한 연결망과 배치의 창발적인 에너지와 물질 등의 자기 생산이 있지 않고서는 불가능하다. 마찬가지로 펠릭스 가타리의 기계의 구성주의 입장에서의 분자혁명, 즉 네트워크 혁명 역시도 기계적 배치의 자기 생산이 주는 창발적인 역량에 기반하고 있다. 가타리는 한 인터뷰에서 혁명에 대해서 다음과 같은 아포리즘을 던진다.

"혁명 과정에 관한 한 나는 완전히 행복하다. 왜냐하면 어떤 혁명가도, 어떤 혁명 운동도 없을지라도, 모든 수준에서 혁명이 있을 것이기 때문이다. 그것이 바로 혁명을 하자는 이유이다. 그것은 사람들이 생각할 수 있는 가장 급진적인 낙관주의의 모든 혁명적 유토피아들과 대비된다."[181]

문제는 분자혁명과 떡갈나무혁명이 교직하고 통섭하고 조우하는 지점에 있다. 분자혁명과 떡갈나무혁명은 우발적인 조우와 미시정치에 따라 조성되는 교직과 통섭의 판 위에서 이질발생적인 색다른 문명의

---

181 펠릭스 가타리, 윤수종 엮음, 『가타리가 실천하는 욕망과 혁명』(문화과학사, 2004), 79쪽.

구성의 차원을 개방할 것이다. 즉 한 번도 지각할 수 없고 예측할 수 없었던 놀라운 혁명이 우리 세기에 가능하다. 그런 점에서 마투라나와 바렐라의 생명의 구성주의와 펠릭스 가타리의 기계의 구성주의는 통섭적인 색다른 차원으로 진입해야 한다. 자기 생산하는 네트워크 시대의 개방은 생태계, 공동체, 네트워크라는 각각의 배치와 관계망에 대한 구성과 생산의 능력과 잠재력에 대한 논의를 본격화할 것이다. 펠릭스 가타리의 구도처럼 사랑과 욕망의 역능을 통해서 세계를 재창조하고 구성한다는 것은 시시각각 생태계의 위기와 생물종 대량 멸종과 인류 절멸의 국면이 다가옴에도 때가 되면 어김없이 싹트는 생명과도 같은 혁명적 낙관주의를 창안해 낸다. 이러한 문명의 쇠퇴의 문턱에서 구성주의는 생명의 자기 생산과 기계적 배치의 자기 생산을 통해서 색다른 대안을 만들어 나가야 한다는 점을 알려준다. 구성적 실천이 지속되는 한 분자혁명의 심원한 혁명적 변화는 지속될 것이다.

여기서 들뢰즈와 가타리의 기계적 이질발생은 많은 시사점을 준다. 늘 새로운 삶의 내재성의 평면을 만들기 위해서는 단지 들뢰즈와 같은 초월론적 경험론의 '발견주의'만이 아니라, 가타리의 기계적 배치의 자기 생산과 같은 '구성주의'도 함께 요구된다. 그런 점에서 구성주의는 어제, 오늘, 미래로 이어지는 일관성의 구도가 보여 주는 '세계 재창조'와 '특이성 생산'의 미래진행형적 약속이다. 다시 말해 역사는 단 한 번의 구성 작용의 결과물——구성된 것——이 아니라 영구적인 구성 작용의 심급——구성하는 것——에서 파악되어야 한다. '구성적 실천의 신지평'이라는 미지의 곳을 향한 여행은 이제 막 개찰구를 벗어난 상황에 있다.

구성주의와 자율성

참고문헌

Bart van Steenbergen, 'Toward a Global Ecological Citizenship', *The Condition of Citizenship*(SAGE Publications, 1994).

Fèlix Guattari, *Chaosmose*(Editions Galilée, 1992).

_____, *Chaosmosis: An ethico-aesthetic paradigm*(Bloomington, Ind.: Indiana University Press, 1995)

_____, *L'inconecient Machinique*(Editon de Recherches, 1979)

_____, *La Rèvolution Molèculaire*(Edition de Recherche, 1997/ Union générale d'édition, 10/18; 1980)

_____, *Les Trois Ecologies*(Editions Galilée, 1989)

_____, *Psychoanalyse et Transversalité – Essais d'Analyse Institutionelle*(Editions de Maspero, 1972)

Gilles Deleuze/Fèlix Guattari etc, *Deleuze-Guattari Reader 1980*

_____, *A Thousand Plateaus*, tr. by Brian Massumi(Minneapolis, University of Minnesota Press, 1987)

_____, *Anti-Oedipus: Capitalism and Schizophrenia*, tr. R. Hurley/M. Seem/H. R. Lane(Minneapolis: University of Minnesota Press.)

_____, *L'anti-Oedipe: Capitalisme et Schizophrénie*(Paris: Les Editions de Minuit, 1972)

_____, *Mille Plateaux: Capitalisme et Schizophrenie*(Paris: Les Editions de Minuit, 1980)

Humberto Maturana/Francisco Varela(1979), *Autopoiesis and Cognition: The Realization of the Living*(Boston Studies in the Philosophy of Science. Paperback, 1991)

_____, *Machines and living things, Autopoiese to do Organização Vivo*(Porto Alegre: Medical Arts, 1997)

가라타니 고진 지음, 송태욱 옮김, 『트랜스크리틱』, 한길사, 2005.

_____, 조영일 옮김, 『세계 공화국으로』, 도서출판b, 2007.

그레고리 베이트슨 지음, 박대식 옮김, 『마음의 생태학』, 책세상, 2006.

김석 지음, 『에크리』, 살림출판사, 살림 2007.

나오미 클라인 지음, 이순희 옮김, 『이것이 모든 것을 바꾼다』, 열린책들, 2016.

나카자와 신이치 지음, 김옥희 옮김, 『사랑과 경제의 로고스』, 동아시아, 2004.

니클라스 루만 지음, 서영조 옮김, 『생태적 커뮤니케이션』, 에코리브르, 2014.

_____, 윤재왕 옮김,『체계이론 입문』, 새물결, 2014.

닉 다이어 위데포드 지음, 신승철 · 이현 옮김,『사이버-맑스』, 이후, 2003.

다나 헤러웨이 외 지음, 홍성태 옮김,『사이보그, 사이버컬처』, 문화과학사, 1997.

데이비드 하비 지음, 최병두/이상율/백규택/이보영 옮김,『희망의 공간』, 한울, 2001.

랄프 루드비히 지음, 박중목 옮김,『쉽게 읽는 순수이성비판』, 이학사, 1999.

레이철 카슨 지음, 김은령 옮김,『침묵의 봄』, 에코리브르, 2011.

레프 비고츠키 지음, 배희철/김용호 옮김,『생각과 말』, 살림터, 2011.

로이 모리슨 지음, 노상우/오성근 옮김,『생태민주주의』, 교육과학사, 2005.

로제 카이와 지음, 이상률 옮김,『놀이와 인간』. 문예출판사, 1994.

르네 반 더 비어 지음, 배희철 옮김,『레프 비고츠키: 21세기 교육 혁신의 뿌리』, 솔빛길, 2013.

마르셀 모스 지음, 이상률 옮김,『증여론』, 한길사, 2011.

멜리사 그레그/그레고리 시그워스 지음, 최성희/김지영/박혜정 옮김,『정동이론』, 갈무리, 2015.

미셸 푸코 지음, 김부용 옮김,『광기의 역사』, 인간사랑, 1991.

_____, 문경자/신은영 옮김,『성의 역사 2』, 나남, 1993.

_____, 오생근 옮김,『감시와 처벌』, 나남, 2007.

_____, 이규현 옮김,『말과 사물』, 민음사, 2012.

_____, 이규현 옮김,『성의 역사 1』, 나남, 1990.

발터 벤야민 지음, 최성만 옮김,『기술복제 시대의 예술작품/사진의 작은 역사』, 길, 2007.

베네딕트 데 스피노자 지음, 강영계 옮김, 『에티카』, 서광사, 1990.

수에리 롤니크/펠릭스 가타리 지음, 윤수종 옮김, 『미시정치』, 도서출판 b, 2010.

신승철 지음, 『갈라파고스로 간 철학자』, 서해문집, 2013.

_____, 『스마트폰과 사물의 눈』, 자음과모음, 2015.

안토니오 네그리 지음, 윤수종 옮김, 『제국』, 이학사, 2001.

안토니오 네그리/마이클 하트 지음, 정남영/윤영광 옮김, 『공통체』, 사월의 책, 2014.

알랭 바디우 지음, 조형준 옮김, 『존재와 사건』, 새물결, 2014.

야코브 레비 모레노 지음, 손창선/이옥진 옮김, 『사이코드 코드라마 2』, 아카데미아, 2015.

얼버트 라즐로 버러바시 지음, 강병남/김기훈 옮김, 『링크──21세기를 지배하는 네트워크 과학』, 동아시아, 2002.

움베르토 마투라나 지음, 서창현 옮김, 『있음에서 함으로』, 갈무리, 2006.

움베르토 마투라나/프란시스코 바렐라 지음, 최호영 옮김, 『앎의 나무: 인간 인지 능력의 생물학적 뿌리』, 갈무리, 2013.

위르겐 하버마스 지음, 강영계 옮김, 『인식과 관심』, 고려원, 1989.

윤수종 지음, 『욕망과 혁명』, 세종대출판부, 2009.

이득재/이규환 지음, 『오토포이에시스와 통섭』, 씨네스트, 2010.

이정우 외 지음, 『인지와 자본』, 갈무리, 2011.

임마누엘 칸트 지음, 정명오 옮김, 『칸트순수이성비판/실천이성비판』, 동서문화사, 1978.

자크 데리다 지음, 김성도 옮김, 『그라마톨로지』, 민음사, 2010.

구성주의와 자율성

자크 라캉 지음, 맹정현/이수련 옮김, 『자크 라캉 세미나──정신분석의 네 가지 근본 개념』, 새물결, 2008.

장회익 지음, 『삶과 온생명』, 현암사, 2014.

제임스 러브록 지음, 홍욱희 옮김, 『가이아』, 갈라파고스, 2004.

존 s. 드라이제크 지음, 정승진 옮김, 『지구환경정치학 담론』, 에코리브르, 2005.

지오반나 보라도리 지음, 손철성 옮김, 『테러 시대의 철학(하버마스, 데리다와의 대화)』, 문학과지성사, 2004.

지크프리트 J. 슈미트 지음, 박여성 옮김, 『구성주의』, 까치글방, 1995.

질 들뢰즈 지음, 김상환 옮김, 『차이와 반복』, 민음사, 2004.

_____, 서동욱 옮김, 『칸트의 비판철학』, 민음사. 1995.

_____, 유진상 옮김, 『시네마1 : 운동─이미지』, 시각과 언어, 2002.

_____, 이정우 옮기, 『의미의 논리』, 한길사, 1999.

_____, 하태환 옮김, 『감각의 논리』, 민음사, 2008.

질 들뢰즈/펠릭스 가타리 지음, 김재인 옮김, 『천개의 고원: 자본주의와 정신분열증 2』, 새물결, 2001.

_____, 이정임 · 윤정임 옮김, 『철학이란 무엇인가』, 현대미학사, 1991.

_____, 조한경 옮김, 『소수집단의 문학을 위하여: 카프카론』, 문학과지성사, 1997.

_____, 최명관 옮김, 『앙띠 오이디푸스: 자본주의와 정신분열증』, 민음사, 1994.

찰스 패터슨 지음, 정의길 옮김, 『동물 홀로코스트』, 한겨레출판사, 2014.

철학아카데미 엮음, 『처음 읽는 프랑스 현대철학』, 동녘, 2013.

카를 마르크스 지음, 고병권 옮김, 『데모크리토스와 에피쿠로스 자연철학의 차이』, 그린비, 2001.

칼 포퍼 지음, 이한구 옮김, 『열린 사회와 그 적들 1』, 민음사, 1997.

칼 폴라니 지음, 홍기빈 옮김, 『거대한 전환』, 도서출판 길, 2009.

캐서린 해일스 지음, 허진 옮김, 『우리는 어떻게 포스트휴먼이 되었는가』, 열린책들, 2013.

클라우스 에메케 지음, 오은아 옮김, 『기계 속의 생명』, 이제이북스, 2004.

펠릭스 가타리 지음, 윤수종 옮김, 『기계적 무의식』, 푸른숲, 2003.

_____, 윤수종 옮김, 『분자혁명』, 푸른숲, 1998.

_____, 윤수종 옮김, 『세 가지 생태학』, 동문선, 2003.

_____, 윤수종 옮김, 『정신분석과 횡단성』, 울력, 2004.

_____, 윤수종 옮김, 『카오스모제』, 동문선, 2003.

_____, 윤수종 편역, 『(가타리가 실천하는) 욕망과 혁명』, 문화과학사, 2004.

펠릭스 가타리/수에리 롤닉크 지음, 윤수종 옮김, 『미시정치. 가타리와 함께 하는 브라질 정치기행』, 도서출판b, 2010.

프란스시코 바렐라 지음, 박충식/유권종 옮김, 『윤리적 노하우』, 갈무리, 2009.

_____, 석봉래 옮김, 『몸의 인지과학』, 김영사, 2013.

프리드리히 엥겔스 지음, 양재혁 옮김, 『루트비히 포이어바흐와 독일 고전철학의 종말』, 돌베개, 2015.

프리초프 카프라 지음, 김용정/김동광 옮김, 『생명의 그물』, 범양사, 1998.

피터 라인보우 지음, 정남영 옮김, 『마그나카르타 선언』, 갈무리, 2012.

현광일 지음, 『경쟁을 넘어 발달 교육으로』, 살림터, 2015.

구성주의와 자율성

참고논문

⟨50년 후 우리는~ 인간과 로봇의 '상생시대' 이면엔…⟩, 《매경이코노미》, 2016. 03. 21.

강준호, 「칸트적 구성주의에 대한 비판적 고찰」, 『인문학연구』, Vol.11, 2007.

김미영, 「칸트의 선험철학의 과제와 구성주의」, 『철학』, Vol.54, 1998.

박부권, 「4·16교육체제의 기본이념과 구조」, 수요정책포럼: 경기도교육청, 2014. 10. 29.

이강영, '페르미온', 네이버캐스트 물리산책, 2016. 4. 25.

이남복, 「루만의 구성주의 체계이론 – 실재론과 관념론을 넘어서」, 『담론』 201, Vol.10 No.2, 2007.

이득재, 「오토포이에시스와 마음의 정치학」, 『문화과학』, Vol.- No.64, 2010.

_____, 「오토포이에시스와 맑스주의 문학이론」, 『문예미학』, Vol.- No.12, 2006.

이철, 「루만의 자기 생산 체계 개념과 그 사회이론사적 의의」, 『담론』 201, Vol.13 No.3, 2010.

최영란, 「자기 생산(Autopoiesis) 활동으로서의 자기주도적 학습 원리탐구」, 이화여자대학교 대학원 박사학위논문, 2007.

찾아보기

나

구성주의와 자율성

구성주의와 자율성

구성주의와 자율성

1판 1쇄 발행 2017년 2월 28일
1판 3쇄 발행 2021년 7월 1일

지은이 | 신승철
펴낸이 | 조영남
펴낸곳 | 알렙

출판등록 | 2009년 11월 19일 제313-2010-132호
주소 | 경기도 고양시 일산서구 중앙로 1455 대우시티프라자 715호
전자우편 | alephbook@naver.com
전화 | 031-913-2018
팩스 | 031-913-2019

ISBN 978-89-97779-72-7 93110

이 논문 또는 저서는 2014년 정부(교육부)의 재원으로 한국연구재단의 지원을 받아 수행된 연구임(NRF-2014S1A5B5A07040913)
This work was supported by the National Research Foundation of Korea Grant funded by the Korean Government(NRF-2014S1A5B5A07040913)